P

Verena Steiner

ENERGIEKOMPETENZ

Produktiver denken
Wirkungsvoller arbeiten
Entspannter leben

Eine Anleitung für Vielbeschäftigte,
für Kopfarbeit und Management

Pendo München und Zürich

Zu diesem Buch Energiekompetenz bietet einen neuen und umfassenden Ansatz, um intelligenter mit den stetig steigenden Anforderungen und dem Stress umzugehen, um produktiver zu werden und dabei entspannt zu bleiben. Einzigartig daran ist, dass es sich um einen Ansatz *von innen heraus* handelt: Energiekompetenz beruht auf der Wahrnehmung der inneren Rhythmen und der verschiedenen Energiezustände auf physischer, mentaler und emotionaler Ebene. Denn die Energie ist es, die unsere geistige Leistungsfähigkeit, unsere Stimmung und unser Handeln entscheidend beeinflusst.

Das Buch vermittelt das nötige Wissen für einen besseren Umgang mit den eigenen Ressourcen. Es basiert auf Erkenntnissen aus unterschiedlichsten Forschungsdisziplinen, die Verena Steiner auf äußerst inspirierende Weise mit ihrer langjährigen Erfahrung in Wirtschaft, Lehre und Beratung verknüpft. Entstanden ist ein richtungsweisendes und motivierendes Buch, das die Leserinnen und Leser durch neue Wissensgebiete führt und ihnen Schritt für Schritt aufzeigt, wie sie im Einklang mit den inneren Rhythmen nicht nur ihre Leistungsfähigkeit, sondern auch ihre Lebensqualität steigern können.

Dr. Verena Steiner ist durch ihren Bestseller »Exploratives Lernen« als Autorin bekannt geworden. Die Biochemikerin hat nach vielen Jahren in der Industrie ihre breite Erfahrung in Management, Forschung und Lehre ab 1994 an der Eidgenössischen Technischen Hochschule in Zürich eingesetzt, um Programme zur Förderung von Firmengründungen und für bessere Lern-, Denk- und Zeitmanagementstrategien aufzubauen. Für ihr Wirken wurde sie 1998 mit dem Lady Waterman Prize ausgezeichnet. 2002/03 lehrte sie als Gastprofessorin an der Universität für Bodenkultur in Wien. Seither ist sie als freischaffende Autorin, Referentin und Lehrbeauftragte im In- und Ausland tätig und vermittelt ihr Wissen in Firmenseminaren und als Coach für Führungskräfte. Verena Steiner lebt in Zürich. Bisher bei Pendo erschienen »Exploratives Lernen« (2000) und »Erfolgreich lernen heisst ...« (2002).

Inhaltsverzeichnis

Teil II
KLUG MIT DER ENERGIE UMGEHEN

Teil III
NEUE ENERGIE GEWINNEN

Energiekompetenz – Was es ist und was es bringt

Angenommen, es ist Sylvester und Sie dürfen sich fürs neue Jahr etwas wünschen, das Ihnen gut tut und wonach Sie sich immer wieder gesehnt haben. Wovon träumen Sie?

Dieselbe Frage stellte ich in der Runde von Freunden, mit denen wir die vergangene Sylvesternacht in unserer Hütte in den Bergen verbrachten. Nach der traditionellen Gerstensuppe und den Engadiner Würsten wurde der große Holztisch mit Kartons belegt und jeder erhielt ein kleines Set mit sechs verschiedenfarbigen Strängen Knetmasse, um daraus seinen Traum fürs kommende Jahr zu formen. Alle machten sich eifrig ans Werk, tauschten zunächst noch Farben aus, aber dann wurde es ganz still und nach und nach entstanden kleine Wunderwelten: eine einsame Insel mit einer Palme drauf, ein großes leeres Feld mit einem Flügel darin, eine Hängematte zwischen zwei Bäumen, eine Decke mit Büchern inmitten einer Blumenwiese und ein prächtiges rotes Herz mit zwei Schmetterlingen.

Die große Sehnsucht nach Ungestörtsein und Ruhe, nach einer leeren Agenda und Zeit fürs Klavierspiel, nach Ausruhen, Dösen, Tagträumen und genussvollem Lesen war unübersehbar und wurde nur vom innigen Wunsch des einzigen Singles in der Runde nach einer Partnerschaft übertroffen. Das Resultat scheint mir symptomatisch. Es wirft die Frage auf, was denn falsch läuft, wenn sich Vielbeschäftigte, die sich ihre Arbeit ordentlich zu organisieren wissen und denen auch die Prinzipien des Zeitmanagements vertraut sind, derart nach Ruhe, nach Erholung und nach Freizeit sehnen.

Meine Antwort darauf ist die, dass Zeitmanagement, persönliche Organisation und Zielsetzungen allein nicht mehr genügen; ein neuer und umfassender Ansatz ist nötig, und zwar einer *von innen heraus*: Wir müssen lernen, besser auf unsere Energie, auf unsere Befindlichkeit und auf unsere inneren Rhythmen zu achten und klug damit umzugehen – statt bloß auf Uhr, Agenda und Zielsetzungen zu schauen. Denn der Mensch funktioniert nicht wie eine Maschine, sondern wie ein beseeltes Ökosystem. Gleichungen wie »Doppelt so lange arbeiten gleich doppelte Leistung« oder »Doppelt so viel Kaffee trinken gleich doppelter Kick« mögen für triviale Systeme wie eine Maschine gelten; für das nichttriviale System Mensch gelten sie nicht. Dafür gehen öfter Gleichungen auf wie etwa die folgenden: »Die richtigen Stunden für die schwierige Aufgabe richtig genutzt gleich ein fünffach besseres Resultat erzielt« oder »Die einzige Tasse Kaffee des Tages zum richtigen Zeitpunkt genossen gleich dreifacher Kick«.

Wie oft gehen Vielbeschäftigte doch unklug mit ihren Kräften um und verschwenden zu viel Energie. Anspannung, Stress, Unkonzentriertheit, verengtes Denken und schlechte Stimmung sind die Folgen. Warum tun sie sich das an? Wenn Sie dieses Buch gelesen haben, werden Sie erkennen, dass es vor allem am nötigen Wissen für einen bewussten und kompetenten Umgang mit der Energie fehlt.

Was zehrt an unserer Energie? Wie hängen Energie, Anspannung und Stimmung zusammen? Wie bauen sich im Alltag Anspannung und Stress auf? Was hat das links- und rechtshemisphärische Denken mit dem Tagesrhythmus zu tun? Wie wirkt sich der Wochenrhythmus auf Effektivität und Leistung aus? Und: Wie lässt sich neue Energie gewinnen?

Mit dem vorliegenden Buch möchte ich diese Wissenslücken schließen und Ihnen eine Fülle von Erkenntnissen aus den unterschiedlichsten Forschungsgebieten vermitteln.

Sie werden lernen:

- *Energie, Anspannung und Stimmung bewusster wahrzunehmen*
- *besser auf die inneren Rhythmen zu achten und sie intelligent zu nutzen*
- *verschiedene Energiezustände im Gehirn für produktiveres Denken einzusetzen*

- *sich die Faktoren für optimale geistige Leistungsfähigkeit bewusster zu machen*
- *klüger mit der Stimmung umzugehen*
- *besser darauf zu achten, wovon und wie Sie sich entspannen und erholen wollen*
- *Ihre Ressourcen zu aktivieren und neue Energie und Tatkraft zu gewinnen.*

Energiekompetenz ermöglicht bessere Leistung und mehr Lebensfreude. Ihre produktiven und kreativen Kräfte werden freigesetzt; es wird Ihnen mehr und Besseres gelingen und Sie werden sich leichter entspannen und genussvoller erholen können.

Der Weg zum Buch

Zum ersten Mal ganz bewusst mit meinen eigenen Kräften umzugehen lernte ich in jenem Sommer in jungen Jahren, in dem ich intensiv für einen Marathon trainierte. Schon damals faszinierte es mich, die für den Fortschritt optimale Balance zwischen Training und Erholung auszuloten, gut auf den Körper zu hören und immer wieder Anpassungen vorzunehmen. Im Sport ist die Leistung messbar und jedes Zuviel und Zuwenig, jeder zu früh begonnene Endspurt und jedes Glas Wein zeigen digital und unmissverständlich ihre Wirkung.

Diese Erfahrungen auf der physischen Ebene haben auch meinen Umgang mit der Energie auf anderen Ebenen geprägt. Die Arbeit an einem Manuskript zum Beispiel ist so etwas wie ein geistig-mentales Marathontraining. Es gilt dabei, wie bei anderer anspruchsvoller Kopfarbeit auch, ein optimales Gleichgewicht zwischen den Stunden hoher Konzentration und solchen des Ausgleichs zu finden. Geistige Müdigkeit zeigt sich auf subtilere Art und Weise als körperliche. Mehr unbefriedigende Textpassagen, der Verlust an Durchblick und an Überblick oder das Nachlassen der Schaffensfreude sind Anzeichen dafür.

In den Jahren 1998/99, während der Vorbereitung für einen Zeit-management-Kurs an der ETH Zürich, habe ich begonnen, mich systematisch mit dem Thema Energie auseinander zu setzen. Ich wollte den Studierenden Grundlagenwissen vermitteln, das sie befähigen sollte, auf maßgeschneiderte Lösungen für produktive-res Lernen und Arbeiten und für einen besseren Umgang mit der Zeit zu kommen. Ein derartiger Ansatz für Kopfarbeiter musste meines Erachtens berücksichtigen, dass sowohl die Konzentration als auch die Denkstile, die Stimmung und der Wille im Verlauf des Tages fluktuieren und dem inneren Rhythmus unterworfen sind. Es ging also nicht nur um reines Zeitmanagement, sondern um weit mehr.

Es reizte mich, ein umfassendes Konzept zu entwickeln, das allen Vielbeschäftigten, die bei der Arbeit Köpfchen brauchen, Rech-nung trägt. Ich wollte Erkenntnisse aus unterschiedlichen Gebie-ten wie Chronobiologie, Neurobiologie, Kognitiver Psychologie, Medizin, Biopsychologie und Handlungspsychologie zu einem Ganzen verbinden und durch Erfahrungen aus der Praxis und eigene Beobachtungen ergänzen. Als gemeinsamer Nenner stellte sich bald einmal die Energie heraus und aus dem Konzept wurde schließlich dieses Buch über Energiekompetenz.

Selbstwahrnehmung als Schlüssel

Der Schlüssel zur Energiekompetenz ist – neben dem erforderli-chen Wissen – die Selbstwahrnehmung. Je mehr Sie über die phy-sischen, mentalen und emotionalen Aspekte der Energie wissen, umso besser können Sie die entsprechenden Auswirkungen auch wahrnehmen. Mit etwas Übung werden Sie bald ein gutes Gespür für Ihren jeweiligen Energiezustand entwickeln. Sie werden im Alltag viel öfter kurz innehalten und ganz bewusst wahrnehmen, wie Ihre Energie, Ihre Stimmung und Ihre allfällige Anspannung sind. Ihre Selbstwahrnehmung wird geschärft werden, und dies führt zu gesteigerter Bewusstheit. Sie ist die Voraussetzung für die Regulation von Energiezuständen wie Ermüdung oder Anspannung und Stress.

Der hektische pulsierende Rhythmus des modernen Lebens bringt uns dazu, nur flüchtig die Oberfläche der Erfahrungen zu streifen und uns dann schnell etwas Neuem zuzuwenden.
STEPHAN RECHTSCHAFFEN

Gesteigerte Bewusstheit heißt zudem mehr Aufmerksamkeit. Und mehr Aufmerksamkeit heißt, öfter voll und ganz im gegenwärtigen Augenblick zu sein, mehr zu sehen, mehr zu hören, zu riechen, zu schmecken, zu spüren und zu empfinden. Ihre Erlebnisfähigkeit wird sich vertiefen und Sie werden an Lebendigkeit gewinnen.

Mit zunehmender Bewusstheit können wir uns außerdem nicht mehr so einfach Illusionen hingeben und uns selber etwas vormachen. Wir realisieren zum Beispiel eher, dass sich unser geistiges Blickfeld mit zunehmender Anspannung einengt, oder dass wir wichtige Dinge, die wir nicht so gerne tun, eher hinausschieben und an ihrer Stelle viel lieber Gewohntes und Einfacheres in Angriff nehmen, oder dass wir manches als wichtig erachten, weil es kurzfristig unserem Ego schmeichelt, und nicht, weil es einem größeren Ziel dient.

Erkenne dich selbst – dieser Imperativ ist fast so alt wie die Menschheit. Je besser wir uns selber kennen, umso einfacher können wir unsere Stärken nutzen und auch unsere Schwächen sehen. Wir gewinnen das nötige Selbstvertrauen, um dazuzulernen, uns zu verbessern und uns ständig weiterzuentwickeln.

Ich werde Sie im vorliegenden Buch immer wieder neugierig machen und Sie ermuntern, sich selbst zu beobachten, zu experimentieren und zu reflektieren. Selbstwahrnehmung und Energie sind eine ungemein spannende Thematik, und oft können kleine Änderungen schon sehr viel bewirken.

Der kompetentere Umgang mit der Energie ist zudem in der heutigen Zeit der Hektik, der wachsenden Anforderungen, des Von-allem-Zuviel und des Nichts-verpassen-Wollens auch nötig – die Zeit ist reif für mehr Energiekompetenz!

Was Sie in diesem Buch erwartet

Das Energie-Konzept umfasst drei Teile:

In Teil I »Auf die inneren Rhythmen achten« geht es darum, die Wahrnehmung für die inneren Rhythmen zu schärfen. Es ist ein Kapitel, das für alle – ob körperlich, geistig oder emotional gefordert – von Interesse ist. Sie lernen, was den Rhythmus im Alltag stört und wie er gestärkt werden kann. Sie werden erfahren, wie Sie die inneren Rhythmen nutzen können, um einen effizienteren und entspannteren Tagesablauf sowie eine rhythmische Wochenstruktur zu schaffen. Das wird Ihnen erlauben, sich auf die Dinge, die bei der Arbeit und im Leben wesentlich sind, zu besinnen und sich darauf zu konzentrieren.

In Teil II »Besser mit der Energie umgehen« lernen Sie, zwischen physischer, mentaler und emotionaler Energie zu unterscheiden und die Wahrnehmung der Anspannung – des negativen Gegenpols der Energie – zu üben. Dann wird es vor allem für Kopfarbeiterinnen und Kopfarbeiter interessant: Es geht es um die Energiezustände im Gehirn und deren Einfluss auf das logisch-rationale und auf das ganzheitlich-kreative Denken. Ich werde Sie mit Methoden vertraut machen, die helfen, das geistige Potenzial umfassender zu nutzen, auf bessere Ideen zu kommen und klügere Entscheidungen zu treffen. Wie sich die jeweiligen Energiezustände auf die Stimmung auswirken, bildet einen weiteren wichtigen Punkt. Im Kapitel über die Stimmung wird zudem aufgezeigt, wie sich emotionale Energie im zwischenmenschlichen Bereich und in Teams auswirken kann.

Teil III »Neue Energie gewinnen« beginnt mit Entspannung und Erholung – ein Thema, das alle angeht und über das Sie Neues erfahren werden. Der Fokus dieses Teils liegt bei den eigenen Ressourcen und deren Aktivierung. Viel Energie lässt sich gewinnen, wenn Sie lernen, die Bequemlichkeitszone öfter als bisher zu verlassen und große Ziele zu verfolgen.

Ich widme dieses Buch allen viel beschäftigten Menschen, die gut und gerne arbeiten und die Besonderes schaffen, Hervorragendes leisten und auch ihre Erholung mit gutem Gewissen genießen wollen. Ob Sie managen, forschen, erziehen oder studieren; ob Sie entwickeln, umsetzen, pflegen oder kommunizieren; ob Sie zwanzig oder siebzig sind: Sie werden zahlreiche Ideen finden, die sich in Ihrer momentanen Lebens- und Arbeitssituation umsetzen lassen.
Als der PR-Mann Claus-Martin Carlsberg das Manuskript gelesen hatte, meinte er begeistert: »Energiekompetenz geht direkt in die Blutbahn!« Ich hoffe, dass das Buch auch bei Ihnen diese rasche Wirkung zeigt und dass Sie das Werk darüber hinaus anregt, mit neugierigem Forschungs- und Entwicklungsdrang Schritt für Schritt am besseren Umgang mit Ihren Energien zu arbeiten. So wird Ihr Tun eine Eigendynamik entwickeln; Sie werden immer mehr in Schwung geraten, immer besser werden und schließlich zu Ihrer ganz persönlichen Version der Energiekompetenz finden. Ich wünsche Ihnen dabei viel Freude und Erfolg!

Zürich, im Winter 2005 · Verena Steiner

Teil I

AUF DIE INNEREN RHYTHMEN ACHTEN

1.

Die Wahrnehmung für die inneren Rhythmen schärfen

Zu welcher Tageszeit ist Ihre Stimmung am besten? Um wie viel Uhr haben Sie am meisten Energie? Wann kommen Ihnen die besten Ideen?

Wenn ich diese Fragen in einer Seminarrunde aufwerfe, sind sich stets alle einig: Die besten Ideen kommen am Morgen unter der Dusche, am Abend beim Joggen oder in anderen entspannten Augenblicken. Nach dem höchsten Stand der Energie gefragt, gehen die individuellen Wahrnehmungen auseinander. Während die einen von einem deutlichen Hoch am Morgen und einem Tief am Nachmittag berichten, kommen andere erst in der zweiten Tageshälfte auf Touren. Andere wiederum empfinden ihren Energiepegel als stets gleich hoch. Bei der Stimmung herrscht in der Regel wieder Einigkeit; die Auffassung, die Stimmung verlaufe ziemlich konstant, überwiegt. Lasse ich jedoch die Teilnehmerinnen und Teilnehmer am Ende des Kurses ihre Energie- und Stimmungskurve aufzeichnen, sieht man auf allen Skizzen Hochs und Tiefs. Schon durch das an diesem Tag erworbene Wissen können sie subtile Veränderungen und das Auf und Ab der inneren Rhythmen besser erkennen.

Auch Sie werden in diesem Kapitel mehr über Ihren inneren Rhythmus erfahren, Ihr Wissen erweitern und Ihre Selbstwahrnehmung schärfen. Ich beginne mit den Morgen- und Abendtypen und Sie können über Ihren eigenen Zeit- oder Chronotyp reflektieren. Dann haben Sie Gelegenheit, sich Ihre energetischen Hochs und Tiefs im Tagesverlauf bewusster zu machen. Weiter geht es mit dem so genannten 90-Minuten-Rhythmus, der nicht nur im Schlaf, sondern auch tagsüber eine wichtige Rolle spielt. Schließlich möchte ich Sie noch für Rhythmusstörungen sensibilisieren, und zwar sowohl für leicht erkennbare als auch für versteckte, die nur unterschwellig wahrgenommen werden.

Morgen- und Abendtypen

In einer Studie des Chronobiologen Jürgen Zulley sind über vier-tausend erwachsene Deutsche über ihre Schlafgewohnheiten be-fragt worden.[1] Die ermittelte durchschnittliche Einschlafzeit lag bei 23.04 Uhr, die durchschnittliche Aufwachzeit bei 06.18 Uhr. Hand aufs Herz: Wie wäre es für Sie, wenn Sie ab sofort um 06.18 Uhr aufwachen müssten? Wäre es für Sie gerade richtig? Oder wäre es viel zu früh, nur etwas zu früh, zu spät oder viel zu spät? Oder anders herum: Welchem Chronotypen entsprechen Sie? Neigen Sie zum moderaten oder gar zum ausgeprägten Abend-beziehungsweise Morgentypen? Oder gehören Sie gar der kleinen Minderheit der Extremtypen an, die am liebsten entweder erst um vier Uhr morgens zu Bett gehen oder bereits um vier Uhr morgens erwachen?

Die folgende Tabelle hilft Ihnen, sich einzuordnen. Schätzen Sie Ihre bevorzugte Zeit des Aufstehens und Zubettgehens unter der Annahme, dass Sie sich *ausschließlich nach Ihren persönlichen Wünschen* richten könnten. Überlegen Sie sich auch, um welche Tageszeit Sie über am meisten Energie verfügen.

Chronotyp	Bevorzugte Zeit des Aufstehens	Primetime Zeit der höchsten Energie	Bevorzugte Bettzeit
1	05.00 – 06.30	05.00 – 08.00	20.00 – 21.00
2	06.30 – 07.45	08.00 – 10.00	21.00 – 22.15
3	07.45 – 09.45	10.00 – 16.00	22.15 – 00.30
4	09.45 – 11.00	16.00 – 21.00	00.30 – 01.45
5	11.00 – 12.00	21.00 – 05.00	01.45 – 03.00

1 = stark ausgeprägter Morgentyp; 2 = schwach ausgeprägter Morgentyp; 3 = Indifferenztyp; 4 = schwach ausgeprägter Abendtyp; 5 = stark ausgeprägter Abendtyp

Abb. 1: Ermittlung des Chronotypen nach Östberg[2]

Die *Morgentypen* haben in der Regel keine Mühe, früh aufzustehen. Ihre Energiekurve steigt morgens steil an und sie sind schnell munter und gut gelaunt. Sie erreichen rasch ihr Leistungshoch und brauchen in der ersten Tageshälfte entsprechend mehr Kalorien. Für sie hat Morgenstund' wahrlich Gold im Mund. Abends hingegen werden sie früher müde und gehen vergleichsweise zeitig und regelmäßig zur selben Stunde zu Bett. Die Morgentypen scheinen zudem stärker als die Abendtypen dem Rhythmus der Natur zu folgen, denn sie brauchen im Winterhalbjahr mehr Schlaf und sind dafür im Sommer länger auf.

Die *Abendtypen* stehen später auf und brauchen eine längere Anlaufphase, bis sie voll auf Touren kommen. Die ausgeprägten Abendmenschen unter ihnen gehen nach Mitternacht zu Bett und neigen dazu, ihren Tag auszudehnen: am Wochenende schieben sie ihren Schlaf oft noch mehr in die Stunden nach Mitternacht hinaus.

Interessant ist ein weiterer Unterschied zwischen Morgen- und Abendtypen: Ausgeprägte Morgentypen ertragen in der Regel Nachtarbeit, Jetlags oder andere Verletzungen des Schlaf-Wach-Rhythmus weniger gut.[3] Ihr Schlaf-Wach-Muster ist ziemlich rigide, während die Abendtypen ein elastischeres Schlaf-Wach-Muster zeigen und Rhythmusstörungen wesentlich besser ertragen. Sowohl Elastizität wie auch Rigidität haben ihre Vor- und Nachteile. Ein Mensch mit einem ausgeprägten und rigiden Rhythmus empfindet eine Störung viel stärker als derjenige mit einem flacheren und elastischeren Muster. Dafür fällt Ersterem ein Lebens- und Arbeitsstil im Einklang mit den inneren Rhythmen leichter. Für die Flexibleren hingegen ist es schwieriger, auf den eigenen Rhythmus zu achten, weil sich ihre Hochs und Tiefs weniger voneinander unterscheiden und sie deshalb auch schlechter wahrgenommen werden.

Die Abendtypen zeigen einerseits einen flacheren Verlauf der Rhythmuskurve. Andererseits unterscheiden sie sich untereinander stärker in ihrem Zeitverhalten als die Morgentypen: Den typischen Abendtypen gibt es im Gegensatz zum typischen Morgentypen kaum.[4]

Die Neigung zum Morgen- oder Abendtypen ist durch unsere Gene vorbestimmt. Im Verlauf des Lebens kann sie sich etwas ändern. Die Forschung hat gezeigt, dass Jugendliche während der Pubertät tendenziell stärker zum Abendtypus neigen. Mit etwa fünfundzwanzig Jahren stabilisiert sich der Chronotyp. Nach der Lebensmitte kann er sich in Richtung Morgentyp verschieben.[5]

Auch das Umfeld spielt eine wichtige Rolle. Der Mensch ist ein soziales Wesen und kann seinen Rhythmus – zumindest ein Stück weit – anderen anpassen.[6] Je ähnlicher die Chronotypen, umso leichter geht die Synchronisation. Zwischen einem ausgeprägten Morgentypen und einem ausgeprägten Abendtypen hingegen ist eine Synchronisation kaum möglich. Wenn Sie als Abendtyp mit einem Morgentypen zusammenleben – oder umgekehrt – können Sie davon wohl ein Lied singen.

Die Lebensweise des modernen Menschen hat vor allem in urbanen Gebieten zur Folge, dass sich seine Aktivitäten mehr und mehr zu den Abend- und Nachtstunden hin verschieben. Der fehlende Aufenthalt bei Tageslicht im Freien draußen, der Mangel an körperlicher Aktivität sowie veränderte Essgewohnheiten, bei denen die Hauptmahlzeit auf den Abend fällt, tragen zu dieser Verschiebung bei. Wer sich hingegen oft draußen aufhält, körperlich aktiv ist und häufig Sport treibt, ist davon kaum betroffen. Auf die Gesellschaft als Ganzes hat die Verschiebung zur Folge, dass das Spektrum der Chronotypen weiter auseinander driftet. So ist für viele junge Menschen – aber nicht für alle – der Schulanfang um acht Uhr morgens zu früh und zahlreiche Berufstätige kennen diese Problematik auch. Auf der anderen Seite kommen ausgeprägte Morgentypen mit den Essenszeiten im Hotel, mit

Menschen leben in Zeitrhythmen, die durch die innere und die äußere Natur bestimmt werden (z. B. durch Tages- und Jahresrhythmus). Sie sind in ihrem zeitlichen Handeln notwendigerweise an die Zeitmuster des Lebendigen gebunden, wollen sie selbst lebendig sein und auch lebendig bleiben.
KARLHEINZ A. GEISSLER

den Öffnungszeiten von Clubs oder mit den späten TV-Programmen weniger gut zurecht.

Beobachten und Reflektieren

a   Wie sind meine derzeitigen Gewohnheiten in puncto Einschlaf- und Aufwachzeit?

b   Neige ich eher zum Morgen- oder Abendtypen?

c   Sind meine Rhythmen eher rigide oder eher elastisch?

d   Wie sind die Gewohnheiten meiner Nächsten?

e   Fühle ich mich mit meinen momentanen Bettzeiten wohl?

f   Sind meine Schlafgewohnheiten am Wochenende anders als während der Woche?

g   Entspricht mir mein derzeitiger Essensrhythmus oder würde ich mich mit einem anderen Rhythmus wohler fühlen?

Hochs und Tiefs im Tagesverlauf

Ob Morgen- oder Abendtyp: Morgens um sieben sind Sie nicht in derselben Stimmung wie morgens um zehn – und mittags um drei sind Ihr Energiepegel und Ihre Stimmung wiederum anders. Die Schwankungen sind durch die innere Uhr vorgegeben. Sie unterliegen dem 24-Stunden-Rhythmus des Organismus und sind für das einzelne Individuum mehr oder weniger konstant. Das heißt, dass Sie zur selben Tagesstunde immer etwa in ähnlicher Verfassung sind – also zum Beispiel morgens um zehn am meisten und nachmittags um drei am wenigsten Energie haben. Für Ihre Kollegin kann das Bild ganz anders aussehen. Morgens um zehn kommt sie erst langsam in Fahrt, dafür ist sie nachmittags um drei viel mehr in Schwung als Sie.

Wer den Rhythmus erkennt, wird in allen Bereichen des Lebens seiner gewahr.
MELLIE UYLDERT

Dank dieser individuellen Periodizität können Sie Ihren inneren Rhythmus nutzen, um Ihren Tagesablauf optimal zu gestalten. Es setzt jedoch voraus, dass Sie Ihre Verfassung sowohl auf der körperlichen als auch auf der geistigen und der emotionalen Ebene bewusster wahrzunehmen lernen. Sie müssen noch differenzierter erspüren können, zu welcher Zeit Sie Ihre Hochs haben und wann die Zeit der Energiesenken ist.[7]

Ihre persönliche Energiekurve

Verfolgt man den Energiepegel im Tagesverlauf, zeigt sich vor allem bei Morgentypen oft eine Energiekurve mit zwei Hochs (siehe Abb. 2). Das ausgeprägtere und breitere Hoch liegt zwischen sieben und elf Uhr morgens. Dann nimmt der Energiepegel ab und durchläuft zwischen zwei und vier Uhr eine Senke. Er steigt anschließend wieder an und erreicht etwa ab halb fünf nachmittags das zweite Hoch.

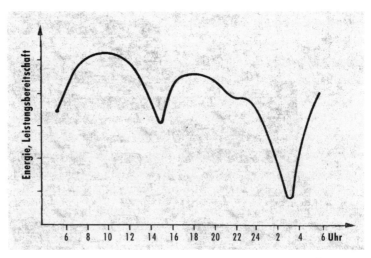

Abb. 2: Energiekurve im 24-Stunden-Verlauf nach O. Graf, aus R. Schräder[8]

Der Kurvenverlauf kann beim einzelnen Individuum und insbesondere bei Abendtypen jedoch gänzlich anders aussehen. Denn die innere Uhr tickt nicht bei jedem Menschen gleich. Es kann zum Beispiel nur ein Hoch am Nachmittag, am Abend oder in der Nacht geben. Bei anderen wiederum lässt sich sogar ein drittes Hoch nach dem Abendessen erkennen.

Wir kommen als rhythmische Wesen auf die Welt und jedes Individuum hat ein unverwechselbares Schwingungsmuster.
NORBERT SCHNEIDER

Zeichnen Sie Ihre Energiekurve

Wie sieht Ihre persönliche Energiekurve an einem durchschnittlichen Tag aus? Beurteilen Sie auf der Skala von 1 bis 7, wie energiegeladen und kraftvoll Sie sich fühlen und wie viel Schwung Sie haben. Es ist hilfreich, wenn Sie zunächst Ihren Energiepegel zu bestimmten markanten Zeiten vergleichen, zum Beispiel auf dem höchsten Punkt des Morgenhochs, im Nachmittagstief, bei Arbeitsbeginn am Morgen, bei Beginn der Mittagspause oder bei Arbeitsschluss am Abend.

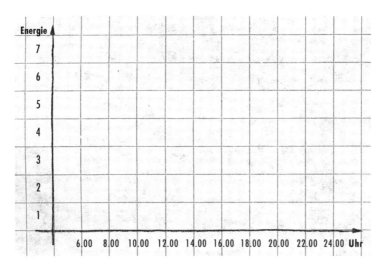

Abb. 3: Persönliche Energiekurve

25

Überlegen Sie sich auch, wie die Kurve nach Feierabend aussieht. Seien Sie nicht erstaunt, wenn Ihre Einschätzung sehr stark von der in Abb. 2 gezeigten Kurve abweicht. Denn die Unterschiede von Indviduum zu Individuum sind enorm.

Wenn Sie eine präzisere Kurve erhalten wollen, empfehle ich Ihnen, in analoger Weise während einer Woche stündlich Ihren Energiepegel (Skala 1 bis 7) abzuschätzen und auf einem vorbereiteten Blatt einzutragen. Sie werden so nicht nur ein zuverlässigeres Bild erhalten; Sie üben sich gleichzeitig im Wahrnehmen und werden dabei einige interessante Entdeckungen machen. Probieren Sie es aus!

Primetime, Up- und Down-Phasen und Alpha-Zustand

Unsere Bestimmung ist, die Gegensätze richtig zu erkennen, erstens nämlich als Gegensätze, dann aber als Pole einer Einheit.
HERMANN HESSE

Ihre Energiekurve bildet die Basis für die Optimierung des Tagesverlaufs (siehe Kapitel 2). Je stärker Ihre Wahrnehmung geschärft ist, umso besser können Sie neben den Hochs und Tiefs auch die folgenden Phasen unterscheiden: den *Alpha-Zustand,* die *Up-Phasen,* die *Primetime* und die *Down-Phasen.*

Alpha-Zustand: Nach dem Erwachen, wenn unser Gehirn noch nicht voll auf Touren ist, sind wir im so genannten Alpha-Zustand (mehr darüber erfahren Sie in Kapitel 6). Dieser entspricht einem spezifischen Aktivierungszustand des Gehirns, der durch Messung der Gehirnströme nachgewiesen werden kann. Im Alpha-Zustand ist der geistige Fokus nach innen gerichtet, wir sind etwas verträumt und noch nicht ganz präsent. Dafür sind unsere Phantasie, unsere Assoziationsfähigkeit sowie die geistige Integrationsfähigkeit sehr hoch und wir kommen in diesem sehr entspannten Zustand oft auf gute Ideen und Lösungsansätze. Alpha-Wellen lassen sich nicht nur beim Erwachen, sondern auch vor dem Einschlafen oder generell im sehr entspannten Zustand nachweisen.

Die *Up-Phasen* sind die Phasen des Energieanstiegs. Vor der Primetime am Morgen und vor dem Hoch am späten Nachmittag befinden wir uns in einer Up-Phase.

Die *Primetime* ist die kostbarste Zeit des Tages. Sie liegt in Ihrem ausgeprägtesten Hoch. Während der Primetime sind Sie geistig und auch energiemäßig am besten gestimmt. Es gelingen Ihnen Dinge, die Ihnen in anderen Stunden schwerer fallen. Es ist die Zeit fürs logisch-rationale Denken und für konzentriertes, geistig anspruchsvolles Tun. Während der Primetime sind auch die Stimmung, die Willenskraft, die es braucht, um Unangenehmes anzugehen, oder die Bereitschaft, proaktiv zu handeln (siehe Seiten 127 ff), am höchsten. Es ist die beste Zeit, um schwierige oder unangenehme Aufgaben auszuführen.

Die *Down-Phasen* folgen nach einem Hoch. Am späten Morgen oder vor dem Mittagessen bis in den frühen Nachmittag hinein sowie bei Arbeitsschluss gelangen wir in diese Phase, in der der Energiepegel sinkt.

Beobachten und Reflektieren

a   In welchem Zeitraum liegt meine Primetime?

b   Wann bin ich in den Up-Phasen?

c   Wann bin ich in den Down-Phasen?

d   Spüre ich ein Nachmittagstief? Wenn ja, wann ist der Tiefpunkt?

e   Nehme ich den Alpha-Zustand wahr? Wenn ja, zu welchen Stunden?

Der 90-Minuten-Rhythmus

Wenn Ihre Primetime länger als zwei Stunden dauert, können Sie noch subtilere Wellenschläge des inneren Rhythmus wahrnehmen. Beim Arbeiten für sich allein, während langen Sitzungen, aber auch im Urlaub machen sie sich ganz besonders bemerkbar: Nach etwa ein bis zwei Stunden lässt jeweils die Aufmerksamkeit deutlich nach und eine leise Müdigkeit stellt sich ein.[9] Ist unsere Aufmerksamkeit ganz besonders gefordert, wie zum Beispiel beim Lernen, ermüden wir oft sogar noch eher.

Anzeichen für diese kleinen Zwischentiefs gibt es ganz verschiedene:[10]
— Sie gähnen, fühlen sich ermüdet und möchten sich etwas bewegen.
— Aufmerksamkeit und Konzentrationsfähigkeit lassen nach; es unterlaufen Ihnen Fehler.
— Sie sind etwas geistesabwesend, starren aus dem Fenster, verlieren sich in Tagträumen, kritzeln, streichen durch die Haare oder kratzen sich.
— Sie sind empfindsamer und fühlen sich etwas verunsichert oder haben einen kleinen Anflug von negativer Stimmung.
— Sie haben Magenknurren oder Hunger.
— Sie müssen auf die Toilette gehen.

Je mehr Sie auf diese Anzeichen achten, umso besser erkennen Sie die kleinen Senken.
Die kleinen Tiefs im Wachzustand gehören zu dem von Nathaniel Kleitman im Jahre 1961 postulierten Grundzyklus von Ruhe und Aktivität, dem *basic rest and activity cycle* (BRAC).[11] Kleitman zeigte auf, dass nicht nur der Schlaf erwachsener Menschen in rhythmischen, zirka 90-minütigen Zyklen von Traum- und Tiefschlaf verläuft. Auch im Wachzustand setzt sich das Auf und Ab

als rund 90-minütiger Rhythmus von höherer und tieferer Energie fort.

So kommt es, dass unser Organismus jeweils in Intervallen von ungefähr neunzig Minuten ein kleines Tief durchläuft. Wie die erwähnten subjektiv wahrnehmbaren Anzeichen für die kleinen Tiefs zeigen auch Messungen der Hirnströme und der Augenbewegungen diesen Rhythmus. Reaktionsfähigkeit und Geschicklichkeit verändern sich ebenfalls mit diesem subtilen Auf und Ab, genauso wie die Kontraktionen des Magens oder der Wechsel vom links- zum rechtshemisphärischen Denken[12] (davon später mehr).

Glück resultiert im Endeffekt aus der Fähigkeit, mit Rhythmen zu harmonieren und dazu in Resonanz zu treten.
NORBERT SCHNEIDER

Allerdings verläuft der 90-Minuten-Rhythmus längst nicht mit der konstanten Periodizität einer Uhr. Eine Periode kann auch bloß dreißig Minuten oder sogar über zwei Stunden dauern. Sie verkürzt oder dehnt sich außerdem je nach Aktivität, Absichten oder Erwartungen. Im Durchschnitt aber sind es etwa neunzig Minuten.

Es lohnt sich, auf den eigenen 90-Minuten-Rhythmus zu achten, die Arbeit entsprechend zu organisieren und in den kleinen Tiefs kurz zu pausieren.

Beobachten und Reflektieren

a   Nehme ich im Alltag, zum Beispiel während des Hochs am Morgen oder während langen Sitzungen, wahr, dass ich nach rund sechzig bis neunzig Minuten ein kleines Energietief habe und etwas müde werde?

b   Merke ich, dass ich in einem derartigen Energietief empfindsamer und empfänglicher bin?

c   Nehme ich wahr, dass mein Denken in solchen Tiefs etwas anders ist und ich zum Tagträumen neige?

d   Was tue ich in den Tiefs?

Rhythmusstörungen erkennen

Wenn Sie bis spät am Abend nonstop durcharbeiten, nachts um zwölf Uhr noch Spaghetti essen, am Samstag erst um drei Uhr morgens in die Federn steigen oder für ein verlängertes Wochenende nach New York fliegen, stören Sie Ihren inneren Rhythmus. Sie verstellen den Lauf der inneren Uhr. Warum?

Die Harmonie der natürlichen Bewegungsabläufe besteht nicht nur darin, dass sie in sich rhythmisch sind und nach bestimmten Zeitintervallen wiederkehren, sondern vielmehr darin, dass sie gemeinsam mit all den anderen sie umgebenden Bewegungsabläufen rhythmisch zusammenwirken und eine übergeordnete Harmonie, eine übergeordnete Ordnung formen.
BENNO WERNER

Die innere Uhr ist wie ein biologischer Taktfahrplan: Dank dieser inneren Uhr »weiß« der Organismus schon im Nachmittagstief, dass um elf Uhr nachts Bettzeit ist, und beginnt, sich darauf vorzubereiten. Dank der inneren Uhr verpasst auch das Hormonsystem den Anschluss nicht und beginnt bereits ab zwei Uhr nachts anregend wirkendes Cortisol auszuschütten. Und dank dieses inneren Regelwerks »weiß« der Magen, dass um zwölf Uhr das Mittagessen kommen wird, und kann rechtzeitig für die nötige Magensäurekonzentration und die richtige Menge an Enzymen sorgen. Die zahllosen Vorgänge in unserem Organismus sind minutiös aufeinander abgestimmt und hängen auf komplexe Art und Weise voneinander ab.

Wenn Sie sich nun plötzlich ganz anders verhalten und mitten in der Nacht essen oder erst um drei Uhr morgens zu Bett gehen, gerät dieser Taktfahrplan durcheinander. Es kommt zu mehr oder weniger starken Störungen der physiologischen Abläufe. Die Folgen kennen Sie: Stimmung und Motivation sinken, das Wohlbefinden leidet, die Reaktionsfähigkeit verschlechtert sich und auch der geistige Scharfsinn ist nicht mehr derselbe. Energie und Wille sind tief und nach einer schlaflosen Nacht Neues anzupacken oder etwas Aufgeschobenes zu erledigen ist mühsam oder gar unmöglich. Anspruchsloseres Tun und Routine-Tätigkeiten hingegen werden durch eine Störung der inneren Rhythmen weniger tangiert.

Was stört Ihren inneren Rhythmus?

Jedes Individuum empfindet anders und reagiert unterschiedlich auf die verschiedenen Störungen. Während die einen kaum unter einem Jetlag leiden, halten es manche fast nicht aus, wenn sie eine Stunde später als gewöhnlich zum Essen kommen. Wieder andere fürchten die Umstellung auf Sommerzeit oder den Montagskater nach einer Weiterbildung am Wochenende.

Welche Rhythmusstörungen sind für Sie ohne Bedeutung, welche störend? Um Ihre Selbstwahrnehmung schärfen zu können, empfehle ich Ihnen, die Feststellungen auf einer Skala von 1 bis 5 zu quantifizieren (1 = problemlos, 2 = leicht unangenehm, 3 = manchmal unangenehm, 4 = stets unangenehm, 5 = äußerst unangenehm).

Für mich ist es problemlos / äußerst unangenehm, wenn

a *ich zu Beginn der Sommerzeit eine Stunde früher aufstehen muss*

b *ich zu Beginn der Winterzeit eine Stunde länger schlafen kann oder muss*

c *sich das Mittagessen um eine Stunde verschiebt*

d *ich ohne Pause durcharbeiten muss*

e *ich abends drei Stunden länger arbeiten muss*

f *sich das Zubettgehen um drei Stunden verspätet*

g *ich eine fast schlaflose Nacht hinter mir habe*

h *ich am Wochenende eine Weiterbildung habe*

i *mein Tag durch einen Flug sieben Stunden kürzer wird.*

Unsere Reaktion auf derartige Störungen hängt von verschiedenen Faktoren ab. Veranlagung, Tendenz zu Morgen- oder Abendtyp und auch tief eingeschliffene Gewohnheiten spielen eine große Rolle. Dazu kommen äußere Gegebenheiten sowie die eigene Einstellung und die Stimmungslage, die ihren Teil dazu beitragen: Drei Stunden später ins Bett zu kommen ist erträglicher, wenn die Zeit zuvor in angenehmer Gesellschaft statt mit einem mühsamen Tischnachbarn beim Geschäftsanlass verbracht worden ist. Wenn eine Arbeit ungemein spannend ist und große Anerkennung winkt, fällt es anderseits leichter, drei Stunden länger als üblich dranzubleiben. Selbst das Hungergefühl, das sich bei manchen pünktlich meldet, kann vergessen gehen, wenn wir in einer neuen Umgebung sind oder etwas Packendes werden.

Seltene oder massive Störungen werden leicht als solche erkannt, weil sie deutlich vom Normalzustand abweichen. Ganz anders verhält es sich mit den regelmäßigen, täglichen kleinen Störungen, die wir oft gar nicht als solche empfinden, weil wir den störungsfreien Zustand gar nicht kennen. Verschiedene solcher versteckter Störungen können sich summieren, die Anspannung erhöhen und zu anhaltendem Stress und schließlich zu Erschöpfung führen. Im kommenden Kapitel geht es darum, eine rhythmusgerechte Tagesstruktur zu schaffen. Sie werden dort mehr über diese versteckten Störungen erfahren.

2.
Den Tagesrhythmus optimieren

Vielleicht ahnen Sie bereits, dass im inneren Rhythmus viel mehr steckt als gemeinhin angenommen. Und tatsächlich: Selbst wenn Ihre Leistungsdichte sehr hoch ist, werden Sie Ihre Produktivität noch steigern können. Und damit nicht genug: Sie werden durch das Beachten der inneren Rhythmen auch entspannter bleiben. So, dass sich auch der Feierabend noch genießen lässt.

Um den inneren Rhythmus im Arbeitsalltag optimal zu nutzen, wollen zunächst die versteckten Störungen erkannt und behoben werden. Es sind vor allem scheinbar kleine Beeinträchtigungen, die sich jedoch kumulieren und Hochs und Tiefs verflachen und auch stören: die Nonstop-Aktivität von überlangen Arbeitsphasen, fehlende Pausen und Ruhezeiten sowie Kaffee- oder Cola-Genuss zur falschen Zeit.

Wenn Sie bis anhin glaubten, dass man für maximale Leistung den ganzen Tag den Energiepegel hoch halten und stets auf vollen Touren laufen muss, möchte ich Sie für eine bessere Alternative gewinnen. Ich werde Ihnen aufzeigen, dass ein kluger Rhythmus mit den dazugehörenden Tiefs und umso kräftigeren Hochs letzten Endes mehr bringt als die verflachte Zeit der Nonstop-Aktivität. Sie werden in diesem Kapitel zuerst Nützliches über die Bedeutung und Funktion der Tiefs erfahren. Denn ein Tief ist viel mehr als ein niedriger Energiepegel. Dann werden die versteckten Störungen betrachtet. Sie lernen, wann eine Tasse Kaffee Ihren Rhythmus unterstützt und wann und warum Sie besser darauf verzichten sollten. Sie lernen auch, wie Sie vom Nonstop-Modus zu einem guten Rhythmus finden können und wie der innere Rhythmus gestärkt werden kann. Schließlich werden Sie mit Hilfe Ihrer Energiekurve einen optimalen Tagesplan erstellen. Und zu guter Letzt werden Sie noch erfahren, wie Sie aus einem Tag eineinhalb machen können.

Die Bedeutung der Tiefs verstehen

Das ausgeprägteste Tief durchläuft unser Organismus während der Nacht, mit einem Tiefpunkt um etwa drei Uhr morgens (siehe auch Abb. 2 Seite 24). Um diese Zeit ist nicht nur unsere Körpertemperatur am tiefsten. Auch viele andere Funktionen sind reduziert und die Schlafbereitschaft ist am größten, weil sich der Organismus regenerieren muss.

Die Tiefs des 90-Minuten-Rhythmus sind – mit Ausnahme des Tiefs am Nachmittag – weit weniger ausgeprägt. Doch auch in diesen größeren und kleineren Tiefs des Tages muss sich der Organismus *entspannen* und *regenerieren* können:

Entspannung: Ein Tief hat die Funktion, die Anspannung, die sich im intensiven Hoch zuvor aufgebaut hat, wieder abzubauen. Dies geht aber nur, wenn während dieser Senke die Intensität des Tuns bewusst verringert oder wenn pausiert wird.

Die Sonne kann nicht ewig im Mittag stehen.
CHINESISCHES SPRICHWORT

Regeneration: Die Regeneration kann erst erfolgen, wenn der Organismus in genügendem Maße entspannt ist. Ist er zur Zeit des Tiefs durch Kaffee oder intensive Arbeit noch angeregt, kann er sich nicht erholen. Die Folgen spüren wir später, denn durch die fehlende Regeneration *verflacht* der Rhythmus. Das heißt, dass zum Beispiel das Nachmittagstief durch die anregende Wirkung des Kaffees wohl weniger ausgeprägt ist, aber das nachfolgende Hoch am späteren Nachmittag wird wegen der fehlenden Regeneration kaum mehr wahrnehmbar sein.

Entspannung und Regeneration kommen auch zu kurz, wenn Sie zum Beispiel am Mittag ohne Pause durcharbeiten und rasch am Schreibtisch ein Sandwich verzehren. Das Resultat: Sie sind am späteren Nachmittag statt in einem Hoch im angespannt-müden Zustand (siehe dazu auch Kapitel 5), der nicht nur mit schlechterer Leistungsbereitschaft, sondern auch mit einem unruhigen Geist, mit Nervosität und schlechterer Stimmung einhergeht. Dieser angespannt-müde Zustand führt zudem dazu, dass Sie am Abend weniger gut abschalten können.

Wenn Sie die inneren Rhythmen besser nutzen und kräftigere Hochs erleben wollen, gilt es, das Augenmerk ganz besonders auf die Tiefs zu richten, sie zuzulassen und sich in diesen Senken zu entspannen.[13]

Die Tiefs haben – neben Entspannung und Regeneration – noch zwei weitere wichtige Funktionen. Die wissenschaftliche Forschung hat gezeigt, dass nicht nur zahlreiche physiologische Funktionen, sondern auch unsere Denkstile im 90-Minuten-Rhythmus fluktuieren: In den Hochs ist die analytische, logische und kritische Leistung der linken Hirnhemisphäre ausgeprägter, während in den Tiefs eher das kreative und ganzheitliche Denken der rechten Hemisphäre zum Zuge kommt.[14] Des Weiteren ist auch die Wahrnehmung der Stimmung und der Gefühle in den Tiefs oft besser, weil wir in solchen Senken entspannter sind.

Zusammengefasst haben die Tiefs gleich drei wichtige Funktionen:

- *mental: besserer Zugang zum rechtshemisphärischen, kreativen und ganzheitlichen Denken und zur Intuition*
- *emotional: bessere Wahrnehmung der eigenen Stimmung und besseres Einfühlungsvermögen*
- *physisch: Entspannung und Regeneration, damit das nachfolgende Hoch ausgeprägter wird.*

Alle diese Funktionen werden in Teil II noch ausführlich zur Sprache kommen. Im Folgenden wenden wir uns den beiden Faktoren zu, die die Tiefs so oft sabotieren: Kaffeekonsum zur falschen Zeit und Nonstop-Aktivität.

Den Koffeinkonsum begrenzen

Sie wissen, Kaffeegenuss hebt die Stimmung, weckt den Geist und bringt uns auch körperlich auf Touren. In größeren Mengen kann Kaffee jedoch zittrige Hände, Herzrasen, Magenbrennen oder Nervosität und Stress verursachen – genauso wie Cola, Schwarz- oder Grüntee und andere koffeinhaltige Getränke auch.[15] Neben der Menge an Koffein spielt auch der Zeitpunkt des Konsums eine entscheidende Rolle. Denn Koffein kann den inneren Rhythmus sowohl unterstützen als auch stören.

Es ist nun einmal nicht anders, die meisten Menschen leben mehr nach der Mode als nach der Vernunft.
GEORG CHRISTOPH LICHTENBERG

Wenn Sie vor allem von der anregenden Wirkung des Koffeins profitieren und die Nebenwirkungen vermeiden wollen, gilt die folgende Regel: Je seltener der Koffeinkonsum, umso stärker der Energieschub. Wenn es Ihnen gelingt, pro Tag nur eine einzige Tasse Kaffee zu trinken, und den dafür günstigsten Zeitpunkt zu wählen, werden Sie den Nutzen maximieren können. Der Verzicht wird Ihnen umso leichter fallen, je besser Sie die Wirkungsmechanismen kennen und bei sich selber wahrnehmen.

Sie kennen es wohl aus eigener Erfahrung: Die erste Tasse Kaffee des Tages wirkt am stärksten. Warum? Die Koffeinmoleküle entfalten ihre anregende Wirkung im Organismus durch die Bindung an spezifische Rezeptoren. Eine einzige Tasse Kaffee enthält bereits derart viel Koffein, dass damit der größte Teil der vorhandenen Rezeptoren besetzt wird.[16] Wenn Sie sich zwei Stunden später eine zweite Tasse Kaffee gönnen, gibt es erst wenige freie Rezeptoren, die neue Koffeinmoleküle binden können. Deshalb ist von einer anregenden Wirkung in der Regel viel weniger zu spüren. Umso mehr machen sich die unangenehmen Nebenwirkungen bemerkbar, denn die dazugekommenen Koffeinmoleküle wirken nun anderswo.

Die begrenzte Zahl von Rezeptoren ist das eine. Hinzu kommt, dass Koffein im Organismus nur langsam abgebaut wird. Die Halbwertszeit, also die Zeit, in der sich der Koffeinspiegel um die

Hälfte verringert, variiert von Person zu Person ziemlich stark. Sie liegt im Durchschnitt bei etwa sechs Stunden. Das heißt, dass beim Genuss einer einzigen Tasse Kaffee morgens um acht Uhr, sechs Stunden später – also nachmittags um zwei Uhr – immer noch eine Menge an Koffein, die einer halben Tasse entspricht, wirksam ist. Das Tief, das viele um diese Zeit verspüren, wird dadurch verflacht und der durch das Koffein immer noch angeregte Organismus kann sich nicht richtig erholen. Dasselbe gilt für den Kaffeegenuss am Nachmittag: Ein Espresso (oder eine Cola) um sechzehn Uhr wirkt auch noch um zweiundzwanzig Uhr und kann das Einschlafen verhindern.

Der beste Zeitpunkt

Wenn Sie die anregende Wirkung nutzen wollen, tun Sie gut daran, sich nur ein- oder höchstens zwei Mal täglich ein koffeinhaltiges Getränk zu genehmigen und zwischendurch immer wieder koffeinfreie Tage und Wochen einzuschalten. So kommt es nicht zum bekannten Gewöhnungseffekt.

Das Wissen um den richtigen Zeitpunkt ist der halbe Erfolg.
MAURICE COUVE DE MURVILLE

Der beste Zeitpunkt für maximale Wirkung sind die Up-Phasen: am frühen Morgen, bevor das Morgenhoch beginnt, und am späten Nachmittag, wenn das Nachmittagstief überstanden ist. So stärken Sie das Hoch.

Am ungünstigsten ist Kaffeetrinken in den Down-Phasen: beim Abflachen des Morgenhochs oder nach dem Mittagessen. Probieren Sie wenn immer möglich, in diesen Phasen auf koffeinhaltige Getränke zu verzichten. Sie verflachen damit das Tief und verhindern die nötige Entspannung und Regeneration. Zwar werden Sie am Nachmittag weniger Energie haben, als wenn Sie Ihren gewohnten Espresso nach dem Mittagessen trinken. Dafür kann der Organismus während des Nachmittagstiefs entspannen und etwas regenerieren. Und im nachfolgenden Hoch sind Sie dafür umso leistungsfähiger – ganz besonders, wenn Sie sich in der tiefsten Senke ein Nickerchen gönnen.

Als Alternativen zum Kaffeegenuss können Sie im Tief zum Beispiel die anregende Wirkung von Fruchtsaft ausprobieren. Der Zucker geht rasch ins Blut über und wirkt ebenfalls belebend. Auch frisches Wasser oder Kräutertee können stimulierend wirken, wenn sie ganz bewusst und mit dieser Absicht getrunken werden. Eine andere Möglichkeit wäre, sich durch ein kurzes Telefongespräch wieder etwas in Schwung zu bringen. Auch körperliche Aktivitäten wie Treppensteigen, ein rascher Botengang oder Ausgleichssport in der Mittagspause sorgen für neue Energie, ohne die inneren Rhythmen zu stören.

Ob Sie zunächst bloß auf eine einzige Tasse Kaffee verzichten oder ob Sie den Kaffeekonsum stärker reduzieren wollen, hängt von Ihren persönlichen Präferenzen ab. Wenn Ihnen der Verzicht schwer fällt, hilft es, über das Projekt ein Journal zu führen oder die Beobachtungen und Resultate in einer Tabelle festzuhalten. Experimentieren Sie, es lohnt sich. Sind Sie bei einer einzigen Tasse Kaffee pro Tag angelangt, werden Sie ihn neu zu schätzen wissen. Er entfaltet seine anregende Wirkung nicht nur stärker – er wird Ihnen auch besser schmecken!

Beobachten und Reflektieren

Falls Sie den Kaffeekonsum begrenzen wollen, gehen Sie folgenden Fragen nach:

a   Bei welchen täglichen Gelegenheiten trinke ich Kaffee? Wie viele Tassen sind es insgesamt?

b   Welche Note (1 = sehr gut; 5 = schlecht) gebe ich der ersten, der zweiten und jeder weiteren Tasse Kaffee für a) den Geschmack und b) die anregende Wirkung?
Welche Tasse schafft die Höchstnote?

c   Welche Phase in meiner Rhythmuskurve ist für den Kaffeekonsum am ungünstigsten?

d   Auf welche Tasse kann ich am besten, auf welche am wenigsten gut verzichten? Welche konkrete Alternative gäbe es?

Vom Nonstop-Modus zum gesunden Rhythmus finden

Oft ist es verlockend, eine dreistündige Sitzung ohne Pause durchzuziehen, auf eine entspannende Mittagspause zu verzichten oder eine Arbeit noch abzuschließen, auch wenn sich dadurch der Feierabend verkürzt oder ganz wegfällt. Man meint, noch genügend Energie zu haben, doch man zehrt in diesem Nonstop-Modus bereits an der Substanz. Die Quittung kommt dann später: Anspannung und Erschöpfung sind im Nachhinein umso größer; wir sind noch lange aufgekratzt, schlafen schlechter und sind am anderen Morgen weniger frisch als sonst.

Nur der Wechsel ist wohltätig. Unaufhörliches Tageslicht ermüdet.
WILHELM VON HUMBOLDT

Damit aber nicht genug, denn am anderen Morgen weniger frisch zu sein heißt, dass uns die kostbarste Zeit des Tages, die Primetime, entgeht.

Je anspruchsvoller Ihre Arbeit ist, umso weniger können Sie sich die Sabotage der Primetime leisten. Besonders kognitive und willentliche Höchstleistungen erfordern den klaren Geist und die Determiniertheit, die diese Zeitspanne auszeichnet. Ich werde in den Kapiteln 5 und 6 näher darauf eingehen und Ihnen hier zunächst ein kleines Fallbeispiel geben.

Ein Fallbeispiel

Jean B. arbeitet zwei Tage pro Woche in der Genfer Filiale seiner Firma und beklagte sich darüber, dass ihn das Hin- und Herfliegen zwischen Zürich und Genf unglaublich ermüde. Er verstehe das nicht, denn er verlasse das Haus am Montagmorgen zur üblichen Zeit, fliege dann nach Genf, übernachte am Montagabend im Hotel (dass er am Montagabend noch bis in die Nacht hinein arbeitet, vergaß er zu erwähnen) und komme am Dienstagabend wieder nach Zürich – also nicht einmal Jetlag, und trotzdem schlafe er in der Nacht auf den Mittwoch nicht gut und sei den ganzen Mittwoch über jeweils matt und schlecht gestimmt. Auf meine Frage, warum er nicht den Zug nehme, lachte er ungläubig und meinte, mit dem Flieger dauere die Reise etwas mehr als eine Stunde und mit der Bahn deren vier.

Vielbeschäftigte achten oft zu einseitig auf Zeitersparnis und schenken dem Energieaspekt und dem Tagesrhythmus zu wenig Beachtung. Je schneller etwas geht, umso besser. Betrachten wir das Problem aus der Energie- und Rhythmusperspektive, ergibt sich ein anderes Bild: Jean B. verschwendet und zerstückelt die kostbare Primetime am Montagmorgen für seinen Flug nach Genf – die erste »Sünde«. Statt sich in Ruhe in Anspruchsvolles vertiefen zu können, reicht es dann bloß zum Bearbeiten von Fragmenten und zum Beantworten von E-Mails – Tätigkeiten, die er längst auch in den Down-Phasen machen könnte. Den Zeitverlust versucht er am Montagabend wettzumachen. Die Arbeit bis in die Nacht hinein ist nicht nur weniger effizient, sie stört auch seinen Rhythmus, denn am Abend muss der Organismus ausspannen können – die zweite »Sünde«. Diese macht sich am Dienstagmorgen vor allem auf der mentalen Ebene bemerkbar: sein Geist ist weniger frisch als sonst. Auch der Dienstagabend wird jeweils lang. Jean B. fliegt nach dem späten Arbeitsschluss noch nach Zürich zurück und kommt drei Stunden später als üblich nach Hause. Das Ausspannen am Abend kommt wieder zu kurz, denn der Flug hat nicht denselben Erholungswert wie ein Abend zu Hause – eine dritte »Sünde«, die die Rhythmusstörung vom Vorabend noch verstärkt. Durch die fehlende Entspannung der kumulierten Rhythmusstörungen schläft Jean B. schlecht und fühlt sich am Mittwoch in seinem Zürcher Büro müde und matt. Nicht nur sein mentaler Energiepegel ist tief; auch physisch und emotional ist er nicht gut drauf.

Durch Schnelligkeit wird vieles übersehen, vieles überrannt, vieles nicht gehört, nicht verstanden und auch nicht erfühlt; letztlich also nicht erlebt und nicht erfahren.
KARLHEINZ A. GEISSLER

40

Was Jean B. – und mit ihm vielen Kopfarbeitern – viel zu wenig bewusst ist, sind drei Dinge: erstens die Tatsache, dass unzerstückelte, ungestörte Primetime – die absolute Top-Zeit für geistiges Arbeiten – das knappste Gut ist. Zweitens, dass der Organismus die Abende für genügende Entspannung braucht und dass diese Entspannungszeit nicht ohne Folgen gekappt werden kann. Dazu kommt drittens, dass viele Kopfarbeiter die negativen Folgen des langen und oft pausenlosen Arbeitens unterschätzen.

Wer hastet, ist wichtig.
MICHAEL BAERISWYL

Die drei goldenen Lösungsregeln für meinen Klienten waren die folgenden:

- *Primetime unter* allen *Umständen schützen und richtig nutzen.*
- *Nie zwei Abende hintereinander bis in die Nacht hinein arbeiten oder unterwegs sein.*
- *Je größer die Belastung, umso strikter für a) regelmäßige und b) entspannende Pausen sorgen.*

Jean B. fährt nun am Montagmorgen immer mit dem Zug nach Genf. Die Fahrt dauert drei Stunden (und nicht vier, wie er meinte) und er nutzt seine Zeit ganz bewusst für Anspruchsvolles. Das Handy bleibt ausgeschaltet und er gönnt sich sogar eine Stopping-Pause (siehe Kapitel 8) im Speisewagen. Statt am Montagabend zu lange zu arbeiten, geht er noch gemütlich joggen. Am Dienstagabend leistet er sich dafür wie gewohnt *open end* und nimmt dann das Flugzeug nach Hause.

Lebenskunst besteht darin, die eigene Natur mit der eigenen Arbeit in Einklang zu bringen.
LUIS DE LEON

Nobelpreisträger Richard Ernst konstatierte einst: »Seit ich mit dem Auto zur Arbeit fahre, habe ich nicht mehr so viel Zeit zum Denken.« Ähnlich ist es Jean B. mit dem Morgenflug gegangen. Er hat mit der Zug-Variante die kostbare Zeit zurückgewonnen. Und auch um seinen Rhythmus und damit den Energiepegel ist es nun wesentlich besser bestellt.

Was ein gesunder Rhythmus bedeutet

Was heißt es, einen gesunden Rhythmus zu pflegen? Es heißt auf die inneren Rhythmen zu achten, die Arbeit und die Freizeit wenn immer möglich nach diesem sinnvollen natürlichen Prinzip des periodischen Wechsels von Beanspruchung und Entspannung zu gestalten und rhythmische Strukturen zu kultivieren.

Einen gesunden Rhythmus zu pflegen bedeutet:

Erstens, während den Hochs konzentriert und mit vollem Einsatz zu arbeiten und die Tiefs bewusst für Pause, leichtere Arbeiten oder Ausgleich zu nutzen. Es bedeutet auch, die Tiefs *nicht* mit koffeinhaltigen Getränken oder intensivem Durcharbeiten zu verwischen. Je mehr Sie in den Tiefs loslassen, die Intensität verringern oder pausieren, umso kräftiger wird das nachfolgende Hoch. Die Pausen in den Tiefs geben dem Tag eine rhythmische Struktur. Sie schaffen eine Ordnung, in der sich intensives, konzentriertes Tun mit Ausgleich und Erholung abwechseln. Der stete Wechsel von intensivem Tun und Regeneration verhindert den Aufbau von Anspannung und zu starke Verausgabung. Er unterstützt zudem die *belebende Spannung* zwischen Aktivität und Rast. Dieser Wechsel gibt dem monotonen oder mühsamen Tun eine kleine Perspektive, indem dann die Arbeitsphase einen Anfang und ein Ende hat.

Mit den von uns gepflegten Ritualen erhalten wir uns die Zuversicht, in den Strudeln des Lebens Übersicht zu erhalten.
GERHARD BLIESBACH

Zweitens, zu wissen, dass ein gesunder Rhythmus auch mit Ritualen zu tun hat, mit regelmäßig stattfindenden Aktivitäten, die stets in derselben Art und Weise ablaufen. »Ein Ritual ist in der Zeit das, was im Raum eine Wohnung ist«, hat Antoine de Saint-Exupéry einmal geschrieben. Je intensiver und hektischer die Arbeitstage verlaufen, umso wichtiger sind nicht nur eine produktive Routine, sondern auch die kleinen Rituale und Regelmäßigkeiten: stets zur selben Zeit aufstehen und dasselbe Frühstück zu sich nehmen, stets zur selben Zeit essen, stets zur selben Zeit pausieren; den Tagesablauf immer etwa gleich gestalten, zur selben Zeit dasselbe tun und auch Regelmäßigkeit in den Wochenrhythmus bringen.

Drittens, zu beachten, dass ein gesunder Rhythmus Balance schafft und sowohl Körper als auch Geist und Gemüt zum Zuge kommen lässt. Also: Ausgleich von Sitzen und Sichbewegen, von anspruchvollem Tun und anspruchslosen Tätigkeiten, von alleine Arbeiten und Kontakt mit anderen. Aber auch von drinnen arbeiten und sich draußen aufhalten. Sie wissen selbst am besten, was Sie im Übermaß tun und wo Ihr Organismus eher zu kurz kommt. Sorgen Sie immer wieder für guten Ausgleich.

Viertens heißt es schließlich, Übergänge sanft zu gestalten. Ein allzu abruptes Arbeitsende kann zu Anspannung führen. Wer nach der Arbeit einen ganz bestimmten Zug erreichen, die Kinder zu einem fixen Zeitpunkt abholen oder eine Verabredung einhalten muss, kennt dieses unangenehme Gefühl. Wenn Sie sich aus dem Tun herausreißen müssen und innerlich nicht abschließen können, baut sich Anspannung auf. Deshalb gehören zum rhythmischen Tun auch die Übergänge: das Einstimmen und Ausklingenlassen, das Anlaufen und Abschließen, das Aufwärmen zu Beginn des Trainings und das Auslaufen und Stretchen am Ende. Was für einen Gewinn bringt nun eine rhythmischere Lebensweise?

Ein gesunder Tages- und Wochenrhythmus steigert nicht nur Ihr Wohlbefinden und wirkt Anspannung und Stress entgegen. Sie sind vor allem auch proaktiver und geistig leistungsfähiger, weil Sie ausgeprägtere Hochs erleben. Und auch die entspannenden Tiefs tragen das ihre dazu bei: Es wurde bereits erwähnt, dass unser Gehirn in den entspannten Phasen ganzheitlicher denken kann. Es ist im Modus, in dem der geistige Horizont sich am weitesten öffnet, in dem Sie achtsam sind, in dem Ihnen neue Ideen kommen und bessere Lösungen einfallen. Sie haben dann auch Zugang zu Ihrer Intuition und zu Ihren eigenen Gefühlen und können zu sich selber kommen.

Klug pausieren[17]

In der Musik gehören Pausen bekanntlich ebenso zum musikalischen Rhythmus wie die Noten. Und selbst zum Denken, gehört nicht nur die Bewegung der Gedanken, sondern auch das Anhalten.
MICHAEL BAERISWYL

Viel und intensiv zu arbeiten ist spannend und oft möchte man ewig weitermachen. Doch was spannend ist, spannt mit der Zeit auch an. Es gilt, Geist und Körper immer wieder zu entspannen, zu sich zu kommen und sich die Dinge neu zurechtzulegen. Der Geist braucht Pausen, um die Information zu verarbeiten, sie einzuordnen und im Gedächtnis zu verankern. Pausen schaffen zudem Distanz zur Thematik. Nach einer längeren Pause sehen wir ein kniffliges Problem oft aus einer neuen Perspektive.
Doch nicht jede Pause ist eine Pause. Diskussionen in der Teeküche oder das Zusammensitzen mit Kollegen, die man nicht so mag, spannen eher an, als dass sie entspannen.
Zudem muss der Zeitpunkt stimmen. Wollen Sie die produktive Wirkung von Pausen nutzen und dem Gehirn Zeit zur Verarbeitung geben, dann sollten Sie sich wenn immer möglich Pausen gönnen, *bevor* die Konzentration merklich nachlässt.
Halten Sie sich an einen ungefähren 90-Minuten-Rhythmus: Nach einer bis zwei Stunden konzentrierter Arbeit benötigen Körper und Geist jeweils zehn bis zwanzig Minuten Pause: Bewegen Sie sich, trinken Sie, essen Sie etwas Kleines oder verrichten Sie kleine manuelle Arbeiten und entspannen Sie dabei Kopf und Körper. Planen Sie die Pausen bereits im Voraus ein, dann gelingt dies besser.
Bei sehr anspruchsvoller, konzentrierter Denkarbeit braucht es zusätzlich nach jeweils zwanzig bis fünfunddreißig Minuten eine

entspannende Kurzpause. Denn Konzentration ist geistige Anspannung und auf eine derartige Belastung muss immer wieder Entlastung und Entspannung folgen. Gähnen Sie herzhaft, recken und strecken Sie sich am offenen Fenster, trinken Sie einen Schluck Wasser oder wechseln Sie zumindest die Tätigkeit (z. B. vom Lesen aufs Skizzieren oder Zusammenfassen).

Schaffen Sie zudem im Tagesverlauf immer wieder Zeitinseln zur Einkehr und zum Sinnieren. Diese kleinen Auszeiten können so kurz sein wie der Weg vom Sitzungszimmer zurück ins eigene Büro oder sie können auch eine ganze Stunde dauern. Zum Beispiel wenn Sie sich über Mittag ausklinken und alleine joggen oder spazieren gehen. Oder wenn Sie den Arbeitstag auf dem Nachhauseweg noch nachklingen lassen.

Du gewinnst, wenn das Spiel in deinem Rhythmus gespielt wird. Jeder Basketballfan weiß dies.
GEORGE SHEEHAN

Je intensiver und anspruchsvoller Ihre Tätigkeit ist, umso wichtiger sind derartige Auszeiten zum entspannten geistigen Freilauf. Nutzen Sie dafür so oft möglich Mittagspausen oder Ortswechsel, und pausieren Sie auch nach wichtigen Besprechungen, bevor Sie sich der nächsten Aufgabe zuwenden. Hermann Hesse hat während der Gartenarbeit sinniert, John Steinbeck hat seine Gedanken beim Holzschnitzen schweifen lassen und Nietzsche ist wandern gegangen. Wo sind Ihre kleinen und größeren Zeitinseln? Vielleicht gibt es bei Ihnen bereits solche stillen Momente. Schaffen Sie sich noch einige mehr.

Ein freischaffender Bekannter hat mir erzählt, wie er die fruchtbarste halbe Stunde des Tages entdeckt hat. Als seine Tochter in den Kindergarten kam, musste er morgens immer seine Arbeit unterbrechen und die Kleine über die vielen Straßen und Fußgängerstreifen begleiten. Auf dem Weg zurück ins Atelier hat er dann an der Stelle mit der schönen Sicht auf die Stadt Halt gemacht und eine Zigarette geraucht. Er hat bald entdeckt, dass er bei diesem Spaziergang auf die besten Ideen kommt und dass er sein Tun nachher mit frischem Blick angeht.

Die Rolle des Tageslichts

Wir leben wohl im 21. Jahrhundert, aber wir haben noch dieselben Gene wie unsere Vorfahren aus der Steinzeit. Im Vergleich
zu diesen stemmen, schleppen und laufen wir aber bedeutend
weniger. Dafür sitzen wir auch tagsüber in der dunklen Höhle,
zumindest aus chronobiologischer Sicht. Denn als »chronobiologische Finsternis« bezeichnen die Forscher Birgit Piechulla und
Till Roenneberg die Innenbeleuchtung.[18] Diese liegt nämlich bei
etwa 50 bis 500 Lux, während die Lichtstärke im Freien wegen
des großen UV-Anteils zwischen 8000 Lux (bei bedecktem Himmel) und 100 000 Lux (in der hellen Mittagssonne) beträgt.

Du selber machst die Zeit: Das Uhrwerk sind die Sinnen. Hemmst du die Unruh nur, so ist die Zeit von hinnen.
ANGELUS SILESIUS

Das Tageslicht im Freien unterstützt und stärkt unseren inneren
Rhythmus; es ist der wichtigste *Zeitgeber*.[19] Die Zeitgeber sorgen
dafür, dass unsere innere Uhr genau im 24-Stunden-Rhythmus
bleibt und dass sich die Hochs und Tiefs sowie Schlaf und Wachzustand stets zur selben Stunde einstellen und diese verschiedenen
Phasen auch deutlich ausgeprägt sind.

Damit Licht als Zeitgeber wirken kann, muss seine Intensität weit
über tausend Lux betragen. Dies ist der Grund, warum für unseren Rhythmus der Aufenthalt im Freien große Bedeutung hat.
Wer sich nicht oft genug im Freien aufhält – was insbesondere im
Winter der Fall ist – kann unter Schlafstörungen, Energielosig-
keit, Verstimmungen oder Depressionen leiden.

Neben dem Tageslicht im Freien wirkt auch körperliche Bewegung als Zeitgeber. Je mehr Sie deshalb wie unsere Vorfahren
körperlich aktiv sind, umso mehr stärken Sie Ihre inneren Rhythmen. Und wenn Sie dies noch im Freien statt hinter den UV-
absorbierenden Fensterscheiben oder gar im künstlich beleuchte-
ten Kraftraum im Keller tun, ist die Wirkung gleich die doppelte.

Was Sie für einen besseren Rhythmus tun können

Natürlich kann längst nicht jeder Arbeits- und Lebensbereich bloß nach dem eigenen Rhythmus gestaltet werden. Doch wenn Sie Ihre Tage und Wochen überdenken, lässt sich wohl noch einiges tun. Suchen Sie in der folgenden Zusammenfassung, ob Sie für sich praktikable Beispiele finden:

Es weht der kalte Wind der Selbstverantwortung.
PETER GLOTZ

Rhythmus-unterstützende Gewohnheiten pflegen, zum Beispiel

- *immer etwa zur selben Zeit aufstehen*
- *stets zur selben Tageszeit dieselben Dinge tun*
- *zu regelmäßigen Zeiten essen*
- *am Mittag nicht mehr durcharbeiten*
- *sich so oft wie möglich im Freien aufhalten*
- *mehrmals wöchentlich Sport treiben und generell für mehr Bewegung sorgen*
- *dem Wochenende ebenfalls einen regelmäßigen zeitlichen Rhythmus geben und*
- *darauf achten, dass die Aufwachzeit am Wochenende nicht allzu stark von der Werktagszeit abweicht.*

Die Hochs verstärken statt die Tiefs vermeiden, zum Beispiel

- *die Primetime für intensive und fordernde Aktivitäten nutzen*
- *die Arbeit in 60- bis 90-Minuten-Intervalle aufteilen und dazwischen pausieren oder locker etwas Anspruchsloses tun*
- *höchstens zwei Mal täglich etwas Koffeinhaltiges trinken (jeweils vor den Hochs) sowie*
- *auf den Espresso nach dem Mittagessen verzichten.*

Der Erholung und dem Ausgleich genügend Beachtung schenken und regelmäßig Pause machen, zum Beispiel

- *am Vormittag, in der Mittagspause, im Nachmittagstief oder nach Arbeitsschluss ganz bewusst entspannen, spazieren gehen, Sport treiben oder ein Nickerchen machen*
- *Pausen für sich alleine schaffen*

- *die Abende und das Wochenende für Ausgleich und Erholung nutzen*
- *und falls Sie abends noch arbeiten müssen, dies erst nach einer ausgiebigen Pause und einem kleinen Essen tun.*

Zu einem gesunden Rhythmus zu finden erfordert nicht nur gute Selbstwahrnehmung, sondern auch genügend Problembewusstsein. Des Weitern ist ein ausgeprägter Gestaltungswille vonnöten. Denn oft sind wir bei der Arbeit fremdbestimmt oder die Firmenkultur verlangt eher nach Nonstop-Aktiviät statt nach einem klugen Rhythmus.

Sie müssen daher wissen, was Ihnen wichtig ist, und sich entsprechend abgrenzen. Mir persönlich liegt zum Beispiel vor allem daran, während meiner Primetime in der ersten Morgenhälfte ungestört zu sein. Am Morgen ist also nicht nur das Telefon umgeschaltet, ich treffe auch nie vor elf Uhr Verabredungen. Und sämtliche Sitzungen, an denen ich teilnehme, finden am Nachmittag statt. Ganz einfach, weil ich stets nur Nachmittagstermine für Sitzungen freigebe. Weil Zusammenkünfte am Nachmittag mit dem inneren Rhythmus vieler Menschen übereinstimmen, stoßen die Nachmittagstermine auch auf gute Akzeptanz. In meinem Umfeld gibt es inzwischen einige Kollegen, die ihre Besprechungen und Sitzungen ebenfalls nur noch auf den Nachmittag terminieren.

Was dem Teile nützt, nützt auch dem Ganzen.
ARISTOTELES

In der Regel kann auch unter ungünstigen Umständen viel mehr verbessert werden, als man gemeinhin annimmt. Konzentrieren Sie sich auf die Veränderungen, die möglich sind, und stecken Sie das, was nicht geht, weg. Auch eine Optimierung von nur zehn Prozent wird sich positiv auswirken. Bleiben Sie einfach beharrlich dran!

Vom Nonstop-Modus zum gesunden Rhythmus zu finden hat mit Lebenskunst zu tun. Und auch für sie gilt, was Picasso einst konstatierte: »Nur wer die Form beherrscht, kann sich darüber hinwegsetzen.« In anderen Worten: Wer gut im eigenen Rhythmus zu leben weiß, darf ab und zu einmal eine »Rhythmussünde« begehen.

Den Arbeitstag optimal gestalten

Der innere Rhythmus schafft mit seinen Hochs und Tiefs eine natürliche Tagesstruktur und Sie werden lernen, die richtigen Aufgaben zur richtigen Stunde anzugehen. Damit Sie wissen, wo Sie bei der Optimierung ansetzen können, gilt es, sich noch besser bewusst zu machen, was zu welcher Tageszeit am besten geht.

Was zu welcher Zeit am besten geht [20]

Von den folgenden Fragen werden Sie einige spontan beantworten können. Andere werden Ihnen erst nach einer Weile der Beobachtung und Selbstwahrnehmung klar werden. Diskutieren Sie mit anderen darüber – das kann sehr erhellend sein!

Zu welcher Tageszeit

a   *habe ich am meisten/am wenigsten Energie?*

b   *bin ich in der besten/in der negativsten Stimmung?*

c   *bin ich am anfälligsten für Stress/am robustesten gegen Stress?*

d   *kann ich mich am besten/am wenigsten gut überwinden, etwas Unangenehmes oder Schwieriges zu tun?*

e   *ist meine Konzentrationsfähigkeit am besten/am schlechtesten?*

f   *sind meine rationale Denkfähigkeit und meine Logik am besten?*

g   *ist meine Intuition am besten?*

h   *bin ich am einfühlsamsten?*

i   *spüre ich meine eigenen Gefühle am besten?*

k   *stört mich Lärm am meisten/am wenigsten?*

l   *sind meine Finger auf der Tastatur des PCs am flinksten/am ungelenksten?*

Während der Primetime und in den Hochs sind in der Regel auch Stimmung, Stressresistenz, Wille, Selbstdisziplin, Konzentrationsfähigkeit sowie logisch-rationales Denken am besten (a bis f). In den Tiefs sind Intuition, Phantasie, kreatives Denken und Gefühle besonders ausgeprägt (g bis i).

Am späteren Nachmittag sind der Statistik zufolge die manuelle Geschicklichkeit und das Langzeitgedächtnis bei vielen Menschen besonders gut. Das heißt, Sie tippen zügiger als am frühen Morgen und Dinge, die Sie sich um diese Zeit einprägen, bleiben länger im Gedächtnis haften.

Achtsam zu leben heißt einfach zu leben und mehr Zeit für Genuss zu haben.
THICH NHAT HANH

Chronobiologische Untersuchungen haben zudem gezeigt, dass die Sinne am Abend besonders wach sind: wir hören, fühlen, schmecken und riechen in der Dämmerung und in der Dunkelheit besonders gut. Für unsere Steinzeitvorfahren war es überlebenswichtig, in der Dämmerung besonders aufmerksam zu sein. Davon profitieren wir auch heute: Ob bei einem Hörbuch, bei Musik oder bei einem guten Essen – der Abend ist die Zeit der Genießerinnen und Genießer. Dies ist es auch, was der Dichter und Maler William Blake vor zweihundert Jahren meinte, als er seinen Sinnspruch schrieb: »Denke am Morgen. Handle am Nachmittag. Iss am Abend. Schlafe in der Nacht.« »Iss am Abend« bedeutet nicht, das Abendessen zur Hauptmahlzeit zu machen, sondern vielmehr, das abendliche Essen ganz besonders zu genießen.

In der Abbildung auf der nächsten Seite sehen Sie zusammengefasst, was zu welcher Tageszeit am leichtesten fällt. Die Zeitangaben beziehen sich auf einen Chronotypen, der etwa um halb sieben Uhr aufsteht. In der rechten Kolonne sind Tätigkeiten eingetragen, für die die jeweilige Phase am optimalsten ist. Falls Sie einem anderen Chronotypen zugehören, gilt es, statt auf die Zeiten auf die verschiedenen Phasen zu achten.

Zeit Phase	Tagesmaximum für	Tätigkeiten
6 – 7 Uhr **Alpha-Zustand**	Phantasie, Ideen, Lösungsfindung	Ideen entwickeln, Lösungen finden
7 – 9 Uhr **Primetime**	Konzentration, sowohl Imagination als auch rationales Denken, Kurzzeitgedächtnis	geistig anspruchsvollste Tätigkeiten
9 – 11 Uhr **Primetime**	Rationales Denken Wille und Leistungsbereitschaft	geistig Anspruchsvolles, planen, Ungeliebtes und Aufgeschobenes anpacken, unangenehme und anspruchsvolle Gespräche führen
11 – 13 Uhr **Down-Phase**		E-Mails beantworten, Routinearbeiten ausführen, Besprechungen und Sitzungen
13 – 15 Uhr **Tief**		Sport, essen, pausieren, anspruchslose Arbeiten, Mittagsschlaf
15 – 16 Uhr **Up-Phase**		den kommenden Tag planen, Routinearbeiten, Besprechungen
16 – 18 Uhr **Hoch**	Langzeitgedächtnis, manuelle Geschicklichkeit	Gelerntes repetieren, sich aufs Vortragen vorbereiten, anspruchsvollere Routinearbeiten, tippen
Nach 18 Uhr	Sinne, Genussfähigkeit, Gefühle	pausieren, Musik und Hörbücher hören, das Essen genießen, Gespräche führen

Abb. 4: Optimale Tagesstruktur (bezogen auf einen Chronotypen, der um halb sieben Uhr aufsteht)

Im Alpha-Zustand am frühen Morgen sind wir ganz besonders schöpferisch. Er lässt sich nach dem Erwachen bis in die Up-Phase und die Primetime hinein aufrechterhalten, wenn wir den Fokus nicht nach außen richten und Gespräche oder Störungen, beispielsweise durch das Klingeln des Telefons, vermeiden.

Nur wer den Augenblick erfasst, hat die Chance, Herr über die Zeit zu sein.
ELFRIEDE HABLÉ

Viele Menschen mit geistig anspruchsvoller Arbeit frönen jedoch einer Routine, die dem Alpha-Zustand den Garaus macht und auch die Up-Phase und die Primetime sabotiert: Kaum im Büro, wird der Computer hochgefahren und nach neuen E-Mails geschaut. Schade um die kostbare Primetime! Die Up-Phase am Morgen und die Primetime sollen für die anspruchsvollsten Arbeiten, welche die höchste Konzentration verlangen, reserviert sein. Also zum Beispiel um Zukunftsszenarien, Strategien und Konzepte zu entwickeln, sich Überblick über komplexe Sachverhalte zu verschaffen oder sich in eine Problematik zu vertiefen. In die Primetime gehören auch Aktivitäten, die uns nicht so liegen, die wir nicht so gerne tun und zu denen wir uns überwinden müssen. Denn besonders in der zweiten Hälfte der Primetime ist unser Energiepegel und damit unsere Willenkraft am höchsten.

Sie mögen nun vielleicht einwenden, dass Sie sich zuerst mit etwas Anspruchsloserem auf den Arbeitstag einstimmen müssten. Dabei besteht allerdings die Gefahr, dass Sie in eine reaktive Haltung geraten, aus der es schwierig ist, wieder herauszukommen. Ein Beispiel aus meiner eigenen Erfahrung: Wenn ich die Arbeit am Morgen mit meiner Lieblingsbeschäftigung, dem Lesen von neuen Artikeln und Sachbüchern, beginne, gerate ich in eine Art von Konsumhaltung. Ich verschlinge mir gleichsam die Information und suche eifrig nach interessanten Ideen, die ich gebrauchen könnte. Diese Suche ist bedeutend weniger anstrengend, als selbst Ideen zu generieren oder gar proaktiv zu handeln (siehe auch Seiten 122ff). Um das mühsame Umschalten vom Konsum zum proaktiven Tun zu vermeiden, beginne ich immer gleich mit der anspruchsvollsten Arbeit. Das heißt aber nicht, dass ich mich nicht einstimme, im Gegenteil. Das geistige Vorbahnen beginnt nämlich bereits am Vortag, wenn ich mir vor Arbeitsschluss zurechtlege, womit ich anderentags beginnen will. Ich nutze außerdem die Alpha-Phase nach dem Erwachen, um den Geist zu meinem Vorhaben schweifen zu lassen, und meistens fallen mir dabei noch gute Dinge ein.

Zurück zur Primetime. Wenn immer möglich, sollten Sie sich während Ihrer Primetime nicht stören lassen. Selbst eine kurze Störung kann Ihren Denkstrom derart unterbrechen, dass es ein Vielfaches an Zeit braucht, um wieder zum Denkfluss zurückzufinden.

Die Down-Phase vor der Mittagspause ist für das Bearbeiten der E-Mails und der Korrespondenz noch lange gut genug. Auch andere Routinearbeiten sowie Besprechungen, Telefonate und Sitzungen werden mit Vorteil auf die weniger produktiven Stunden gelegt.

Wenn Sie nach dem Mittagessen auf Kaffee verzichten, kann sich das Nachmittagstief ziemlich stark bemerkbar machen. Eigentlich wäre dies der Zeitpunkt für ein Nickerchen, doch im Berufsumfeld ist das selten möglich. Die Müdigkeit muss in einem solchen Fall durchgestanden werden. Manuelle und geistig anspruchslose Tätigkeiten eignen sich für diese Phase, und Besprechungen und Sitzungen lassen sich während des Nachmittagstiefs ebenfalls abhalten.

In der nachfolgenden Up-Phase lassen sich Routinearbeiten ausführen und der kommende Tag kann geplant werden.

Das Hoch in der zweiten Nachmittagshälfte wird idealerweise für die anspruchsvollere Routine, für Dinge, die im Langzeitgedächtnis bleiben sollen, und fürs Tippen genutzt.

Lebenskunst besteht darin, den Tag zu planen, aber im Augenblick improvisieren zu können.
THOMAS ROMANUS BÖKELMANN

Die persönliche Tagesstruktur finden

Zeichnen Sie als Erstes noch einmal Ihre Energiekurve auf und tragen Sie Primetime, Alpha- sowie Up- und Down-Phasen ein.

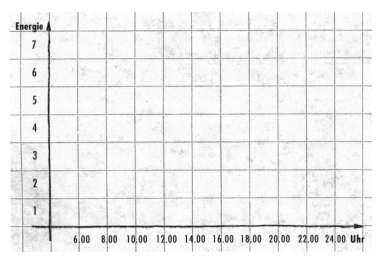

Abb. 5: Persönliche Tagesstruktur

Beantworten Sie dann folgende Fragen:

a Wo liegen meine zeitlichen Fixpunkte wie Aufstehen, Arbeitsbeginn, Morgenpause, Mittagessen, Nachmittagspause, Arbeitsende, Abendessen und Bettzeit?

b Entsprechen diese Zeiten meinem inneren Rhythmus? Will ich daran etwas ändern?

c Mit welchen Aufgaben will ich die Alpha-Phase nutzen?

d Welche Tätigkeiten will ich konsequent in den Up-Phasen und in der Primetime angehen?

e Welche Aktivitäten sehe ich für die Down-Phasen und die weniger ausgeprägten Hochs vor?

f Wann will ich pausieren? Wie lange? Wie kann ich in den Pausen für Entspannung und Ausgleich sorgen?

Jeder Tat ihr Maß an Kraft zuweisen können ist das Geheimnis der Vitalität.
PRENTICE MULFORD

54

Konzipieren Sie nun analog zu Abb. 4 einen optimalen Tagesplan, der auf Ihre momentane Situation und Möglichkeiten zugeschnitten ist. Beobachten Sie in den kommenden Wochen, ob und wie er sich bewährt. Notieren Sie Ihre Beobachtungen und modifizieren Sie den Tagesplan, wenn nötig.

Nickerchen: Aus einem Tag eineinhalb machen

»Wenn Sie Gelegenheit zu einem Nickerchen haben, wie häufig nutzen Sie diese?« Diese Frage stellte ich den Studierenden, die mein Seminar über besseren Umgang mit der Zeit besuchten. 78 Prozent der 156 Befragten nutzen die Gelegenheit für ein Nickerchen manchmal bis oft, und 22 Prozent nutzen sie nie.[21]
Vielleicht gehören Sie auch zu dieser Mehrheit, die gerne ein Nickerchen macht, aber Sie haben im Berufsalltag keine Gelegenheit dazu. Für Sie habe ich eine gute Nachricht: Wenn Sie am Arbeitsplatz auf den Mittagsschlaf verzichten müssen, können Sie am Feierabend ein Nickerchen nachholen und immer noch von der Wirkung profitieren.[22] Was Sie im Folgenden über den Mittagsschlaf lesen, gilt genauso für dieses Abendschläfchen.

Unter den großen Denkern der letzten Jahrhunderte gab es viele Mittagsschläfer; Johann Wolfgang von Goethe, Thomas Mann, Albert Einstein und Isaac Newton gehörten dazu. Und auch Sir Winston Churchill. Seine Empfehlung lautet wie folgt:[23]
Sie sollten zwischen dem Mittagessen und dem Abendessen ein wenig schlafen und dabei keine halben Sachen machen. Ziehen Sie sich richtig aus und gehen Sie ins Bett. Ich mache das immer so. Und glauben Sie nicht, Ihre Arbeit würde darunter leiden, dass Sie am Tag schlafen. So denken nur dumme Menschen, die keine Phantasie haben. Sie erledigen die Arbeit von zwei Tagen –

na ja, sagen wir von anderthalb Tagen – an einem Tag, davon bin ich überzeugt. Als der Krieg begann, musste ich tagsüber schlafen, sonst hätte ich all die verantwortungsvollen Aufgaben nicht lösen können.

Es ist nicht verwunderlich, dass der englische Premier tagsüber schlafen *musste*, um seine gewaltige Verantwortung überhaupt wahrnehmen zu können. Denn das Besondere am Mittagsschlaf ist dies: Er macht, wie Churchill schreibt, aus einem Tag deren eineinhalb. Das heißt, er verhilft zu einer *zweiten Primetime* und damit zu einem zweiten Hoch an Energie und Willenskraft.

Nach einem erholsamen Nickerchen können auch alltägliche Dinge mit neuer Energie und frischem Willen angepackt werden: ein anstehendes Telefonat, das einem Bauchschmerzen macht, jemandem eine Absage erteilen oder sich endlich einmal durch alle Unterlagen durchbeißen und sich einen klaren Überblick über ein Projekt verschaffen.

Aus einem Tag anderthalb Tage machen können – diese Erfahrung Churchills werden Ihnen vor allem geistig und schöpferisch tätige Mittagsschläferinnen und -schläfer bestätigen. Das Nickerchen verhilft nicht nur zu einer zweiten Primetime; es verschafft auch objektivierenden Abstand und klärt die Gedanken. So kann die Bearbeitung eines schwierigen Problems nach dem Schlaf mit klarem Kopf und aus einer neuen Perspektive angegangen werden.

Es gibt noch weitere Gründe für das Schläfchen. Der Geist ist vor und nach dem Mittagsschläfchen genauso wie beim Aufwachen am Morgen im Alpha-Zustand, in dem sich bessere Ideen generieren und oft auch überraschende Lösungen finden lassen. Dazu kommt, dass während des Schlafs Vorangegangenes verarbeitet, neu strukturiert und im Gedächtnis gefestigt wird.

Selbst ein Tiger hält ein Schläfchen.
CHINESISCHES SPRICHWORT

Vieles spricht also für ein Nickerchen. Neben dem entspannenden und erholenden Effekt bewirkt ein Schläfchen Folgendes:

- *zweite Primetime*
- *Klärung der Gedanken*
- *Generierung neuer Ideen*
- *frische Perspektive*
- *besseres Gedächtnis*

Studierende beschreiben ihre Erfahrungen mit dem Nickerchen zum Beispiel so:

Wirkt besser als ein Red Bull.

Ich gehe über Mittag immer nach Hause. Lieber zehn Minuten Totalentspannung als zwei Stunden Mensa-Stress.

Ist wie ein Reload.

Wenn ich am Mittag geschlafen habe, kann ich dafür am Abend zwei Stunden länger arbeiten.

Schon früher als Leistungssportler haben wir in den Trainingslagern oder wenn wir für Wettkämpfe unterwegs waren, immer alle ein Nickerchen gemacht. Es tat gut und war auch nötig.

So gehen Sie das Nickerchen an

Der beste Zeitpunkt für das Nickerchen ist weniger gleich nach dem Mittagessen, sondern erst in der großen Senke des Nachmittagstiefs. Bei vielen Menschen liegt sie zwischen vierzehn und sechzehn Uhr.
Die optimale Dauer für ein Nickerchen ist individuell sehr verschieden zehn bis dreißig Minuten sollten genügen. Dauert der Schlaf nämlich länger, gelangen wir in eine tiefere Schlafphase. Lassen wir uns dann zum Beispiel nach fünfundvierzig Minuten wecken, sind wir oft benommen und desorientiert und von der wunderbaren Wirkung des Nickerchens ist überhaupt nichts zu spüren; im Gegenteil.

Ein Schläfchen zwischendurch eignet sich auch gut, um ein Nachtschlafmanko auszugleichen. In einem solchen Fall schlafen Sie besser gleich einen Zyklus (ungefähr eine bis eineinhalb Stunden) durch. In Krankheitsphasen kann das sehr heilsam sein.

Wie erwähnt, lässt sich das Nickerchen auch am Feierabend nachholen. Ich habe mich in jungen Jahren stets nach dem frühen Nachtessen kurz hingelegt und konnte nachher den Feierabend in viel besserer Verfassung genießen.

Heute gönne ich mir, wenn immer es geht, mein Nickerchen in der Mitte des Nachmittags, so zwischen drei und halb vier. In eine zweite Primetime zu gelangen gelingt jedoch nur dann, wenn ich wirklich einschlafe und nicht bloß döse. Dies wiederum hängt mit meinem Kaffeekonsum am Morgen zusammen. Wenn ich mich auf eine einzige Tasse am frühen Morgen beschränke, kann ich jeweils wunderbar schlafen.

Wenn du dich durch jeden Hund anbellen lässt, der dir auf deinem Weg begegnet, wirst du nie ans Ziel kommen.
ORIENTALISCHE WEISHEIT

Falls in Ihrer Institution Gelegenheit besteht – oder Sie sich Gelegenheit schaffen können –, ermuntere ich Sie, mit dem Nickerchen zu experimentieren und es sich zur guten Gewohnheit zu machen. Vielleicht braucht es zu Beginn etwas Mut und es soll Ihnen nicht so ergehen, wie dem Manager und Konzernleitungsmitglied, der nach einem Vortrag zu mir nach vorne kam und klagte, dass es früher besser gewesen sei. Sein Vater sei noch über Mittag nach Hause gekommen und hätte sich nach dem Essen hingelegt. Doch so was könne er sich heute nicht mehr leisten.

Befreien Sie sich vom Konformitätsdruck der Mittelmässigkeit. Halten Sie es mit dem Mittagsschläfchen so wie jener Student, der in der Umfrage das Nickerchen mit dem Zähneputzen verglichen hat:

Wenn ich mir an der ETH nach dem Mittagessen die Zähne
putze, grinsen meine Kollegen. Obwohl es:
1. nützt,
2. normal ist,
3. nicht putzen schlecht ist
4. und es zu Hause (fast) alle tun.

Beobachten und Reflektieren

a   Welche Haltung hat mein soziales Umfeld gegenüber dem Mittagsschläfchen?

b   Welche Haltung habe ich? Was sind meine Vorbehalte?

c   Bin ich bereit, neue Erfahrungen zu machen und mit dem Nickerchen zu experimentieren?

Der Konformitätsdruck und wie man damit umgehen kann spielt auch im nächsten Kapitel eine Rolle. Sehr viel mehr Bedeutung kommt jedoch Ihren Gewohnheiten zu, die es zu hinterfragen gilt – und vor allem auch den Chancen, die im Zeitraum der Woche stecken und die es zu entdecken und zu nutzen gilt.

3.

Den Spielraum der Woche nutzen

Die Woche ist der Zeitraum der genutzten oder der verpassten Chancen. Warum?

Die Art und Weise, wie Sie die Woche verbringen, wie lange Sie arbeiten und was Sie am Wochenende tun, spiegelt Ihre Lebensführung wider. Eine Woche ist so etwas wie das Leben *en miniature*. Wenn sie ausgewogen ist, haben alle Bedürfnisse Platz: Arbeit, Familie und Freunde, Freizeitbeschäftigungen, Reflexion und Muße. Ein guter Wochenrhythmus bietet die Chance, auch langfristig eine stimmige Balance zwischen allen Lebensbereichen zu schaffen.

Er beinhaltet außerdem die Chance, das Leben in allen Bereichen ganz bewusst zu gestalten, statt sich einfach von den äußeren Umständen leiten zu lassen. Wenn Sie es schaffen, sich im Zeitraum einer Woche auf die wesentlichen Dinge zu konzentrieren und Ihre Energien für Ziele einzusetzen, die bei der Arbeit, in der beruflichen und persönlichen Entwicklung, in den Beziehungen und im Leben wirklich wichtig sind, wird es Ihnen auch über einen längeren Zeitraum gelingen.

Sie lernen in diesem Kapitel zunächst, was den Wochenrhythmus stört und wie Sie ihn verbessern können. Auf den freien Sonntag, der bei Vielbeschäftigten ein wunder Punkt sein kann, werde ich ganz besonders eingehen. Ich will Ihr Verständnis für seine Wichtigkeit wecken und Sie ermuntern, an diesem Tag auszuruhen, sich Zeit zur Reflexion zu nehmen und auch mal der Langeweile zu frönen. Den Abschluss bildet die Wochenplanung. Sie erfahren, was den Kern der umsichtigen Wochenplanung bildet und wie sie angegangen werden kann, damit Sie die Chancen, die die Woche bietet, nicht verpassen.

Auf einen guten Wochenrhythmus achten

Ein Rhythmus ist ein Wechselspiel von Belastung und Entlastung, von Anspannung und Entspannung oder von der Anstrengung der Arbeitswoche und der Erholung am Wochenende.

Ein guter Wochenrhythmus gleicht in diesem Sinn dem Tagesrhythmus. Nach dem erholsamen Wochenende gelingt oft ein guter Start mit einem produktiven Montag und einem nicht minder guten Dienstag – die Primetime der Woche. Der Mittwoch entspricht dem Mittag und will nach zwei intensiven Tagen etwas lockerer gestaltet sein. Intensiv Beschäftigte spüren um die Wochenmitte oft eine kleine Senke wie beim nachmittäglichen Tief. Der Donnerstag und der Freitag stehen für das Hoch am späten Nachmittag. Die Anstrengung der vergangenen Tage macht sich allerdings bemerkbar und die Leistung ist nicht mehr ganz dieselbe wie beim Wochenstart. So ist es am Freitag klug, etwas früher mit der Arbeit aufzuhören. Der Samstag kann mit dem dritten kleinen Hoch am Feierabend und der Sonntag schliesslich mit dem erholsamen Schlaf der Nacht verglichen werden.

Der Wochenrhythmus ist ursprünglich ein kosmischer Rhythmus. Man vermutet, dass er aus dem Mondzyklus hervorgegangen ist, nach dem sich die vom Landbau lebende Bevölkerung im Vorderen Orient zu biblischen Zeiten gerichtet hat. Vom Vollmond zum Neumond dauert es 14,7 Tage und ein Viertelmond entspricht 7,35 Tagen.[24]

Der Wochenrhythmus ist auch ein biologischer Rhythmus, obwohl er sich viel schwächer manifestiert als der Tagesrhythmus.[25] Die Ausheilung körperlicher Verletzungen, die Immunabwehr sowie Anpassungsreaktionen des Organismus gehorchen zum Beispiel oft einem 7-Tage-Rhythmus. Bereits die großen Ärzte der Antike haben entdeckt, dass der siebte, der vierzehnte und der einundzwanzigste Tag einer Krankheit für den weiteren Verlauf oft bestimmend sind. Auch heute wird häufig im Wochenrhythmus therapiert.

In erster Linie aber wird der Wochenrhythmus als kultureller Rhythmus wahrgenommen. Er hat religiöse Wurzeln und gehört auch in der säkularisierten Welt zur Zeitkultur.[26] Nach sechs Tagen Arbeit im Büro und zu Hause trägt ein erholsamer siebter Tag viel zum Wohlbefinden des Menschen bei.

Du sollst ruhen, weil Gott am siebten Tage geruht hatte, nachdem er Himmel und Erde in sechs Tagen geschaffen hatte.
EXODUS 20,11

Störungen des Wochenrhythmus erkennen und angehen

Die zunehmende Arbeitsbelastung und der unvermeidlich erscheinende Stress werden oft beklagt. Doch im Grunde genommen ist es viel weniger die große Belastung, als vielmehr die ungenügende *Ent*-lastung, die zu Stress und Burnout führt. Unser Organismus *will* den Reiz der Belastung. Aber er braucht genauso die regenerierende Entlastung. Dies scheint der moderne Mensch vergessen zu haben. Er meint, er müsse wie eine Maschine funktionieren und nonstop aktiv sein.

Durch diese falsche Annahme kommen nicht nur die täglichen Pausen zu kurz, auch der freie Sonntag wird oft sabotiert.[27] Vielbeschäftigte neigen dazu, das Wochenende auch noch mit Betriebsamkeit anzufüllen. Der fehlende freie Sonntag und damit die fehlende Erholung sind es, die den Wochenrhythmus am meisten stören.

Um Missverständnissen vorzubeugen: Es geht mir nicht darum, dass man sonntags nie etwas unternehmen darf. Ab und zu einmal eine Aufgabe fertig zu stellen oder die halbe Nacht durchzutanzen liegt trotzdem drin. Aber je anspruchsvoller Ihre berufliche Tätigkeit ist und je ehrgeiziger Ihre beruflichen Ziele sind, umso unumgänglicher ist es, nach dem eigenen inneren Rhythmus zu leben und ihn so wenig als möglich zu stören.

Lebensfreude stärkt die Schaffenskraft. Und Schaffenskraft erhöht die Lebensfreude.
ELSE PANNEK

Es sind vor allem drei Dinge, die den Wochenrhythmus beeinträchtigen:

- *der Wochenend-Jetlag*
- *der Wochenend-Stress und*
- *gewohnheitsmäßiges Weiterarbeiten am Sonntag.*

Wochenend-Jetlag

Der Wochenend-Jetlag beginnt ganz harmlos am Freitagabend und möglicherweise kommt Ihnen das Muster bekannt vor: Es wird ziemlich spät und deshalb gönnen Sie sich am Samstagmorgen zwei bis drei Stündchen Ausschlafen. Am Samstagabend sind Sie dann länger munter und es wird noch etwas später als am Vortag. Dafür wird am Sonntagmorgen genüsslich ausgeschlafen. Am Sonntagabend gehen Sie zur üblichen Zeit zu Bett. Sie können aber lange nicht einschlafen und das Aufstehen am Montagmorgen wird zur kleinen Tortur. Sie fühlen sich unausgeschlafen und das Watte-Gefühl im Kopf lässt sich auch mit einem starken Kaffee nicht vertreiben – kein Wunder, denn Sie haben übers Wochenende Ihren Schlaf-Wach-Rhythmus gegen eine spätere Bettzeit hin verschoben und einen veritablen Jetlag produziert.

Wochenend-Stress

Partys, an denen es spät wird, erlebnisreiche Städteflüge, kräfteraubende Besuche oder andere Aktivitäten, die nicht zum gewohnten Sonntagsverlauf gehören, führen bei Menschen mit anspruchsvollem Beruf oft zu Stress, dessen negative Auswirkungen sich noch weit in die kommende Woche hinein bemerkbar machen. In besonders intensiven Phasen brauchen Sie am Sonntag zunächst Ruhe, um sich von der anstrengenden Woche zu erholen – auch wenn vielleicht Partner, Partnerinnen oder Kinder ganz andere Bedürfnisse haben. Das Regenerationsbedürfnis nach einer intensiven Woche wird in der Regel unterschätzt. Erholt sind Sie nur dann, wenn Sie die neue Woche mit frischer Energie beginnen.

Gewohnheitsmäßiges Weiterarbeiten am Sonntag

Vielbeschäftigte kennen das: Statt den Sonntag freizuhalten, werden Fachartikel gelesen, Vorträge vorbereitet, Steuererklärungen ausgefüllt oder Hausarbeiten erledigt. Derartige Beschäftigungen gehören für viele Berufstätige zur normalen Sonntagroutine. So kommt es, dass gewohnheitsmäßige Sonntagsarbeiter kaum mehr wissen, wie erholsam ein Rhythmus mit einem wirklich freien Sonntag überhaupt sein kann. Sie kennen das Gefühl nicht mehr, am Montagmorgen frisch und voller Tatendrang zur Arbeit zu gehen. Die Erfahrung, dass durch eine Sonntagspause die Qualität der Arbeit und die persönliche Effektivität deutlich höher sind, ist ihnen abhanden gekommen.

Eingeebnete Zeitlandschaften, die zu nichts weiterem als zu Hast und Hetze einladen, sind Formen der Barbarei, die es zu reduzieren und verhindern gilt.
KARLHEINZ A. GEISSLER

Es gibt auch die unfreiwillige Sonntagsarbeit. In einigen Unternehmen hat es sich eingebürgert, die Kader zu Wochenend-Seminaren einzuladen. Derartige Veranstaltungen können zwar sehr wertvolle Inspirations- und Denkpausen im Arbeitsalltag sein. Aber wenn die Berufswelt ins Wochenende eindringt, hat das eine Vielzahl von nachteiligen Effekten: Die Woche wird von fünf aufeinander folgenden Arbeitstagen auf deren zwölf verlängert (5 + 2 + 5 Tage), es gibt kaum ein Abschalten von der Arbeit, die Privatsphäre kommt zu kurz und Erholung und Besinnung fehlen. Oft wird noch zu viel gegessen und getrunken, was den Organismus zusätzlich belastet. Nach einem derartigen Wochenende liegen Energiepegel und Leistungsfähigkeit deutlich tiefer als gewohnt.

Schafft hingegen ein Wochenendseminar Ausgleich zum Beruf und stillt es zudem ein Bedürfnis, das bisweilen zu kurz kommt, kann es sehr belebend wirken. So kann ein Tanz-, ein Kletteroder Kunstwochenende im Kreise Gleichgesinnter ganz besonders inspirierend sein.

Den Wochenrhythmus pflegen

Halten Sie es mit dem Wochenverlauf wie mit dem Tagesverlauf und bauen Sie Pausen ein. Kürzen Sie zum Beispiel nach einem intensiven Wochenstart den Mittwoch und den Freitag, indem Sie die Arbeit etwas früher abschließen oder eine ausgedehnte Mittagspause einschalten. Nutzen Sie dafür aber die Primetime am Samstagmorgen noch für anspruchsvolle Arbeiten und lassen Sie danach die Arbeitswoche ganz bewusst ausklingen. Lösen Sie sich vom intensiven Tun und schalten Sie auf Gemächlichkeit um. Setzen Sie der Arbeitswoche ein klares Ende.

Überdenken Sie Ihre eigenen Wochenend-Bedürfnisse. Überlegen Sie, was gut ist und sich bewährt hat und was Sie ändern könnten. Gestalten Sie das Wochenende konsequent nach dem Motto *less is more*.

Falls Sie zu den freiwilligen Sonntagsarbeitern gehören, empfehle ich Ihnen, das Tagebuch von John Steinbeck »Journal eines Romans« zu lesen.[28] Steinbeck hat dieses Tagebuch während der Arbeit an »Jenseits von Eden« geführt. Auch er ist immer wieder in Versuchung geraten, den Arbeitsfluss nicht zu unterbrechen und auch sonntags zu schreiben. Seine täglichen Protokolle zeigen diesen Zwiespalt und die Folgen auf spannende Art und Weise und sie regen auch an, über die eigene Situation nachzudenken und daran etwas zu verbessern.

Müßiggang ist aller Laster Anfang – und aller entscheidenden Fähigkeiten Ursprung, Prüfung und Lohn.
HEIMITO VON DODERER

Mein Vorschlag für notorische Sonntagsarbeiter: Bereiten Sie das Projekt »Freier Sonntag« vor. Ihr Ziel soll sein, die Sonntage eines ganzen Monats mit äußerster Konsequenz freizuhalten, weder am Sonntag zu arbeiten noch sich mit Vorhaben zu stressen. Das Ziel des Projekts ist, die Wirkung von freien Sonntagen zu erleben. Dazu braucht es mehr als ein einziges freies Wochenende. Ich werde im kommenden Kapitel aufs Kultivieren des freien Sonntags weiter eingehen.

Zunächst nochmals alle Ideen auf einen Blick. Wenn Sie den Wochenrhythmus pflegen wollen, dann sollten Sie:

- *weder Arbeits- noch Ausgehstunden zu lange überziehen*
- *vermeiden, gleich zwei Tage hintereinander später als gewohnt zu Bett zu gehen*
- *vermeiden, gleich zwei Tage hintereinander einige Stunden länger zu schlafen*
- *am Mittwoch und Freitag die Arbeit etwas früher beenden*
- *dafür die Primetime am Samstagmorgen noch für Anspruchsvolles nutzen*
- *am Wochenende keine geschäftlichen Anlässe ansetzen*
- *Freizeit- und Wochenend-Stress vermeiden*
- *kleine entspannende Rituale und erholsame Gewohnheiten pflegen*
- *die Arbeitswoche spätestens am Samstagmittag ausklingen lassen*
- *den Sonntag wirklich freihalten.*

Fass das Leben
immer als Kunstwerk.
CHRISTIAN MORGENSTERN

Beobachten und Reflektieren

a   Wie verläuft meine Energie- und Leistungskurve innerhalb einer durchschnittlichen Arbeitswoche?

b   Wie würde ich meine wöchentlichen Arbeitsstunden einteilen, wenn ich auf nichts und niemanden Rücksicht nehmen müsste und ich möglichst produktiv sein möchte?

c   Wie würde ich meine wöchentlichen Arbeitsstunden einteilen, wenn mein persönliches Wohlbefinden die allerhöchste Priorität hätte?

d   Wie kann ich die Realität möglichst gut an den Idealfall von b und c anpassen?

e   Schafft die Art und Weise, wie ich das Wochenende verbringe, den nötigen Ausgleich?

f   Bin ich jeweils am Montagmorgen frisch und neu motiviert?

Den freien Sonntag kultivieren

Für viele ist der Sonntag der am meisten ersehnte Wochentag: wieder einmal ausschlafen dürfen, an den See fahren oder endlich Zeit zum Zusammensein mit Partner, Familie und Freunden haben – die Liste ließe sich beliebig fortsetzen. Sonntag ist fast ein bisschen wie Ferien im Kleinen, weg von den Alltagsmühen, eine kleine Flucht, ein Farbtupfer im Wochenverlauf. Oder ganz einfach ein Ruhetag mit ein paar Stunden behaglicher Trägheit. Ein Tag des Seins statt des Tuns.

Doch der Sonntag kann auch ein Tag der gemischten Gefühle sein. Je nach persönlicher Lebenssituation ist der Sonntag nicht immer der schönste Tag der Woche. »Sechs Tage, um dem Glück entgegenzustreben, und ein Tag, um zu konstatieren, dass das Glück nicht da ist.« So lautet die etwas pessimistische Sonntagsdefinition des Philosophen Arthur Schopenhauer.

Auch Nicole Czechowski, die Herausgeberin des Buches »*Dimanche – le temps suspendu*« weist auf die zwei Seiten des Sonntags hin: [29]

Diese Tage haben zwei Gesichter, sie vermitteln einerseits Sicherheit, Geborgenheit, Ruhe und entlarven anderseits Wahrheiten: die Einsamkeit, die Angst, versteckte Konflikte, die Beziehungsunfähigkeit. (...) An Sonntagen wird einerseits die heile Welt hochgehalten, anderseits sind versteckte Spannungen spürbar. Oder es kommt zu Konflikten, die wochentags unter dem Deckel gehalten werden. Kinder, die nicht in intakten Verhältnissen leben, spüren die Andersartigkeit dieser Tage, die Einsamkeit, besonders stark – genau wie die Alleinstehenden.

Überlastete und überbeschäftigte Menschen können am Sonntag oder während der Feiertage in eine negative Stimmungslage geraten. Wenn die Spannung, die sich während der Woche aufgebaut hat, nachlässt, kann sich eine unangenehme Leere einstellen.

Es kann zu kleinen Zusammenbrüchen oder gar Depressionen kommen. Andere wiederum füllen die Leere mit sinnlosen Ersatzhandlungen. Sie putzen die Wohnung oder waschen das Auto, auch wenn es eigentlich gar nicht nötig wäre. Sie verbringen die Zeit vor dem Computer oder schlagen sie vor dem Fernseher tot. Sie lenken sich ab, wo immer es geht, weil sie Angst vor der inneren Leere haben.

Aber die innere Leere und die Langeweile haben auch ihre guten Seiten, und diese gilt es zu entdecken.

Warum sollte es nur Schutzgebiete für Spitznashörner geben und nicht auch für Zeitformen, wie das »Trödeln«, das »orientalische Dösen« oder das »großstädtische Flanieren«?
KARLHEINZ A. GEISSLER

Den Sinn der Langeweile verstehen

Zugegeben: Langeweile ist kein angenehmes Gefühl. Wenn wir uns langweilen, fühlen wir uns leer, lustlos, unzufrieden. Wir sind weder neugierig noch interessiert, noch motiviert. Irgendwie sind wir unruhig und meinen, es müsse etwas geschehen. Wir sind in einer passiven Haltung und hoffen, dass uns irgendetwas von außen davon erlöst und uns Kurzweil verschafft.

Heutzutage ist es einfacher denn je, sich von dieser inneren Leere abzulenken und sich zu zerstreuen. Wir können jederzeit und überall Musik hören, durch Dutzende von Fernsehkanälen zappen, chatten und von überall her überall hin telefonieren. Aber diese Reize haben nur kurze Wirkung. Je öfter wir auf sie zurückgreifen, umso abhängiger werden wir davon und die Langeweile kommt dennoch wieder.

Was wäre, wenn wir die Langeweile einfach aushielten? Ohne Musik, ohne Fernseher, ohne irgendwelche Zerstreuungen einfach schauen, was passiert? Vielleicht ist Ihnen die Situation des Aushaltenmüssens bekannt. Im Rahmen einer Untersuchung meinte eine 42-jährige Teilnehmerin dazu:[30] »Ich kenne aus meiner Kindheit das Gefühl wirklich quälender Langeweile und dann gab es da so eine Kippstelle, denke ich: Wenn man die Langeweile nicht mit Zerstreuung totschlug, konnte wirklich etwas passieren, und zwar aus eigener Kraft. Ich habe dann viel gemalt und Gedichte gemacht.« Sie vergleicht mit der heutigen Situation und meint: »Mein Sohn hat das nicht so wie ich. Das blöde Fernsehen! Es kommt gar nicht mehr zum Erleben von Langeweile. Die Leerstellen werden zu schnell gefüllt.«

Wer Langeweile als Vorbereitung zur Produktivität erfahren hat, wird ihr nicht mehr ausweichen.
JUDITH GIOVANNELLI-BLOCHER

Langeweile ist ein tabuisiertes Gefühl. Paare meinen, sie dürften nichts vom kulturellen Angebot verpassen, Eltern meinen, sie müssten den Kindern in der Freizeit möglichst viel Interessantes bieten, und Jugendliche finden es uncool, nichts los zu haben.

Wir sind mit dem Zen-Schüler vergleichbar, der beim berühmten Lehrer um Unterweisung bittet. Der Meister lädt ihn zum Tee ein, und während er seinem Gast einschenkt, redet dieser über seine Vorstellungen und Wünsche. Er redet und redet, während der Meister immerfort eingießt. Die Schale läuft über und der Tee ergießt sich auf den Tisch und vom Tisch auf den Boden. Nun bemerkt es der Schüler und macht den Meister darauf aufmerksam. Dieser antwortet: »Du bist randvoll wie diese Schale. Wenn du lernen willst, musst du zunächst leer werden.«

Je leerer wir werden, je weniger wir uns von den äußeren Reizen und Zerstreuungen vereinnahmen lassen, umso eher gelingt es uns, Muße zu empfinden und Untätigkeit und Langsamkeit zu genießen.

Langeweile kommt in einem intensiven und produktiven Leben immer wieder vor; sie gehört zu unserer Existenz. Oft folgt sie einer abgeschlossenen Arbeit, für die man sich ganz besonders verausgabt hat. Sie stellt sich nach einem fröhlichen Beisammensein ein und tritt bisweilen auch ganz unvermittelt am Feierabend oder an einem ruhigen Sonntagnachmittag auf.

Diese Langeweile nennt die Psychologin Verena Kast ein *Durchgangsgefühl*.[31] Es gibt uns Gelegenheit, uns zu besinnen und unsere innersten Bedürfnisse und Interessen aufzuspüren. Kast schreibt: »Die Langeweile hat den Sinn, eine neue Anpassung an sich selbst und auch eine neue Anpassung an die Welt zu schaffen – verbunden mit der Frage nach einer neuen Vision für das eigene Leben.« Lassen Sie sich auf die Langeweile ein und nehmen Sie sich die Zeit für eine neue Anpassung an sich selbst und an die Welt. Was diesen Prozess unterstützt, ist die Reflexion.

Das Wesentliche kommt meist auf leisen Sohlen. EDUARD MÖRIKE

Beobachten und Reflektieren

a   Wodurch hat sich in meiner Kindheit der Sonntag von den übrigen Wochentagen unterschieden? Was habe ich am Sonntag geliebt, was nicht?

b   Wie habe ich vor fünf Jahren den Sonntag verbracht?

c   Wie verbringe ich heute den Sonntag?

d   Wenn ich mir den für mich idealen Sonntag wünschen könnte, wie sähe er aus? Was kann ich zu diesem Ideal beitragen?

e   Wie kann ich den Rhythmus von Aktivität (an den Werktagen) und Erholung (am Sonntag) stärken?

f   Glaube ich, dass Langeweile und Nachdenken etwas bringen?

Sich öfter Zeit zum Reflektieren nehmen

Sie erinnern sich: Die Woche ist so etwas wie das Leben im Kleinen und Dinge, die wir im Zeitraum der Woche nicht schaffen, gehen in der Betriebsamkeit des Berufs- und Familienlebens oft gänzlich unter. Zu diesen Dingen gehört auch Grundsätzliches wie die Reflexion. Deshalb will ich die Gelegenheit beim Schopf packen und dem Denken in diesem Kapitel über die Woche gebührend Platz einräumen.

Was heißt Reflexion? Das lateinische *reflectere* bedeutet zurückbiegen, zurückwenden, seine Gedanken auf etwas hinwenden.

Wer reflektiert, denkt über etwas nach, vertieft sich, denkt vor, denkt etwas durch und wägt ab. Reflektieren heißt auch, zu fragen und zu hinterfragen.

Beim Reflektieren werden die Gedanken *geordnet* und die Dinge *geklärt*. Reflektieren ist also nicht ein bloßes Hin- und Herwälzen der Gedanken; über einem Problem zu brüten oder sich gedanklich im Kreis zu drehen ist keine Reflexion. Reflexion will Überblick und Durchblick verschaffen und zu *neuen Erkenntnissen* gelangen.

Zeit, die wir uns nehmen, ist Zeit, die uns etwas gibt.
ERNST FERSTL

Es gilt, immer wieder mal innezuhalten, einen Schritt zurückzutreten und Abstand zu nehmen – so, wie eine Künstlerin immer wieder von der Staffelei zurücktritt, um das entstehende Werk gleichsam aus der Vogelperspektive zu überblicken.

Durch den Schritt zurück sehen wir die Dinge aus einer objektivierenden Distanz. Wir beziehen unser Umfeld stärker mit ein und denken *ganzheitlich*. Auch unsere zeitliche Perspektive verändert sich; wir denken *langfristiger* und orientieren uns an umfassenderen Zielen.

Dazulernen und Klarheit schaffen

Reflektieren heißt auch bewerten, interpretieren, gewichten, beurteilen oder diagnostizieren. Wenn Sie über eine Begebenheit reflektieren, denken Sie dabei unwillkürlich auch an Ihre eigene Rolle. Sie sehen Ihr eigenes Verhalten, Ihr Können und auch Ihre Unzulänglichkeiten. Ich will Sie bei Letzterem zur Vorsicht mahnen:

Seien Sie beim Beurteilen nachsichtig mit sich selbst. Es ist noch kein Meister vom Himmel gefallen. Sie müssen nicht gleich alles können und Sie müssen auch nicht perfekt sein. Wichtig ist, dass Sie offen bleiben und das Leben als permanenten Lern- und Entwicklungsprozess begreifen. Gehen Sie mit sich selber um wie mit einem jungen Hund, dem es noch vieles beizubringen gilt: liebevoll, aber konsequent.

Wenn Sie reflektieren, lernen Sie dazu. Denn jedem Tun, jeder Begebenheit und jedem noch so kleinen Erfolg oder Misserfolg können durch Reflexion neue Erkenntnisse abgewonnen werden. *Lessons learned* heißen die Früchte, die Sie durchs Reflektieren ernten. Mit einem deutlichen und lebendigen Bild der optimierten Vorgehensweise vor Augen werden Sie eine Sache beim nächsten Mal besser machen.

Wenn Sie in Ihrer Karriere, in Ihrer persönlichen Entwicklung und im Leben etwas erreichen wollen, gilt es zudem, die Richtung und die Ziele immer wieder zu klären. Je mehr Optionen Sie haben und je vielseitiger begabt Sie sind, umso schwieriger ist dieser Klärungsprozess. Hinzu kommt, dass wir von allem zu viel haben: zu viele Verpflichtungen, zu viel Arbeit, zu viele Ablenkungen und zu viele Zerstreuungen. Die Versuchung, sich durch immer neue Ideen, neue Anfragen und neue Angebote ablenken zu lassen, ist groß. Und die Angst, etwas zu verpassen, ist verbreitet.

Regelmäßige Reflexion hilft Ihnen, Klarheit zu schaffen und mehr Sicherheit und mehr Gelassenheit zu gewinnen. Wenn Sie durch Reflexion zu einem klareren Bild Ihrer Ziele und Schwerpunkte kommen, fällt es Ihnen leichter, auch beim täglichen Tun Prioritäten zu setzen und sich auf das Wesentliche zu konzentrieren.[32] Denn Sie wissen, was Sie wollen – und was nicht.

Die Klarheit seines Innern ist für den Menschen das höchste Gut.
ADALBERT STIFTER

Es ist eine Tatsache, dass sich der moderne Mensch zu wenig Zeit zum Denken nimmt. Besonders in hektischen Zeiten führt dies zu unüberlegtem Aktionismus statt zum umsichtigem Handeln. Es gehört in vielen Unternehmen zu guten Ton, stets sehr beschäftigt zu sein. Aber es mangelt in den meisten Fällen an Produktivität und an Effektivität. Eine Untersuchung hat dies sehr deutlich aufgezeigt.

Fokussierter handeln

»Vorsicht vor dem übereifrigen Manager« – so titelten Heike Bruch von der Universität St. Gallen und ihr Kollege Sumantra Ghoshal von der London Business School ihren viel beachteten Artikel über Effektivität und Produktivität von Managern.[33] Die beiden Forscher haben herausgefunden, dass lediglich 10 Prozent der Untersuchten genügend umsichtig, wirkungsvoll und engagiert handeln. Nur einer von zehn verfügt in ausreichendem Maße über die zwei entscheidenden Kriterien, die sich während der jahrelangen Forschungsarbeit herauskristallisiert haben: über Fokus und über Energie.

Energie ist das Thema dieses Buches – was aber ist mit Fokus gemeint? Fokussieren bedeutet Konzentration im Großen. Wenn Sie fokussiert sind, richten Sie Ihre Aufmerksamkeit und Ihre Energie auf das, was bei der Arbeit und im Leben wirklich wichtig ist. Sie konzentrieren sich auf das Umsetzen von längerfristigen Zielen und streben nachhaltige Wirkung an – statt sich zu verzetteln oder der Versuchung von kurzfristigen Erfolgserlebnissen nachzugeben.

An Fokus mangelte es einerseits den Übereifrigen und Verzettelten, vor denen die Forscher warnen – und die beileibe nicht nur unter den Managern zu finden sind. 40 Prozent der Untersuchten konnten dieser größten Kategorie zugeordnet werden. An Fokus mangelte es aber auch den 30 Prozent der Untersuchten, die zu den Aufschiebern gehörten. Diesen fehlt es neben dem Fokus auch an Energie. Den restlichen 20 Prozent schließlich mangelte es weniger an Fokus, aber an Energie und Engagement. Zu dieser Kategorie zählten diejenigen, die innerlich gekündigt hatten oder die sich aus anderen Gründen zu wenig einsetzen.

Zusammengefasst handeln 70 Prozent der Untersuchten zu wenig fokussiert. Es ist auch nicht einfach; sich auf das Wesenliche konzentrieren zu können ist eine übergeordnete Fähigkeit, die neben einem starken Commitment (siehe Seiten 233 ff) auch viel Denk-arbeit erfordert. Es gilt hier vor allem, sich Zeit zum Reflektieren zu nehmen.

Wie fokussiert handeln Sie? Und wie halten Sie es mit der Reflexion? Möchten Sie öfter über Ihre Arbeit, Ihr Leben und sich selbst nachdenken? Dann will ich Ihnen den wichtigsten Rat schlechthin mitgeben.

Nur wenn man auswählt, weglässt, Schwerpunkte setzt, stößt man zur wahren Bedeutung der Dinge vor.
GEORGIA O'KEEFFE

Der wichtigste Rat

Reflexion wird durch das Aufschreiben der Gedanken vereinfacht. Die Dinge klären sich so eher. Schriftlich festgehaltene Ideen, Erkenntnisse und Zielsetzungen werden nicht so rasch vergessen. Ein Journal und Notizen helfen, Vorsätze besser einzuhalten. Aufschreiben ist der erste Schritt zur Tat. Es verstärkt Ihre Motivation und erleichtert das Durchhalten. »Ein Tagebuch zu führen bedeutet, zu wissen, dass die Gegenwart immer noch überprüft wird«, meint die Biografie-Forscherin Alexandra Johnson dazu.[34] Ein weiterer Gewinn ist, dass Sie wie bei einem Trainings-Tagebuch Überblick über Ihre Fortschritte erhalten. Sie sehen nicht nur, wo Sie vor einem Jahr standen; Sie erkennen auch, wie sich Ihre Einstellung und Ihr Selbstbild verändert haben.

Beim Schreiben sind Sie im Dialog mit dem Menschen, der Ihnen am nächsten steht: mit sich selbst. Sie nehmen sich Zeit, auf sich selbst zu hören, in Muße Gedankenfäden zu spinnen, über Ihre Freuden und Befürchtungen nachzudenken und über sich und Ihr Umfeld zu reflektieren. Wenn Sie ein Journal führen, sind Ihnen Ihre eigenen Gedanken und Ideen wichtig genug, um aufgeschrieben zu werden. Sie vertrauen mehr und mehr Ihrem eigenen Denken und lassen sich dadurch nicht so leicht von außen beeinflussen.

Deshalb mein Rat: Führen Sie ein Tage,- Wochen- oder Monatsbuch, ein Journal, ein Notizbuch oder wie immer Sie es nennen wollen.

Ist Ihnen das Schreiben zu einer lieben Gewohnheit oder gar zu einem wöchentlichen Ritual geworden, werden Sie die stillen Minuten der Reflexion und der Erkenntnis nicht mehr missen wollen. Sie werden verstehen, warum ich das Schreiben als wichtigstes Mittel für Ihre persönliche Entwicklung bezeichne.

Falls Sie zu den Menschen gehören, die keinen Drang zum Schreiben verspüren und auch so gut durchs Leben kommen, mache ich Ihnen einen Vorschlag: Tun Sie es nur ein einziges Mal. Aber tun Sie es. Reservieren Sie eine stille Stunde und schreiben Sie auf, wie Sie sich fühlen, wo Sie im Leben stehen und was Sie in den nächsten Monaten vorhaben. Machen Sie eine ganz persönliche Standortbestimmung, nur für sich allein. Wählen Sie für diese stille Schreibstunde nicht irgendeinen Tag, sondern den Vorabend Ihres Geburtstags. Bewahren Sie dann das Geschriebene an einem sicheren Ort auf und merken Sie bereits in der Agenda ein Jahr später das erneute Lesen und den Aufbewahrungsort vor. Glauben Sie mir, Sie werden Ihre Standortbestimmung nach einem Jahr mit größtem Interesse lesen und Ihren Schreibeinsatz sicher nicht bereuen.

Schreiben fördert nicht nur Selbsterkenntnis und persönliche Veränderungsprozesse – die schriftliche Form ist bei der Arbeit von Bedeutung. Schriftlich formulierte Ziele sind verbindlicher und auch die Planung und Organisation der Woche soll nicht nur im Kopf erfolgen. Dies führt uns zum nächsten Thema, das für wirkungsvollen Einsatz der Energie von besonderer Bedeutung ist – die Wochenplanung.

Die Woche mit Weitsicht planen

Die Woche mit Weitsicht zu planen heißt, den ganzen Spielraum der Woche zu nutzen und wenn immer möglich allen Lebensbereichen Zeit einzuräumen: Arbeit und Erholung, Familie und anderen Beziehungen, sich selbst und den eigenen Interessen. Und auch den großen Zielen und Träumen.

Denken Sie daran: Die Woche ist der Zeitraum der genutzten oder der verpassten Chancen. Je intensiver Ihre Arbeit und Ihr Leben sind, umso wichtiger ist es, wöchentlich innezuhalten und sich bewusst zu machen, ob Sie beruflich und privat in die richtige Richtung gehen und die Ziele, die Sie erreichen wollen, verfolgen. Bedenken Sie: Wenn Sie im Spielraum der Woche keinen Platz fürs Reflektieren finden, werden Sie es auch im kommenden Monat und im nächsten Jahr nicht tun. Die Gefahr besteht, dass Sie sich nur noch von den Umständen bestimmen lassen, dass Sie ewig in der Tretmühle gefangen bleiben, auch wenn Sie doch eigentlich Ihre Arbeit, Ihre Karriere und Ihr Leben ganz bewusst gestalten und Ihre Energien klug einsetzen wollen.

Es gibt eine eindrückliche Geschichte, die diese Problematik wunderbar aufzeigt. Obwohl viel zitiert, will ich Sie Ihnen nicht vorenthalten, denn sie bleibt für Vielbeschäftigte ein Leben lang aktuell.

Die Kruggeschichte[35]

Eines Tages wurde ein alter Professor der französischen nationalen Schule für Verwaltung gebeten, für eine Gruppe von etwa fünfzehn Chefs großer amerikanischer Unternehmen eine einstündige Vorlesung über den sinnvollen Umgang mit der Zeit zu halten.

Zu Beginn der Veranstaltung betrachtete der Professor ruhig einen nach dem anderen seiner Zuhörer. Danach verkündete er:

»Wir werden ein kleines Experiment durchführen.« Der Professor zog einen riesigen Glaskrug unter seinem Korpus hervor und stellte ihn vor sich hin. Dann holte er etwa ein Dutzend tennisballgroße Steine hervor und legte sie sorgfältig, einen nach dem anderen, in den großen Krug. Als der Krug bis an den Rand voll war und kein weiterer Stein mehr darin Platz hatte, blickte er langsam auf und fragte: »Ist der Krug voll?« Und alle antworteten: »Ja.«

Er wartete eine Weile und fragte dann: »Wirklich?« Dann verschwand er erneut unter dem Korpus und holte einen mit Kies gefüllten Becher hervor. Sorgfältig verteilte er den Kies über die großen Steine und rührte dann leicht um. Der Kies verteilte sich zwischen den großen Steinen. Der Professor blickte erneut auf und fragte sein Publikum: »Ist dieser Krug voll?« Dieses Mal begannen seine schlauen Schüler, seine Darbietung zu verstehen. Einer von ihnen antwortete: »Wahrscheinlich nicht!«

»Gut!«, antwortete der Professor. Er verschwand wieder unter dem Korpus und diesmal holte er einen Eimer Sand hervor. Vorsichtig kippte er den Sand in den Krug. Der Sand füllte die Räume zwischen den großen Steinen und dem Kies auf. Wieder fragte er: »Ist dieses Gefäß voll?« Dieses Mal antworteten seine schlauen Schüler ohne zu zögern im Chor: »Nein!«

»Gut!«, antwortete der Professor. Und als hätten seine Schüler nur darauf gewartet, nahm er die Wasserkanne, die unter seinem Korpus stand, und füllte den Krug bis an den Rand. Dann blickte er auf und fragte seine Schüler: »Was können wir Wichtiges aus diesem Experiment lernen?« Der Kühnste unter seinen Schülern dachte an das Thema der Vorlesung und antwortete: »Daraus lernen wir, dass, selbst wenn wir denken, dass unser Zeitplan schon bis an den Rand voll ist, wir, wenn wir es wirklich wollen, immer noch einen Termin oder andere Dinge, die zu erledigen sind, einschieben können.«

»Nein«, antwortete der Professor, »darum geht es nicht. Was wir wirklich aus diesem Experiment lernen können, ist Folgendes: Wenn man die großen Steine nicht als Erstes in den Krug legt, werden sie später niemals alle hineinpassen.« Es folgte ein Moment des Schweigens.

Jedem wurde bewusst, wie sehr der Professor Recht hatte. Dann fragte er: »Was sind in eurem Leben die großen Steine? Eure Gesundheit? Eure Familie? Eure Freunde? Die Realisierung eurer Träume? Das zu tun, was euch Freude macht? Dazuzulernen? Eine Sache verteidigen? Entspannung? Sich Zeit nehmen…? Oder etwas ganz anderes? Was wirklich wichtig ist, ist, dass man die großen Steine in seinem Leben an die erste Stelle setzt. Wenn nicht, läuft man Gefahr, es nicht zu meistern … sein Leben. Wenn man zuallererst auf Kleinigkeiten, den Kies und den Sand, achtet, verbringt man sein Leben mit Kleinigkeiten und hat nicht mehr genug Zeit für die wichtigen Dinge. Deshalb vergesst nie, euch immer wieder die Frage zu stellen: ›Was sind die großen Steine in meinem Leben?‹ Dann legt diese zuerst in euren Krug des Lebens.«

Die größte Gefahr ist, dass wir eines Tages aufwachen und feststellen, dass wir nicht unser eigenes Leben, sondern das eines anderen gelebt haben.
DAVID WHITE

Zur Erinnerung: die Eisenhower-Matrix[36]

Wie lassen sich im beruflichen und persönlichen Alltag Kleinigkeiten, Kies und Sand von den großen Steinen unterscheiden?
Sie kennen wohl die Eisenhower-Matrix, die zwischen Dringendem und Wichtigem unterscheidet und ein äußerst nützliches Werkzeug für die Unterscheidung zwischen Wichtigem und Unwichtigem und für die entsprechende Prioritätensetzung ist:

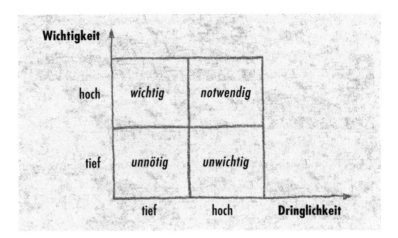

Abb. 6: *Eisenhower-Matrix*

Wenn ich Studierenden die Matrix erkläre, kommt es jeweils zum großen Aha-Erlebnis im Feld »unwichtig«. Sie realisieren, dass längst nicht alles, was dringlich daherkommt, wichtig ist. Und es leuchtet ihnen ein, dass die *notwendigen* Aufgaben zuerst erledigt werden müssen, und dass sie die *wichtigen* Aufgaben, die großen Steine, unter keinen Umständen vergessen dürfen.

Wenn Sie in einem Umfeld arbeiten, wo Tempo und Rund-um-die-Uhr-Erreichbarkeit als Ausdruck höchster Leistungsfähigkeit gesehen werden, gilt es ganz besonders, einen kühlen Kopf zu bewahren. Machen Sie sich immer wieder bewusst, was wirklich wichtig ist. Sie sollen nicht nur effizient sein, sondern auch effektiv. Sie kennen den Unterschied: Effizient sein heißt, etwas auf bestmögliche, kompetente, rasche und in jeder Beziehung ökonomische Art und Weise zu tun; eine Aufgabe richtig zu lösen. Effektivität bedeutet, die richtigen (also die wichtigen) Aufgaben zu lösen.

Nehmen Sie sich wieder einmal die Eisenhower-Matrix vor und beurteilen Sie Ihre Aktivitäten der vergangenen Woche. Es kann erhellend sein.

Die Eisenhower-Matrix leistet auch gute Dienste, wenn Sie sich im Privaten überlastet fühlen. Eine Analyse sämtlicher Abend- und Wochenenden-Stunden der vergangenen sieben Tage wird Ihnen aufzeigen, auf was Sie in Zukunft verzichten können.

Fragen Sie sich Folgendes:

a *Welche Aktivitäten waren notwendig, das heißt, wichtig und dringlich?*

b *Waren sie in dem Ausmaß notwendig?*

c *Was kam dringlich daher, war aber nicht so wichtig?*

d *Was war unnötig?*

e *Wie viele Stunden habe ich mit Wichtigem, das heißt mit Dingen, die zu meiner Lebensqualität, zu meiner persönlichen Entwicklung und zu meinen Lebenszielen beitragen, verbracht?*

Neben der edlen Kunst, Dinge zu verrichten, gibt es die edle Kunst, Dinge unverrichtet zu lassen.
SPRICHWORT AUS ASIEN

Die Wochenplanung effektiv gestalten

Entscheidend für eine wirkungsvolle Wochenplanung sind zwei Dinge: Erstens, dass Sie diese auf Ihre längerfristigen Ziele und auf die Richtung, in der Sie sich entwickeln wollen – auf Ihre großen Steine –, ausrichten. Und zweitens, dass Sie eine stimmige Balance zwischen den verschiedenen Lebensbereichen anstreben. So nutzen Sie die Chancen, die in der Woche stecken.

Große Ziele, auch wenn sie noch so klar und konkret formuliert sind, verwirklichen sich nicht von selbst; sie müssen Eingang in die Wochenplanung finden. Und für gute Absichten wie »weniger arbeiten«, »mehr Zeit für Familie oder Partnerschaft haben«, »ein gutes Buch lesen« oder »mehr Sport treiben« gilt es noch viel mehr.

Planen hat den Zweck, sich ein klares Bild von dem, was zu tun ist, zu verschaffen. Es gilt, vorzudenken und Prioritäten zu setzen. Eine umsichtige Wochenplanung setzt voraus, dass Sie Ihre län-

gerfristigen Ziele – Jahres-, Monats- oder Quartalsziele – und die entsprechenden großen Prioritäten kennen. Es gilt zudem, alle Ihre persönlichen und beruflichen Vorhaben zu überblicken und sich darüber im Klaren zu sein, was Sie letzten Endes damit erreichen wollen. Nur so können Sie die richtigen Wochenprioritäten setzen. Ihr Wochenplan soll diese Prioritäten widerspiegeln.
Ein Wochenplan enthält drei Teile:

- *Den Aufgabenteil,*
  der alle wichtigen und notwendigen Aufgaben enthält, die in dieser Woche erledigt werden müssen.
- *Den Terminteil,*
  der alle Termine für Besprechungen, Sitzungen und spezifische Aufgaben, die zu einem bestimmten Termin ausgeführt werden müssen, enthält.
- *Die To-do's.*
  Dieser Teil enthält Teilaufgaben, weniger wichtige Aufgaben sowie Dinge, die Sie nicht vergessen dürfen.

Verschaffen Sie sich eine Agenda, die Ihnen den Überblick über eine ganze Woche erlaubt und auf derselben Seite noch Platz für Aufgaben und To-do's gewährt. Die Agenda soll stets in Ihrer Nähe und offen sein, sodass Sie immer wieder mal einen Blick auf den Tag und die Woche werfen können.

Der Aufgabenteil

Im Aufgabenteil listen Sie die Aktivitäten mit der höchsten Wichtigkeit auf. Für schwierige und unangenehme Aufgaben empfiehlt es sich, im Terminteil Primetime dafür zu reservieren.

Der Terminteil

Achten Sie beim Festlegen von Terminen unbedingt auf Ihren Tagesrhythmus. Sie wissen, für Besprechungen ist die Primetime zu schade. Terminieren Sie auch Zeit für sich zum Reflektieren, für Sport und für die wöchentliche Planung. Reservieren Sie im Terminteil auch freie Pufferzeiten. Damit Sie bei konzentrierter Arbeit Ihre Termine nicht vergessen, können Sie zusätzlich einen Timer nutzen.

Machen Sie Gebrauch vom größeren zeitlichen Spielraum, den eine Woche gewährt. Statt bloß über eine einzige Primetime können Sie gleich über deren sieben verfügen – und wenn Sie Mittagsschläfchen machen sogar über entsprechend mehr. Ebenso haben Sie siebenmal Gelegenheit, beim Aufwachen den Alpha-Zustand zu nutzen. Die Vorhaben lassen sich flexibler gestalten als im Tagesverlauf: dreimal eine Stunde Sport, viermal eine halbe Stunde Englisch oder auch das wöchentliche informelle Mittagessen mit dem Kollegen aus der anderen Abteilung lassen sich selbst dann einhalten, wenn etwas verschoben werden muss.

Die To-do's

Nicht nur die wichtigen Aufgaben werden eher erledigt, wenn sie schriftlich aufgelistet sind. Auch eine To-do-Liste mit den weniger wichtigen Dingen und den Dringlichkeiten sorgt für Verbindlichkeit. Und das Abhaken schafft in allen Fällen Erleichterung.

Falls Sie bis jetzt Ihre Wochen nicht systematisch geplant haben, will ich Sie ermuntern: Probieren Sie es aus! Nehmen Sie sich vor, während eines Monats jede Woche konsequent vorauszuplanen. Sie werden einen Unterschied bemerken!

Gut geplant ist schon halb getan. Ein guter Plan entlastet und hält Ihren Kopf frei fürs eigentliche Tun. Der Wochenplan erlaubt es Ihnen, die richtigen Dinge zur richtigen Zeit zu tun und sich darauf zu konzentrieren. Sie sparen zudem Zeit und Energie, denn der Plan schützt Sie vor unnötigen Aktivitäten, vor Versuchungen, Ablenkungen und Zusagen, die Sie eigentlich gar nicht machen wollen. Dies gilt nicht nur am Arbeitsplatz, sondern auch im privaten Leben.

Ich habe irgendwann kapiert, dass ich nur das machen sollte, was mir wirklich wichtig ist. Außerdem habe ich früh gelernt, meine Kräfte einzuteilen und mich nicht zu verzetteln.
JAKOB ARJOUNI

Wenn wir darüber nachdenken, wofür wir unsere Energien einsetzen wollen, wenn wir Schwerpunkte setzen, die Woche planen, um fokussierter auf unsere Ziele hinzuarbeiten, sind unsere Gedanken irgendwo in der Ferne. Das ist gut so, aber sie sollen nicht für immer dort verbleiben. Die große Kunst im klugen Umgang mit der Energie besteht darin, die Aufmerksamkeit immer wieder nach innen zu lenken, zu sich selbst zu kommen, den jeweiligen Energiezustand, die Stimmung und allfällige Anspannung wahrzunehmen und sich bewusst zu machen. Aus diesem Grund habe ich auch das nächste Kapitel über den Schlaf an den Schluss des ersten Teils gesetzt. Ich will Sie damit bewusst wieder in Ihre Gegenwart und in die Selbstwahrnehmung zurückholen.

4.
Besser schlafen

Was gibt es Schöneres, als nach einem intensiven Tag entspannt und müde zu Bett zu gehen, alsbald zufrieden wegzukippen und so richtig tief durchzuschlafen? Schöner ist vielleicht bloß, im Urlaub durch den Gesang der Vögel aufzuwachen und sich auf den kommenden Tag mit seinen besonderen Verheißungen zu freuen. Oder einen dieser magischen Tage zu erleben, an denen wir über besonders viel Energie verfügen, kristallklar denken, die Dinge mutig anpacken und Außerordentliches vollbringen.

Der Schlaf ist die wichtigste Quelle für unsere tägliche Energie und unser Wohlbefinden. Viele Menschen wissen diese Quelle zu wenig zu schätzen und zu nutzen. Schlechter Schlaf wird oft als unvermeidlich oder gar als normale Folge des aktiven Lebensstils betrachtet. Dabei ist suboptimaler Schlaf oft ganz einfach eine schlechte Gewohnheit. Und eine schlechte Gewohnheit kann man sich wieder abgewöhnen. Sie werden sehen: Gut schlafen ist lernbar!

Dieses Kapitel soll Ihnen das nötige Wissen vermitteln, damit Sie guten Schlaf neu erlernen können. Zunächst werden der Schlafbedarf und die individuell optimale Schlafdauer diskutiert. Dann geht es um die Mechanismen, die das Einschlafen verhindern, und um wirkungsvolle Gegenmaßnahmen. Sie werden des Weiteren erfahren, was gute Schlafhygiene beinhaltet. Mit dem so genannten inneren Wecker wird nicht nur dieses Kapitel, sondern auch der erste Teil über die inneren Rhythmen abgeschlossen.

Der Schlafbedarf des Menschen

Der Schlaf ist das einzige Geschehen, das uns die Götter ohne Arbeit gaben, mit der Arbeit aber dreifach versüßen.
KARL JULIUS WEBER

Wenn ich in einem Referat den Schlafbedarf anspreche, spitzen die Zuhörerinnen und Zuhörer immer ihre Ohren. Jeder will wissen, ob er mehr oder weniger Schlaf braucht als der Durchschnitt. Auch in den Medien macht die Schlafdauer immer wieder Schlagzeilen, denn prominente Politiker und Manager brüsten sich gerne damit, sechs, fünf oder gar nur vier Stunden Schlaf zu benötigen.[37] Gerne wird der Kurzschläfer Napoleon Bonaparte zitiert: »Ein Genie braucht drei, eine Frau acht und ein Taugenichts neun Stunden Schlaf.« Bloß: Napoleons Zeitgenosse Johann Wolfgang von Goethe war ein ausgesprochener Langschläfer, der zehn Stunden täglich im Bett verbrachte. Und auch das Genie Albert Einstein brauchte zehn Stunden Schlaf.

Geistig und schöpferisch tätige Menschen scheinen ein höheres Schlafbedürfnis zu haben. Vielleicht ist es aber auch so, dass Individuen, die schöpferisch-geistige Höchstleistungen vollbringen, ganz einfach ein besseres Sensorium für die nötigen Voraussetzungen haben. Denn wenig Schlaf beeinträchtigt vor allem die geistige Leistungsfähigkeit, die schöpferische Disziplin und auch die Stimmung.

Einer kanadischen Groß-Studie zufolge, in der die Daten von einer Million Erwachsenen ausgewertet wurden, schlafen 75 Prozent der Untersuchten zwischen siebeneinhalb und achteinhalb Stunden.[38] Rund 10 Prozent der Schläfer verbringen weniger und weitere rund 10 Prozent mehr Zeit im Bett.

Der Schlafbedarf ist von Mensch zu Mensch verschieden und hängt von der Veranlagung und von den Lebensumständen ab. Weniger Schlaf brauchen wir in Zeiten, in denen wir höchst motiviert sind, in denen wir häufig Sport treiben[39] und in denen alles rund läuft.

Es gibt Phasen im Leben, in denen der Schlaf zu kurz kommt. Eltern von Kleinkindern oder Menschen mit Schlafproblemen kennen das. Doch irgendwie übersteht man diese Zeiten, denn der Körper kann über einen langen Zeitraum mit dem so genannten *Kernschlaf* von etwa fünf Stunden auskommen. Nach dem US-Schlafforscher Mark Rosekind sinkt allerdings bei bloß fünf Stunden Schlaf (statt den gewohnten acht) die Entscheidungsfähigkeit auf die Hälfte, die Gedächtnisleistung um 20 und die Stimmung um 100 Prozent.[40] Die körperliche Leistungsfähigkeit und automatisierte Tätigkeiten wie Routinearbeit im Büro oder zu Hause leiden hingegen etwas weniger.

Es gibt auch Phasen, in denen man mehr Schlaf als üblich benötigt. Wenn wir krank sind oder ein Schnupfen im Anzug ist, haben wir ein größeres Schlafbedürfnis. Unser Immunsystem muss die Erkältung abwehren und dies fordert den Organismus. Zudem brauchten wir bei starker physischer, mentaler oder emotionaler Belastung mehr Schlaf: ein Tag Gartenarbeit, Stellensuche, eine neue Lebenssituation sowie Sorgen und Probleme kosten Energie und können unseren Schlafbedarf erhöhen. Auch schlafen viele Menschen in der dunklen Jahreshälfte etwas mehr.

Es gibt keinen größeren Genuss auf Erden als den Schlaf, wenn man schlafen will.
ANTON P. TSCHECHOW

Schlafen Sie zu viel oder zu wenig?

Wenn Sie sich fragen, ob Sie genug schlafen, gibt es ein Kriterium, das genauso wichtig ist wie die Dauer, nämlich die *Qualität* des Schlafs. Es macht einen Unterschied, ob Sie acht Stunden im Bett verbracht und dabei gut oder schlecht geschlafen haben.

Bei gutem und genügend langem Schlaf fühlen wir uns ausgeruht, sind angenehm entspannt, aber voller Elan und guter Stimmung. Guter und genügend langer Schlaf macht uns zudem optimistischer und belastbarer. Wir fühlen und rundum wohl und erbringen auch gute Leistungen.

Bei schlechtem oder zu kurzem Schlaf sieht das Bild ganz anders aus: Wir sind oft angespannt und in einer weniger guten Laune als gewohnt; wir haben wenig Energie und sind leicht verstimmt. Unsere Haltung ist zudem eher pessimistisch und unsere Leistung leidet auch darunter.

Ihre optimale Schlafdauer können Sie am besten herausfinden, wenn Sie experimentieren.

Vielleicht regt Sie folgende kleine Studie, über die Schlafforscher William H. Moorcroft berichtet, dazu an:[41]

Die Forscher wollten von vier Ehepaaren wissen, wie weit sie ihre Schlafzeit reduzieren können. Die Paare mussten ihre Schlafzeit alle zwei Wochen um eine halbe Stunde reduzieren, und zwar so lange, bis keine weitere Reduktion mehr möglich war. Ein Paar brach das Experiment nach fünfeinhalb Stunden Schlaf pro Nacht ab, zwei Paare gaben bei fünf Stunden auf und das vierte Paar kam auf viereinhalb Stunden. Nach dem jeweiligen Abbruch waren die Paare wieder frei, so lange zu schlafen, wie sie wollten. Die Paare wussten jedoch nicht, dass damit das Experiment noch nicht zu Ende war. Ein Jahr später nämlich wurden die Schlafzeiten mit denen vor Beginn des Experiments verglichen. Es stellte sich heraus, dass sechs der acht Individuen nun eine bis zweieinhalb Stunden weniger pro Nacht schliefen als zuvor.

Wie lässt sich dieses verblüffende Resultat erklären? Einen Einfluss hatte wahrscheinlich die Tatsache, dass an einer derart fordernden Studie wohl ausnahmslos Personen teilnahmen, die so oder so ihre Schlafzeit reduzieren wollten. Große Bedeutung kommt aber dem Umstand zu, dass der Mensch ein Gewohnheitstier ist, das sich rasch an neue Situationen – zumindest, wenn er diese Situationen will – gewöhnen kann. Um mit der beschriebenen Versuchsanordnung die Schlafdauer von acht auf fünf Stunden zu reduzieren, wurden drei Monate benötigt. Dieser Zeitraum ist lange genug, um sich an längere Wachzeiten und entsprechend zusätzliche Aktivitäten gewöhnen zu können und sie in den neuen Tagesrhythmus zu integrieren.

Natürlich können die Resultate dieser Studie nicht verallgemeinert werden. Es ist durchaus denkbar, dass sich bei einer ähnlichen Versuchsanlage, in der die Schlafzeit alle zwei Wochen um eine halbe Stunde verlängert wird, ein neuer Schlafrhythmus mit mehr Schlaf einstellt. Das Beispiel soll Ihnen vor allem zeigen, wie Sie mit der Schlafdauer experimentieren können, um ihre Bedürfnisse kennen zu lernen.

Wenn Sie mit weniger Nachtschlaf auskommen möchten, lässt sich der fehlende Schlaf gut durch ein regelmäßiges Nickerchen während des Tages kompensieren. Auch Verhaltensweisen, die zur Verbesserung der Qualität des Schlafs beitragen, können helfen, die Zeit im Bett zu reduzieren: wirkungsvoll ist regelmäßige körperliche Bewegung, vor allem im Freien. Auch täglich praktizierte Entspannungsübungen können die Schlafqualität bedeutend verbessern.

Beobachten und Reflektieren

a   Wie viele Stunden schlafe ich durchschnittlich innerhalb vierundzwanzig Stunden (über eine Woche geschätzt)?

b   Glaube ich – nach meinem subjektiven Empfinden von geistiger Präsenz, körperlichem Wohlbefinden und guter Stimmung –, dass ich

1   genug

2   zu wenig

3   zu viel schlafe?

c   Gibt es Zeiten, in denen mein Schlafbedarf deutlich

1   geringer und/oder

2   größer ist?

Warum?

Gut schlafen ist lernbar

Vielbeschäftigte haben nach hektischen Tagen manchmal Schwierigkeiten einzuschlafen und wenn die Zeiten intensiv und aufregend bleiben, kann schlechter Schlaf zum Dauerzustand werden. Das muss nicht sein!

Denn der Schlaf ist für den ganzen Menschen, wie das Aufziehen für die Uhr.
ARTHUR SCHOPENHAUER

Schlafforscher Gregg D. Jacobs von der Harvard Medical School legt in seinem nützlichen Buch »*Say good night to insomnia*« überzeugend dar, dass schlechter Schlaf ein angelerntes Problem ist.[42] In den meisten Fällen sind die Gründe für Ein- und Durchschlafschwierigkeiten bei ungünstigen Gewohnheiten, Denkmustern und Einstellungen zu suchen, die sich das Individuum einmal angewöhnt hat. Aber was man sich angewöhnt, kann man sich auch wieder abgewöhnen – gut zu schlafen ist von neuem lernbar.

Zu den ungünstigen Gewohnheiten, Denkmustern und Einstellungen gehören zum Beispiel:

— unregelmäßige Bettzeiten
— ein Tagesablauf, bei dem sich die Spannung immer weiter aufbaut, sowie andere »Rhythmussünden« wie fehlende Pausen, zu viel Kaffee oder kein bewusstes Entspannen zwischendurch
— wegen der Angst vor Leistungsverminderung am anderen Tag eine zu negative (und deshalb zu Stress führende) Einstellung der Schlaflosigkeit gegenüber
— zu wenig körperliche Bewegung und zu wenig Aufenthalt im Freien (Tageslicht)
— Nicht-loslassen-Können einer nicht bereinigten Situation oder einer unerledigten Arbeit
— den Schlaf mit falsch verstandenem Willen herbeiführen wollen (statt ihn zu sich einzuladen)
— zu frühe Bettzeit/zu langes Ausschlafen.

Das Schlafverhalten beobachten

Wenn Sie Probleme mit dem Ein- oder Durchschlafen haben und diese mit nachhaltiger Wirkung angehen wollen, empfehle ich Ihnen, Ihr Schlafverhalten zunächst zu beobachten, dann damit zu experimentieren und so herauszufinden, wo Sie mit der Verbesserung ansetzen wollen.

Beginnen Sie mit dem unten stehenden *60-Second-Sleep-Diary* von Gregg D. Jacobs. Beantworten Sie während einer Woche jeden Morgen die Fragen. So ermitteln Sie Ihr momentanes Schlafmuster. Es dient als Vergleich, wenn Sie Verbesserungen ausprobieren.

Wie also Hunger das beste Gewürz bleibt, so wird Müdigkeit der beste Schlaftrunk sein.
JOHANN WOLFGANG VON GOETHE

Wochentag	Datum

1   Um wie viel Uhr bin ich gestern zu Bett gegangen?

2   Wann habe ich das Licht ausgeknipst?

3   Wie lange hat es ungefähr gedauert, bis ich eingeschlafen bin?

4   Wie oft bin ich nachts aufgewacht?

5   Wie lange war ich dabei jeweils wach (Schätzung)?

6   Bin ich heute Morgen von selbst oder mit dem Wecker aufgewacht?

7   Um wie viel Uhr?

8   Wann habe ich das Bett verlassen?

9   Wie viele Stunden habe ich heute Nacht im Bett verbracht?

10 Wie viele Stunden davon habe ich geschlafen?

11 Wie war die Qualität des Schlafs – auf einer Skala von 1 (großartig) bis 5 (schlecht)?

Abb. 7: 60-Second-sleep-Diary, adaptiert nach G. Jacobs [43]

Anspannung lösen

Besonders nach einem hektischen Tag ist die Versuchung groß, sich vor dem Fernseher zu entspannen. Fernsehen bindet die Aufmerksamkeit und beruhigt so die Gedanken – aber eben nur so lange, wie wir hinschauen. Wenn Sie Probleme mit dem Ein- und Durchschlafen haben, genügt diese passive Art der Entspannung in der Regel nicht.

Die Anspannung lässt sich dauerhafter durch *körperliche Aktivität* und durch *körperliche Entspannung* lösen. Es gibt eine große Vielfalt von Möglichkeiten, die Sie nutzen können, zum Beispiel:

- *zwei bis sechs Stunden vor dem Zubettgehen Sport treiben*
- *einen gemütlichen Abendspaziergang machen*
- *ein heißes Bad nehmen*
- *progressive Muskelentspannung praktizieren (siehe Kapitel 8)*
- *sich eine Massage leisten*
- *sich in autogenem Training, Yoga oder ähnlichen bewährten Praktiken üben*
- *einen Atemkurs besuchen und regelmäßig üben.*

Erfolgsentscheidend ist, dass Sie Ihr Schlafproblem ernst genug nehmen und daran arbeiten, die Anspannung dauerhaft zu lösen. Wenn Ihnen dies gelingt, werden Sie sich wie neu geboren fühlen. Es gilt dann dranzubleiben und sich die Entspannung am Feierabend zum angenehmen Ritual zu machen, bei dem Sie sich selber etwas Gutes tun.

Ein Wort noch zum Gläschen Wein am Abend. Alkohol hat zunächst entspannende Wirkung. Zu wenig bekannt ist jedoch, dass die Abbauprodukte des Alkohols wieder anregen. Diese Abbauprodukte machen sich einige Stunden nach dem Alkoholkonsum bemerkbar und beeinträchtigen den Schlaf.[44] So paradox es klingen mag: Ihr entspannendes Gläschen Wein kann Sie um den guten Schlaf bringen. Dies ganz besonders, wenn Sie es nicht bei einem einzigen Glas bewenden lassen. Wenn Sie eine Woche lang auf Alkohol verzichten, werden Sie den Unterschied spüren.

Sleep gates und *forbidden zones* erkennen

Sicher haben Sie auch schon erlebt, dass es, auch wenn Sie in der Regel gut einschlafen können, Nächte gibt, in denen es nicht klappen will. Sie sind wegen einer Begebenheit noch aufgekratzt, Sie haben ein Problem oder eine geniale Idee und nun drehen die Gedanken immer weiter und scheinen sich immer mehr zu verselbstständigen. Irgendwann schaltet sich dann auch noch eine innere Stimme ein, die mahnt, wie spät es sei, und das macht die Sache nur noch schlimmer.

Haben Sie das Einschlafen zur gewohnten Zeit verpasst, scheinen Sie statt müder wieder munterer zu werden. Dieses Phänomen lässt sich mit den Hochs und Tiefs des 90-Minuten-Rhythmus erklären.

Unabhängig davon, wie ausgeprägt Ihr innerer Rhythmus ist: Zur gewohnten Einschlafzeit sind wir in einem Tief, das als *sleep gate*, als Tor zum Schlaf, bezeichnet wird.[45] Wenn Sie in diesem Tief das Einschlafen verpassen, folgt naturgemäß wieder ein Hoch. Dieses kann derart ausgeprägt sein, dass es zu einer *forbidden zone*, zu einer verbotenen Zone fürs Einschlafen, wird.

Bei Kindern ist dieses Auf und Ab oft zu beobachten. Sie sind bis kurz vor der Bettzeit noch in einem Hoch und hellwach und werden dann oft ganz plötzlich müde. Werden die Kinder allerdings vor dem Zubettgehen zu stark angeregt, überstehen sie das Tief des *sleep gates* ohne einzuschlafen und dann beginnt dasselbe Spiel wie bei uns, wenn wir beim Einschlafen Probleme wälzen oder geniale Einfälle haben, die uns die Schläfrigkeit rauben. Mit Schlaf ist vorderhand nichts zu wollen.

Haben wir einmal das *sleep gate* verpasst, helfen weder die warme Milch mit Honig noch das Lavendelkissen und auch der schiere Wille hilft nicht weiter. Es bleibt Ihnen nur eins: statt sich durch die befürchteten Folgen des Schlafmangels verrückt machen zu lassen, das Hoch auf eine entspannende Art zu genießen und sich mit anderen Dingen zu beschäftigen. Wenn Ihnen das gelingt und Sie Ihre Gedanken beruhigen können, wird sich nach ein bis zwei Stunden das nächste Tief und somit der Schlaf von selbst einstellen.

Was falsch verstandener Wille bewirkt

Bevor wir uns näher mit der Beruhigung der Gedanken befassen, möchte ich noch kurz auf die Rolle des Willens beim Einschlafen eingehen. Der Erzähler Heinrich Spoerl meint dazu:[46]
Um Himmels willen nicht schlafen wollen, nicht mit geballten Fäusten bis siebenunddreißigtausendvierhundertundsechsundachtzig zählen! Sondern aus der Not eine Tugend machen! Man braucht ja nicht zu schlafen. Es ist auch so ganz hübsch. Nur nicht Wollen wollen; der Wille ist der ärgste Widersacher des Schlafes.

Was aber passiert beim ›Wollen wollen‹? Gregg Jacobs berichtet in seinem Buch von einer Schlaflaborstudie mit zwei verschiedenen Gruppen von Teilnehmern. Die erste Gruppe der Probanden musste versuchen, so rasch als möglich einzuschlafen. Dem Schnellsten winkte dabei sogar ein finanzieller Zusatzbonus. Die Teilnehmer der zweiten Gruppe wurden zum Vergleich lediglich angewiesen, wie üblich einzuschlafen. Resultat: Im Durchschnitt benötigten die Probanden der ersten Gruppe dreimal länger als diejenigen der Vergleichsgruppe, um einzuschlafen.
Die Studie im Schlaflabor zeigte zudem, dass die Teilnehmer der ersten Gruppe eine höhere Hirnwellenfrequenz, einen höheren

Puls, eine höhere Atemfrequenz sowie eine höhere Muskelspannung aufwiesen. Mit anderen Worten: Der Organismus der Wollen-wollen-Probanden wurde sowohl geistig als auch physisch aktiviert. Eine derartige Aktivierung erschwert das Einschlafen und trägt dazu bei, dass unbewusst das Bett mit Wachsein assoziiert wird.

Anstatt durch Ihr Wollen dazu beizutragen, dass der Organismus stärker aktiviert statt entspannt wird, können Sie Ihren Willen intelligenter einsetzen, indem Sie ihn gebrauchen, um die rasenden Gedanken zu beruhigen.

Die Gedanken beruhigen

In hektischen Zeiten ist der Geist am Abend oft noch aufgedreht und ein Gedanke jagt den anderen und die innere Unruhe nimmt ständig zu.

Wie lassen sich die rasenden Gedanken beruhigen? Die Lösung liegt darin, den Geist derart stark zu beschäftigen, dass Ihre *ganze* Aufmerksamkeit in Anspruch genommen wird.[47] So sehr, dass kein Platz mehr für die rasenden Gedanken bleibt.

Wenn Sie derart aufgedreht sind, dass ein Buch lesen Ihre Aufmerksamkeit nicht mehr zu binden vermag, gibt es zwei Arten von gedanklichen Beschäftigungen, die sich in der Praxis bewährt haben:

- *Hörbücher mit Entspannungsübungen hören* und
- *Tagebuch schreiben.*

Tagebuch schreiben

Halten Sie ein Tagebuch oder Notizpapier und Bleistift griffbereit. Wenn Sie nicht einschlafen können, stehen Sie auf und schreiben Sie, was immer Ihnen in den Sinn kommt. Sie werden sehen, dass Sie sich dabei unwillkürlich sammeln und dass Ihre Aufmerksamkeit bald nur noch dem Schreiben gilt. Schreiben Sie

Der Geist ist ein Ort für mich. Er kann den Himmel zur Hölle und die Hölle zum Himmel machen.

JOHN MILTON

so lange, bis Sie ruhig sind und müde werden, und legen Sie sich dann wieder ins Bett.

Hörbücher hören

Es gibt Hörbücher mit Entspannungsübungen, die Sie gleich mitmachen können. Ihr Geist ist so ganz mit dem Zuhören, mit dem Befolgen der Anweisungen und mit dem Erspüren der Wirkung beschäftigt. Etwas anspruchsvoller sind literarische Hörbücher. Wenn Sie Ihre Aufmerksamkeit gänzlich binden wollen, müssen Sie sich disziplinieren, gut zuzuhören und sich das Gehörte möglichst lebendig und in allen Details vorzustellen. Sie können zudem noch auf verschiedene Aspekte der Lesestimme achten. Wichtig ist, dass Sie das Gehörte derart aktiv weiterverarbeiten, dass Ihr Arbeitsgedächtnis voll ausgelastet ist und so die rasenden Gedanken nicht zum Zuge kommen können. Sollten sie trotzdem auftauchen, versuchen Sie, sie einfach vorüberziehen zu lassen und wieder ganz ins Hören einzutauchen.

Erfolg kommt nicht zu dir. Du gehst zu ihm.
MARVA COLLINS

Suchen sie nach Hörtexten, die helfen, das Gedankenkarussell zu stoppen. Stöbern Sie im Internet, in Buchhandlungen und in Musikläden nach Tonträgern mit Entspannungsübungen, beruhigender Musik oder geeigneten Texten. Testen Sie so vieles wie möglich und geben Sie nicht auf, bis Sie etwas Passendes gefunden haben. Probieren Sie zu Hause, bis Ihnen das Ganze vertraut ist. Halten Sie dann Ihren Favoriten bereit, sodass Sie ihn bei Einschlafproblemen auch gebrauchen können.

Wie man sich bettet ...

»Wie man sich bettet, so schläft man«, sagt ein deutsches Sprichwort. Es kommt nicht selten vor, dass Patienten mit Schlafproblemen im Schlaflabor besser schlafen als zu Hause. Warum? Das

Schlaflabor ist noch eine unberührte Oase der Ruhe, während aus dem Schlafzimmer zu Hause – zumindest aus schlafhygienischer Sicht [48] – längst ein lärmiger und verseuchter Ort geworden ist. Unbewusst verbinden wir das eigene Bett mit all den unangenehmen Erfahrungen der Schlaflosigkeit statt mit tiefem, gutem Schlaf – ein typischer Fall von klassischer Konditionierung.

Eine schlaflose Nacht –
zehn Tage Unwohlsein.
CHINESISCHES SPRICHWORT

Das Einrichten einer Schlafoase, die das Neulernen des guten Schlafes erlaubt, kann neuen Mut für die Lösung des alten Problems geben. Es muss ein neuer Raum oder zumindest eine neue Ecke sein, von dem auch unser Unbewusstes lernt, dass er ausschließlich der Ruhe und dem Schlaf gewidmet ist. Im Bett (statt an einem anderen Ort) zu telefonieren, zu lernen, TV zu schauen, Probleme zu diskutieren oder stundenlang wach zu liegen und sich darüber ärgern ist bei Schlafproblemen tabu.

Zur guten Schlafhygiene gehören zudem äußere Ruhe, Regelmäßigkeit und oft auch kleine, ganz persönliche Einschlaf-Rituale: Ihre Tasse Beruhigungstee, Ihr abendliches Bad oder Ihre abendliche Lektüre gehören dazu.

Wichtig ist auch ein guter Schlaf-Wach-Rhythmus. Er erfordert regelmässiges Zubettgehen und Aufstehen. Wenn Sie Ihren inneren Rhythmus trotz längerem Aufbleiben aufrechterhalten wollen, gibt es nur eines: *stets zur selben Zeit aufzustehen.*

Gleichen Sie ein etwaiges Schlafmanko untertags aus: ein Nickerchen in einem Tief bringt Ihren Rhythmus nicht durcheinander, im Gegenteil.

Stehen Sie zum Beispiel am Samstagmorgen zur selben Zeit auf wie an Arbeitstagen, haben Sie schon viel gewonnen. Bloß an einem *einzigen* Tag auszuschlafen, zum Beispiel am Sonntag, stört in der Regel den Rhythmus nicht allzu sehr. In diesem Fall gilt »einmal ist keinmal« tatsächlich.

Checkliste für guten Schlaf

Die Checkliste ist für Individuen gedacht, die gerne besser schlafen möchten. Die Aussagen, die *nicht* zutreffen, können Hinweise auf die kritischen Punkte geben.

- ☐ Ich treibe regelmäßig Sport und sorge täglich für körperliche Bewegung oder körperliche Entspannung.
- ☐ Mein Tagesablauf ist strukturiert und regelmäßig.
- ☐ Ich trinke bloß in der ersten Morgenhälfte Kaffee oder andere anregende Getränke.
- ☐ Ich verzichte auf Alkohol und Nikotin.
- ☐ Ich achte bereits tagsüber darauf, dass ich regelmäßig – und besonders am Mittag und nach Feierabend – entspannende Pausen mache.
- ☐ Ich achte am Feierabend strikt darauf, dass ich mich aus der Hektik ausklinke und ruhig werde.
- ☐ Sorgen und Probleme werden nicht im Bett, sondern am Küchentisch, im Wohnzimmer oder bei einem Spaziergang besprochen.
- ☐ Ich habe mir eine beruhigende Feierabendroutine mit gemütlichem Essen, Lesen oder entspannender Musik angewöhnt.
- ☐ Ich esse abends nur noch etwas Leichtes.
- ☐ Ich gehe erst zu Bett, wenn ich wirklich müde bin.
- ☐ Ich sorge dafür, dass ich keine kalten Füße habe.
- ☐ Mein Schlafzimmer ist ein ruhiger und gut gelüfteter und kühler Ort des Rückzugs, der ausschließlich dem Ruhen und Schlafen gewidmet ist.
- ☐ Ich kann mich darauf verlassen, dass ich im Schlafzimmer weder durchs Telefon noch durch Mitmenschen gestört werde.
- ☐ Wenn mir im Bett etwas Wichtiges in den Sinn kommt, deponiere ich es auf dem bereitgelegten Notizblock für den kommenden Tag.

- ☐ Ich achte auf regelmäßige Aufstehzeiten, die sich auch am Wochenende nicht verändern.
- ☐ Bei anhaltenden Schlafproblemen suche ich medizinischen Rat.

Aufwachen: Am besten mit dem inneren Wecker

Während der Nacht durchleben wir vier bis sechs rund 90-minütige Wellen mit Tiefschlaf in den Senken und Traumschlaf auf den Höhen. In der ersten Nachthälfte ist der Anteil an Tiefschlaf höher als in der zweiten Hälfte, während die Traumschlaf-Phasen in der zweiten Nachthälfte länger werden. Zwischen den Tiefschlaf- und den Traumschlaf-Phasen liegt der Leichtschlaf, der etwa die Hälfte der Schlafzeit ausmacht. In den Leichtschlafphasen ist das Erwachen am leichtesten.

Wenn wir uns durch den Wecker wecken lassen, kann es aber durchaus sein, dass er uns aus einer tieferen Schlafphase reißt. Das Aufwachen ist dann schwieriger, wir stehen »mit dem linken Bein zuerst« auf, sind schlecht gestimmt und benötigen eine längere Anlaufzeit.

Besser ist es, von selbst zu erwachen. Sie werden diese Erfahrung kennen. Ein Student meinte in einer Umfrage über die besten persönlichen Zeitmanagementtipps dazu:[49] »Morgens vor dem Wecker zu erwachen gibt das Gefühl von ›Ich bin fit!‹.«

Unserer innerer Rhythmus ist ein natürlicher Wecker und er lässt sich vor dem Einschlafen durch eine konkrete Absicht einstellen. Was dabei im Organismus passiert, wurde in einem Schlaf-Experiment, über das kürzlich berichtet wurde,[50] eindrücklich demonstriert.

Die Probanden verbrachten eine Nacht – mit einer Injektionsnadel im Arm – im Schlaflabor. Den einen wurde gesagt, sie würden

Es ist erstaunlich, wie anders ich das Leben sehe, wenn ich nur eine Nacht gut geschlafen habe.
SYLVIA PLATH

morgens um sechs Uhr geweckt, während man den anderen weismachte, sie könnten in Ruhe bis neun Uhr schlafen. Während der Nacht wurde den Teilnehmern alle fünfzehn Minuten Blut entnommen und das Hormon Adrenocorticotropin bestimmt. Dieses Hormon spielt eine entscheidende Rolle im Schlaf-Wach-Zyklus. Bei den Probanden, die wussten, dass sie um sechs Uhr geweckt werden, begann bereits um halb fünf Uhr der Hormonspiegel steil anzusteigen, während er bei den Probanden, die weiterschlafen konnten, nur ganz gemächlich zunahm. Als Letztere dann jedoch zu ihrer Überraschung bereits um sechs Uhr geweckt wurden, schnellte auch bei ihnen der Hormonspiegel in die Höhe.

Das Experiment zeigt, dass wir unser Unbewusstes mit unseren Erwartungen und Absichten vorprogrammieren können.

Wenn Sie immer wieder mal »mit dem linken Bein aufstehen«, weil Sie der Wecker in einer Tiefschlafphase aus dem Schlaf gerissen hat, sollten Sie probieren, einige Minuten vorher von selbst zu erwachen. Am besten geht es natürlich, wenn Sie regelmäßig zur selben Zeit aufstehen.

Stellen Sie am Vorabend den Wecker und weisen Sie – gleichsam als letzten Gedanken vor dem Einschlafen – Ihre innere Uhr an, Sie fünf Minuten vor dem Klingeln zu wecken. Tun Sie das jeden Abend und führen Sie Buch über Ihr Experiment. Sehen Sie nach zwei Wochen einen Übungserfolg?

Mit konkreten Absichten und Zielen bereiten Sie Ihren Organismus besser aufs Aufwachen vor, und auch das Aufstehen fällt Ihnen leichter. Wenn Sie bereits am Vortag wissen, was Sie am folgenden Morgen unternehmen werden, oder wenn Sie die Unterlagen für die kommende Arbeit bereits vorbereitet haben, wachen Sie ruhiger auf.

Von selbst aufzuwachen gibt auch Gelegenheit, sich auf den neuen Tag einzustimmen. Die Poetin Ilma Rakusa beschreibt ihr Morgenritual so:[51]

100

Aufwachen. Und Zeit. Um den Vögeln zuzuhören. Um den eigenen Atem zu spüren. Still still, keine Eile. Fünf Zeilen ins Tagebuch, dann eine Tasse Frühstückstee. Jetzt weicht der Traum allmählich der Wirklichkeit. So klinke ich mich ein in den Morgen, sachte. Ein Ritual.

Teil I, »Auf die inneren Rhythmen achten«, hat Sie mit den unverzichtbaren Grundlagen für einen kompetenteren Umgang mit der Energie bekannt gemacht. Sie wissen nun, welche wichtige Rolle den Tiefs zukommt; Sie haben erfahren, dass es nicht darum geht, den Energiepegel den ganzen Tag über stets auf dem Höchststand zu halten, sondern den inneren Rhythmen zu folgen. Und Sie haben auch gelernt, wie wichtig der Zeitraum der Woche für ein ausbalanciertes und erfülltes Leben ist, denn die Woche ist so etwas wie das Leben im Kleinen.

So paradox es klingen mag: Wenn ein Leben oder eine Lebensphase erfüllt sein soll, sind Leerstellen nötig. Sie brauchen Sinnierpausen im Alltag, Mußestunden am Wochenende und immer wieder leere Zeiten im Jahresverlauf. Nur dann können Sie in genügendem Maße zu sich selber kommen und sich auf die wichtigen Dinge, die großen Steine im Leben, besinnen. Dies ist die größte Herausforderung im Umgang mit der Energie: die Kräfte für das wirklich Wesentliche für den jeweiligen Lebensbereich einzusetzen.

Eine für viele fast ebenso große Herausforderung ist es, zunächst die Anspannung in Schach zu halten. Das wird im kommenden Teil II, »Klug mit der Energie umgehen«, ein wichtiges Thema sein. Sie werden zudem lernen, Ihre Energien für produktiveres Denken zu nutzen und auch auf Ihre Stimmung ganz bewussten Einfluss zu nehmen.

Teil II
KLUG MIT DER ENERGIE UMGEHEN

5.

Anspannung, Calm Energy und Leistungsgrenzen erkennen

In einer Untersuchung über die geistige Leistungsfähigkeit von Managern mussten sich die Teilnehmer innerhalb von zwanzig Minuten möglichst viele Folgen von zehn vorgegebenen, ungewöhnlichen Situationen ausdenken.[52] Das Ergebnis variierte enorm: 25 Prozent der Untersuchten fanden durchschnittlich *sechs Mal mehr* Szenarien als die 41 Prozent der Teilnehmer, die das Schlusslicht bildeten. Wie können derart große Unterschiede in der Fähigkeit, Folgen abzuschätzen, erklärt werden? Die erfolgreichen 25 Prozent der Untersuchten waren diejenigen, bei denen keine Anzeichen von Burnout festgestellt werden konnten, während bei den abgeschlagenen 41 Prozent der Teilnehmer starke Burnout-Symptome vorhanden waren. 34 Prozent der Getesteten zeigten erste Anzeichen. Sie schnitten im Test mit durchschnittlich drei Mal weniger Beispielen ab als die symptomfreie Gruppe.

Man kann es drehen und wenden wie man will: Anspannung und Stress sind die größten Feinde der geistigen Leistungsfähigkeit. Dieses Kapitel hat zum Ziel, dass Sie sich dessen bewusst werden und somit auch erkennen, wenn Ihre Leistung suboptimal ist.

Sie lernen auf den folgenden Seiten zunächst besser zwischen der positiven und der negativen Aktivierung des Organismus zu unterscheiden. Zudem werden Sie mehr darüber erfahren, wie sich die Anspannung im Verlauf eines Arbeitstages aufbauen kann. Anschließend will ich Sie mit der Energie/Anspannungs-Matrix bekannt machen. Dieses Schema ist eine überaus nützliche Navigationshilfe im Umgang mit Energie und Anspannung. Es zeigt auch den für die Leistung optimalen Zustand der *Calm Energy* auf. Weiter will ich Ihnen erläutern, was *optimale* Leistung bezogen auf Kompetenzen wie geistige Flexibilität, Konzentration, Flow, Wille und Proaktivität bedeutet und wie sich Anspannung und Müdigkeit darauf auswirken. Dieses Wissen wird Ihnen die drei Leistungsstufen bewusst machen. Den Schluss bildet die Frage, in welcher Leistungszone Sie sich befinden – in der Produktivitätszone, in der Korrosionszone oder in der Resignationszone.

Energie und Anspannung unterscheiden

Wenn wir viel *Energie* haben, sind Körper, Geist und Psyche angenehm angeregt; die Stimmung ist aufgeräumt, wir sind optimistisch, proaktiv, mutig und voller Selbstvertrauen – kurz: Unser Organismus ist *positiv aktiviert.*[53]

Unser Organismus kann aber auch *negativ aktiviert* sein: Druck, Befürchtungen, Unsicherheit, Frust, Ärger oder auch pausenloses, angestrengtes Tun aktivieren uns negativ und führen zu *Anspannung.* Im angespannten Zustand sind wir unruhig und nervös und auch die Muskeln verspannen sich.

Energie	positive Aktivierung	gute, positive Stimmung proaktiv offener Geist
Anspannung	negative Aktivierung	weniger gute, negative Stimmung reaktiv verengtes Denken

Abb. 8: Positive und negative Aktivierung

Positive und negative Aktivierung sind unterschiedliche physiologische Zustände. Wir können die Auswirkung der Aktivierung auch *spüren*, und zwar sowohl auf der körperlichen als auch auf der geistigen und der emotionalen Ebene. Die Art und die Stärke der Aktivierung drückt sich zudem im Verhalten, in der Körpersprache und im Gesichtsausdruck aus.

Weil der Organismus über zahlreiche verschiedene Aktivierungssysteme verfügt, kann er gleichzeitig positiv und negativ aktiviert sein. Zum Beispiel kann es vorkommen, dass wir bei hohem Energiepegel auch angespannt sind. Zunächst will ich Ihnen jedoch Energie pur vorstellen.

Energie

Positive Aktivierung, Energie, verspüren wir vor allem während den tagesrhythmischen Hochs und ganz besonders während der Primetime. Der Vorteil dieser Energiehochs ist, dass sie sich zeitlich voraussagen lassen, da der innere Rhythmus fürs einzelne Individuum ziemlich konstant ist. Mit anderen Worten: Wenn Ihre Primetime zwischen neun und zwölf Uhr liegt, können Sie davon ausgehen, dass Sie – unabhängig von äußeren Einflüssen – jeweils um diese Zeit gut drauf sind.

Der Organismus verfügt aber noch über weitere Energie erzeugende Systeme als dasjenige des inneren Rhythmus. So löst körperliche Bewegung aktivierende Reize aus, die für einen hohen Energiepegel sorgen. Des Weiteren kann der Kontakt zu Mitmenschen ganz beträchtlich aktivieren – vom Verliebtsein gar nicht zu reden. Nicht zuletzt gibt es uns auch Energie, wenn wir uns Herausforderungen und Aufgaben stellen, die wir besonders gerne tun. Es ist, wie Cheryl Richardson, die Autorin von »*Take Time for your Life*« sagt: »*The more you love something, the more energy you have.*«[54]

Wenn unser Organismus positiv aktiviert ist, zeigt sich dies auf verschiedenen Ebenen:

— *Hohe physische Energie*

haben wir, wenn wir uns körperlich fit, tatkräftig und kraftvoll fühlen und gleichsam Bäume ausreißen könnten.

— *Hohe mentale Energie*

äußert sich in geistiger Offenheit und Flexibilität: Wir sind einerseits aufmerksam und unvoreingenommen und können anderseits rasch vom Detail auf den großen Überblick schalten oder die Perspektive wechseln und etwas aus einem ganz anderen Blickwinkel sehen. Auch gute Konzentrationsfähigkeit, klares Denken, Gelassenheit und Besonnenheit lassen auf hohe positive Aktivierung schließen. Zudem zeugen Willenskraft, Mut, Entscheidungsfähigkeit sowie das Anpacken von Schwierigem und Hinausgeschobenem von einem hohen mentalen Energiepegel.

— *Hohe emotionalen Energie*

bedeutet, dass wir in guter und heiterer Stimmung sind. Wir fühlen uns lebendig, sind für das Gegenüber präsent, hören gut zu, können uns einfühlen und andere motivieren. Bei hoher emotionaler Energie sind wir zudem belastbarer und haben mehr Selbstvertrauen. Wir lassen uns durch nichts erschüttern. Ebenso können wir bei einem hohen emotionalen Energiepegel Enttäuschung und Frustration besser überwinden.

Biologisch gesehen sind wir bei hoher Energie und geringer Anspannung im so genannten *go*-Zustand. In diesem Zustand gelingen uns sportliche, geistig-schöpferische und auch emotionale Höchstleistungen. Ich werde später in diesem Kapitel auf diesen besonders günstigen Zustand zurückkommen.

Anspannung

Die Phasen der Anspannung sind weniger gut voraussagbar als die energetischen Hochs im Tagesrhythmus. Arbeiten Sie allerdings intensiv und pausenlos durch, dann nimmt die Anspannung von Stunde zu Stunde zu. Ansonsten führen auch Druck, Unsicherheit, Befürchtungen und Angst zu Anspannung. Es werden Streßhormone ausgeschüttet und unser Organismus wird negativ aktiviert. Dies macht sich sowohl auf der physischen als auch auf der emotionalen und der mentalen Ebene bemerkbar:

— *Auf der physischen Ebene*
spüren wir die Anspannung oft im Nacken- und Schulterbereich, in der angespannten Kiefermuskulatur, im nervösen Magen, im verflachten Atem und in einem unangenehmen Körperempfinden. Hohe Anspannung bedeutet Stress und Gestresste fallen nicht nur durch ihre Ungeduld auf. Ihre Gesichtszüge sind strenger als sonst, manche wippen mit dem Fuss, ziehen beim Sitzen die Fersen hoch, spreizen ihre Hände gegeneinander, kritzeln nervös vor sich hin, spielen mit Kugelschreiber oder Brille oder reden schneller oder lauter als im entspannten Zustand.

— *Auf der mentalen Ebene*
führt Anspannung zu geistiger Inflexibilität. Wir verlieren die Offenheit und die Umsicht; wir sehen die Dinge enger und neigen zum Tunnelblick. Mit steigender Anspannung wird der Geist immer unsteter; wir können uns schlecht konzentrieren und nicht mehr gut abschalten.

— *Auf der emotionalen Ebene*
geht die Anspannung mit Befürchtungen oder gar mit Angst einher. Der Zeitdruck, schwierige Aufgaben oder kritische

Zerstreutheit ist Konzentration auf etwas anderes.
ERIK WICKENBURG

Zuhörer verursachen Anspannung und untergraben Mut und Lockerheit. Das Heitere, das Verspielte und der Humor verschwinden bei Anspannung; wir werden negativ gestimmt und wirken strenger. Vor allem wenn wir müde und gleichzeitig angespannt sind, erscheinen Probleme um ein Vielfaches größer als im entspannten und energievollen Zustand.

Wenn von Anspannung und Stress die Rede ist, kommt Ihnen vielleicht die Kampf- oder Flucht-Reaktion, der *fight-or-flight response* in den Sinn. Alltagssituationen sind jedoch in der Regel nicht derart bedrohlich, dass wir sogleich kämpfen oder flüchten müssen. Der Mensch reagiert in derartigen Stresssituationen ähnlich wie der Hase, der beim Erblicken eines herumstreifenden Fuchses mit dem *freeze response* reagiert: er erstarrt. Seine Muskeln sind angespannt, er ist alarmiert und seine Aufmerksamkeit gilt ganz der Bedrohung. Entspannung tritt ein, wenn sich der Fuchs wieder entfernt.

Im Gegensatz zum bereits erwähnten *go*-Zustand ist der *freeze response* biologisch gesehen ein *stop*-Zustand: beim Menschen äußert er sich in verspannten Muskeln und in einer Aufmerksamkeit, die nur darauf ausgerichtet ist, was einen stresst und beschäftigt. Die Gedanken können dabei rasen. Lockerheit, Umsicht und proaktives Handeln gehen verloren.

Im Alltag hat Anspannung vorwiegend drei Ursachen:

Erstens

Die wohl häufigste Ursache ist den meisten Vielbeschäftigten gar nicht so recht bewusst – doch Sie kennen sie mittlerweile: Es ist die Nonstop-Aktivität, das pausenlose Durcharbeiten und das Missachten der inneren Rhythmen. Nicht nur fehlende Pausen, auch fehlende Erholungszeiten – am Abend oder am Sonntag zu arbeiten, statt wie gewohnt auszuruhen – stören den inneren Rhythmus und führen zu Anspannung.

Zweitens

Die zweite und offensichtlichere Ursache sind Zeitdruck, Ärger und Befürchtungen oder bedrohliche Situationen: die Angst, dass die Zeit nicht reicht, dass sich die Sache zum Schlechten wendet, dass wir nicht standhalten oder versagen könnten.

Wenn du aufgebracht bist, tue oder sage nichts. Atme nur ein und aus, bis du ruhig genug bist.
THICH NHAT HANH

Drittens

Oft kommt noch die schlechte Angewohnheit dazu, sich selber zu stressen und sich über Dinge zu ärgern oder sie persönlich zu nehmen, die sich nicht ändern lassen: der tägliche Stoßverkehr, die Straßenbahn, die einem vor der Nase wegfährt, oder das unfreundliche Verhalten eines Kunden. Auch eine negative Einstellung bestimmten Aufgaben gegenüber kann anspannen.

Wenn die Anspannung über einen längeren Zeitraum andauert, gewöhnt sich der gestresste Mensch an die Belastung. Dies führt dazu, dass sich chronisch angespannte Individuen ihres Stresses oft gar nicht mehr bewusst sind; es ist ihr als normal betrachteter Dauerzustand, und es gibt für sie keinen Grund, etwas zu ändern.
Die Symptome sind unverkennbar. Das Verhalten chronisch angespannter Menschen zeigt sich zum Beispiel in folgenden Charakteristika: reizbar, schnell gelangweilt, geistig abwesend, konformistisch, reaktiv, eilfertig, an sich selbst zweifelnd oder empfindlich gegenüber sozialem Druck und gegenüber Autorität.[55] Körperlich zeigen sich Symptome wie erhöhter Blutdruck, Magenbrennen und -entzündungen, geschwächte Abwehr gegen Infektionen, schlechtere Denk- und Gedächtnisleistungen oder depressive Stimmung.[56]
Chronischer Stress verschleißt die Ressourcen und mündet nicht selten im Burnout, dem Stadium, in dem die physischen, mentalen und emotionalen Reserven erschöpft sind.

Die Anspannung im Tagesverlauf

Endlich ist es in meinen
Dickschädel gedrungen.
Dieses Leben –
dieser Augenblick –
ist nicht die Generalprobe.
Es ist das Leben!
F. KNEBEL

Ich führe ein sehr
erfülltes und ausgefülltes
Leben und gelegentlich
werde ich gefragt: »Scotty,
wie schaffen Sie nur all
das, was Sie machen?«
Die beste Antwort, die ich
geben kann, ist: »Weil ich
jeden Tag mindestens zwei
Stunden damit verbringe,
nichts zu tun.«
M. SCOTT PECK

Die Energiekurve vieler Menschen durchläuft im Verlaufe des Nachmittags ein Tief. Wenn sie im Einklang mit den inneren Rhythmen leben, müsste auch die Anspannung in dieser Senke gering sein. Doch bei Vielbeschäftigten ist oft das Gegenteil der Fall. Warum? Sie beeinträchtigen den natürlichen Rhythmus mit Koffein und Nikotin, machen zu wenig richtige Pausen und verzichten – ob freiwillig oder nicht – auf die Siesta. Dies führt dazu, dass sich die Anspannung im Verlauf des Tages immer mehr aufbaut. Das Nachmittagstief ist weniger deutlich, weil die Anspannung höher ist.

Der Energieforscher Robert E. Thayer hat 31 Probandinnen und Probanden während drei Tagen auf ein stündliches Signal hin ihre Energie- und den Anspannungspegel abschätzen lassen.[57] Die Kurve aus den Durchschnittswerten sehen Sie auf Seite 113 oben.

Auch da ist Anspannung dann am höchsten, wenn die Energiekurve am tiefsten ist, nämlich am späten Nachmittag um siebzehn Uhr. Ein unnatürlicher Zustand! Wohlgemerkt: Die Anspannung müsste im Idealfall einen ähnlichen Verlauf wie die Energiekurve aufweisen und sogar stets tiefer liegen. Statt um fünf Uhr nachmittags die höchste Anspannung zu verspüren, müsste in diesem Energietief auch die Anspannung am tiefsten sein.

Wie steht es nun mit Ihrer Anspannung? Wenn Sie zu den gelassenen Menschen gehören, die selten Anspannung verspüren, erübrigt sich das Aufzeichnen. Dann ist es auch nicht nötig, die eigene Anspannungskurve zu bestimmen. Wenn Ihre Arbeitstage jedoch merklich an Ihrer Substanz zehren und Sie sich ab und zu oder gar öfter angespannt fühlen, lohnt es sich, Energie und Anspannung während einer Arbeitswoche systematisch zu beobachten.

112

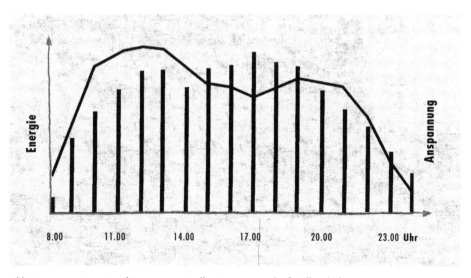

Abb. 9: Energie (Kurve) und Anspannung (Balken) im Tagesverlauf Vielbeschäftigter. Nach R. E. Thayer[58]

Schätzen Sie Ihre Anspannung im Tagesverlauf

Sie haben bereits im Kapitel 1 gelernt, wie Sie Ihre Energiekurve bestimmen können. Damit Sie Energie und Anspannung besser voneinander unterscheiden können, müssen Sie nun die beiden Aktivierungszustände simultan einschätzen.

Machen Sie es wie die Probanden von Robert E. Thayer: Bewerten Sie während drei Arbeitstagen wenn möglich stündlich Ihren Zustand nach den Skalen auf Seite 114 oben. Benutzen Sie einen Timer, damit Sie sich jeweils an Ihre Aufgabe erinnern.

Energie: Beurteilen Sie mit Hilfe der Skala von 1 bis 7, wie energie- und kraftvoll Sie sich in diesem Moment fühlen und wie viel Schwung Sie haben.

1	2	3	4	5	6	7
am wenigsten			mittel			am meisten

Anspannung: Beurteilen Sie mit Hilfe der Skala von 1 bis 7, wie angestrengt, angespannt und nervös Sie sich fühlen.

1	2	3	4	5	6	7
am wenigsten			mittel			am meisten

Tragen Sie alle ermittelten Punkte ins bereits bekannte Raster ein. Wählen Sie für die Energie eine andere Farbe, um sie von den Anspannungs-Punkten unterscheiden zu können. Legen Sie dann je eine Kurve durch die Punkte von Energie und Anspannung.

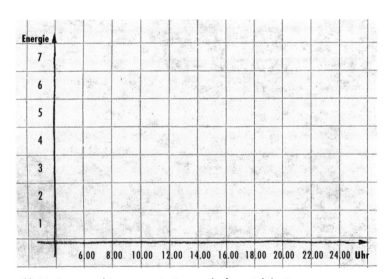

Abb. 10: Energie und Anspannung im Tagesverlauf; persönliche Kurven

114

Die Kurve zeigt Ihnen auf, ob sich Anspannung aufbaut.

Im nächsten Schritt geht es darum, verschiedene Zustände zu unterscheiden. Wie erleben Sie den Zustand, in dem Sie entspannt sind und viel Energie haben? Wie fühlt es sich an, wenn Sie entspannt sind, aber nur wenig Energie haben? Wie, wenn Sie angespannt sind und wenig Energie haben? Oder wenn Sie angespannt sind und viel Energie haben?

Eine gute Orientierungshilfe bietet die Energie/Anspannungs-Matrix von Robert E. Thayer.

Die Energie/Anspannungs-Matrix

Energieforscher Thayer unterscheidet vier grundlegende Energie/Anspannungs-Zustände: entspannte Müdigkeit, entspannte Energie, angespannte Energie und angespannte Müdigkeit:

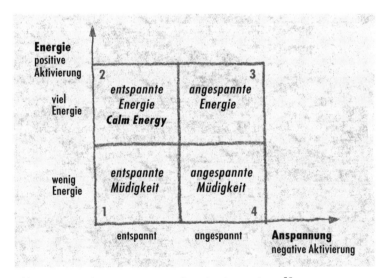

Abb. 11: Energie/Anspannungs-Zustände nach Robert E. Thayer[59]

115

Ich schlendere und lade meine Seele zu Gast. Ich lehne und schlendere nach meinem Behagen, einen Halm des Sommergrases betrachtend.
WALT WHITMAN

Quadrant 1 (wenig Energie, entspannt)

Entspannte Müdigkeit. Gleich nach dem Aufwachen, nach einem anstrengenden, aber stressfreien Tag, in den Tiefs nach intensivem, aber gelassenem Tun oder im Urlaub erleben wir den entspannt-müden Zustand. Der Organismus hat nicht viel Energie, der Geist ist auch nicht frisch, aber die Stimmung ist ruhig und zufrieden – ideale Voraussetzung für rasches Einschlafen und einen guten und tiefen Schlaf. Ist der Geist etwas wacher, wenn zum Beispiel am Morgen beim Erwachen der Energiepegel etwas ansteigt, neigt er in diesem entspannten Zustand zum Phantasieren und Tagträumen. In diesem Quadranten können zudem auch Wohlbefinden, Gelassenheit, Muße und heitere Stimmung angesiedelt werden.

Quadrant 2 (viel Energie, entspannt)

Entspannte Energie. Zu Beginn der Primetime gelangen wir in diesen Bereich der entspannten Energie. In diesem Zustand sind wir geistig offen und flexibel, wir können gut denken, uns gut konzentrieren und Flow-Erfahrungen machen. Wir sind entspannt und motiviert und haben Mut und Selbstvertrauen. Steigt die Energie weiter, kommen wir in den Bereich, in dem wir tatkräftige Stimmung, Entscheidungsfreude und Willenskraft verspüren.

Der Zustand im Quadrant 2, wo Entspannung mit hoher Energie einhergeht, ist gleichsam der Fünf-Sterne-Zustand. Thayer nennt diesen Quadranten *Calm Energy* und ich werde diesen Begriff fortan auch verwenden. Calm Energy ist der Zustand für geistige und sportliche Spitzenleistungen und nachhaltigen Erfolg. Wir sind konzentriert und gelassen zugleich, vertrauen auf unsere eigene Stärke und haben einen hohen Leistungswillen. Wir können nicht nur aktiv, sondern auch proaktiv handeln.

Quadrant 3 (viel Energie, angespannt)

Angespannte Energie. Bei angespannter Energie ist der Organismus sowohl positiv als auch negativ aktiviert. Dies ist zum Beispiel der Fall, wenn wir zu viel zu tun haben, wenn es hektisch zu- und hergeht und wir oft unterbrochen werden. Die Anspannung macht uns ungeduldiger, leichter irritierbar und geistig nicht mehr so flexibel wie zuvor. Statt proaktiv zu denken und zu handeln, verfallen wir in reaktive Verhaltensmuster. Wir lassen uns leichter stören und ablenken und neigen zu Aktionismus. Wir sind uns dessen jedoch wenig bewusst, denn die Selbstwahrnehmung ist bei Anspannung und Stress auch reduziert (den Begriff Stress gebrauche ich als Synonym für hohe Anspannung).

Das Leben ist mehr als nur ein schneller Ablauf von Ereignissen.
MAHATMA GANDHI

Quadrant 4 (wenig Energie, angespannt)

Angespannte Müdigkeit. Dies ist wohl der unangenehmste Zustand. Wir sind müde, aber angespannt und manchmal auch noch aufgedreht; ein Zustand, der sich bereits bei kleinen Kindern beobachten lässt. Angespannte Müdigkeit tritt auch in Zeiten chronischer Anspannung auf und hindert uns am Einschlafen. Obwohl müde, ist der Puls hoch, der Atem flach und der Körper kribbelig. Es gelingt uns schlecht, die Gedanken zu beruhigen; wir sind reaktiv, mutlos und fühlen uns oft als Opfer. Bei sehr tiefer Energie können in diesem Zustand auch depressive Stimmungen auftreten.

Orten Sie sich in der Energie / Anspannungs-Matrix

Die Matrix macht es Ihnen leichter, Ihren jeweiligen Energie- und Anspannungszustand zu benennen und einzuordnen. Wenn Sie bei Ihrer Arbeit kurz innehalten, um Ihren Zustand wahrzunehmen, werden Sie Ihre jeweilige Position in der Matrix abschätzen können. Hilfreich ist, wenn Sie sich eine Kopie der Matrix gut sichtbar an die Wand pinnen.

Wer Körper und Geist dauerhaft überlastet, handelt nicht wirklich intelligent. Auch wenn die Visitenkarte das Gegenteil behauptet.

KAI ROMHARDT

Die Matrix soll Sie zudem für *die rote Linie*, die Schwelle zwischen dem entspannten, angenehmen Zustand (Quadrant 1 und 2) und dem angespannten und weniger angenehmen Zustand (Quadrant 3 und 4) sensibilisieren. Auf diese rote Linie werde ich zurückkommen. Es ist nämlich nicht nur die Schwelle, hinter der Wohlbefinden, Gelassenheit und gute Stimmung langsam verschwinden. Es ist auch die Grenze zwischen optimaler und suboptimaler Leistungsfähigkeit.

Nicht jedes Individuum bewegt sich im Verlauf des Tages gleich in dieser Matrix. Ideal wäre, nur selten in die Quadranten 3 und 4 zu geraten. Wenn Sie öfter auf Ihren Zustand achten und ihn in der Matrix einordnen, werden Sie mit der Zeit ein Gespür dafür entwickeln, in welcher Zone Sie sich befinden. Je nachdem sind auch Stimmung und Leistungsfähigkeit verschieden. Ich werde noch darauf zurückkommen.

Beobachten und Reflektieren

Beantworten Sie zur Matrix folgende Fragen:

a   In welchem Quadranten bin ich momentan?

b   Kenne ich die vier Zustände aus eigener Erfahrung?

c   In welchen Quadranten bewege ich mich an einem durchschnittlichen Arbeitstag?

d   Wie ist meine jeweilige Stimmung in den verschiedenen Quadranten?

e   Bin ich mir der roten Linie bewusst? Zu welcher Tageszeit/in welcher Situation überschreite ich sie?

f   Wie ist meine jeweilige Leistungsfähigkeit?

Nun möchte ich Ihnen ein Bild der *optimalen* Leistungsfähigkeit, wie sie im Zustand der Calm Energy möglich ist, vermitteln.

Was bei Calm Energy am besten geht

Ich habe zuvor den Zustand der Calm Energy, der entspannten Energie, als Fünf-Sterne-Zustand bezeichnet. Dies nicht ohne Grund, denn es ist der Zustand, in dem wir uns gut, stark und souverän fühlen, in dem wir körperlich und geistig die besten Leistungen erbringen und in dem wir auch emotional am belastungsfähigsten sind.

Mit Calm Energy geht die Kopfarbeit am besten. In anderen Worten: Wir können uns schnell auf eine schwierige Aufgabe einstellen, wir sind geistig flexibel, können uns gut konzentrieren und Flow erleben. Wir denken klar und verfügen über die größte Willenskraft. Und wir gehen die Dinge proaktiv an.

Doch was heißt es, die Dinge proaktiv anzugehen? Was ist mit Wille gemeint, was mit geistiger Flexibilität, mit Konzentration und Flow? Betrachten wir diese Prozesse etwas eingehender:

Wer sein Leben horizontal begreift, ist der Gefangene einer Richtung. Wie der Ballon der Gefangene des Windes ist. Wer Freiheit und Richtung gewinnen will, muss die Flughöhe ändern. Auf jeder Flughöhe findet er einen anderen Wind, der ein anderes Verständnis des Lebens offenbart.
BERTRAND PICCARD

Geistige Flexibilität

Geistig flexibel zu sein heißt, rasch umschalten zu können, zum Beispiel vom Detail auf den großen Überblick, vom Tun auf die Meta-Ebene oder von der Sichtweise des E-Mail-Schreibers auf diejenige der Empfängerin. Oder auch vom logisch-rationalen Denken auf die Ebene der Gefühle oder nach einem anregenden Gespräch auf innere Sammlung und Konzentration. Der Kognitionsforscher Rainer Bösel nennt dies »Umdenkleistung«[60] und diese ist beim Vorhandensein von Alpha-Wellen am besten.

Geistige Flexibilität bedeutet auch, sich im Geist sofort von etwas lösen zu können und die Aufmerksamkeit voll auf den neuen Aspekt zu richten und sich hineinzudenken. Ob in einer schwierigen Verhandlung, beim Lernen oder beim Tennisspiel: der Geist muss sich bei jedem Argument und jedem Schlag blitzartig wieder neu positionieren können. Je flexibler der Geist, umso besser gelingt dieses Oszillieren zwischen den verschiedenen Positionen, Perspektiven und Ebenen. Und umso besser ist unser Denken.

Konzentration[61]

Sich konzentrieren heißt, ganz bei der Sache zu sein. Wenn Sie sich konzentrieren, sind Sie weder mit halbem Ohr beim Büronachbarn, noch hängen Sie in Gedanken einem Gespräch nach. Sie erwarten auch keinen Anruf und sind im Geist nicht schon in der Mittagspause. Sie sind voll und ganz da im gegenwärtigen Augenblick.

Gute Konzentration braucht innere und äußere Ruhe und genügend mentale Energie – Calm Energy. Wenn Sie konzentriert sind, sind Sie innerlich gesammelt und richten Ihre Aufmerksamkeit – abgestimmt auf das Anforderungsniveau – auf Ihr Tun.

Die Energie folgt der Aufmerksamkeit.
WENDY PALMER

Konzentration ist sowohl ein innerer Zustand als auch eine geistige Aktivität. Bei guter Konzentration sind Sie entspannt und geistig flexibel. Sich zu konzentrieren – also über einen längeren Zeitraum aufmerksam zu sein – braucht Übung. Konzentration verlangt auch Interesse an der Sache: nur mit genügend Interesse steht die Aufgabe auch emotional im Mittelpunkt. Und nur dann kann man sich genügend gut konzentrieren und auch Flow erleben.

Flow[62]

Wenn Sie sich im Zustand der Calm Energy in eine anspruchsvolle Aufgabe, die Sie interessiert, vertiefen, kann sich Flow einstellen: Sie gehen völlig in der Aktivität auf, Sie vergessen die Zeit und sich selbst, Sie sind körperlich entspannt und geistig hellwach, Ihr Bewusstsein, Ihre Fähigkeiten und Ihr Handeln verschmelzen, Sie sind eins mit Ihrem Tun – ein schönes Gefühl.

Warum werden vertiefte Konzentration und Flow als angenehm empfunden? Mihaly Csikszentmihalyi, der Begründer der Flow-Theorie, erklärt dies mit der *Ordnung im Bewusstsein*, die während den Flow-Episoden herrscht: Im Flow richtet sich die Aufmerksamkeit mühelos auf die Aufgabe; sie wird gleichsam von ihr angezogen. Die mentale, physische und emotionale Energie ist ganz auf die Aufgabe fokussiert. Diese Bündelung ohne Anstrengung gleicht einem geordneten Fließen in eine einzige Richtung und dies vermittelt das Gefühl innerer Harmonie.

Im entspannten Zustand, und vor allem im Flow, arbeitet unser Gehirn sehr ökonomisch. Wir ermüden im entspannten Zustand nicht nur körperlich, sondern auch geistig weniger, denn nur die wirklich nötigen Bereiche der Hirnrinde werden aktiviert.

Der Flow-Zustand führt sogar zu einem Energiegewinn, zumindest auf der emotionalen Ebene. Denn Flow-Erlebnisse werden als angenehm empfunden und zeigen sich als tiefe innere Zufriedenheit, als Glücksgefühl, als Euphorie oder den magischen Momenten, in denen das Tun wie von selber geht.

Wille[63]

Der Wille ist die Kraft, die hinter allem Handeln steht. Ob wir bloß einen Finger krümmen, ob wir uns überwinden und ein unangenehmes Telefongespräch führen oder ob wir unser Projekt entgegen allen Unkenrufen zum erfolgreichen Abschluss bringen: ohne Willen geht es nicht.

Der Wille ist eine viel stärkere Kraft als die Motivation. Die Motivation kann mit der generellen Bereitschaft, etwas zu tun, umschrieben werden. Sie hängt jedoch oft von äußeren Faktoren, wie Lob und Anerkennung, ab. Wenn Schwierigkeiten auftauchen,

Das Glück besteht nicht darin, dass du tun kannst, was du tun willst, sondern dass du auch immer willst, was du tust.
UNBEKANNT

121

kann dieser extrinsische, das heißt von außen beeinflusste Teil verschwinden. Hier setzt der Wille ein. Er hilft uns, auch Dinge zu tun, für die wir nicht oder wenig motiviert sind.

Um den Willen zu aktivieren, müssen wir aber wirklich wollen wollen. Es muss eine mentale Barriere überwunden und ein fester Entschluss gefasst werden. Im Prozess der Entschluss- und Willensbildung gilt es, Zweifel, Befürchtungen und Zielkonflikte anzugehen und auszuräumen. Erst wenn ein *innerer Konsens* gefunden ist und wir ein realistisches Ziel vor Augen haben, können wir den inneren Rubikon überschreiten und uns überwinden, Mühsames und Anstrengendes zu tun. Im Kapitel 10 werden Sie mehr darüber erfahren.

Ein ausgeprägter Wille ist stärker die als die Versuchung, auszuweichen, aufzuschieben oder einfachere Aufgaben vorzuziehen. Im Zustand des Willens ist die Aufmerksamkeit ganz auf die Ausführung der Aufgabe gerichtet. Hindernisse und Rückschläge können den Willen sogar stärken und zur Haltung »Jetzt erst recht!« führen.

Proaktives Denken und Handeln

Ein entschlossener Mensch wird mit einem Schraubenschlüssel mehr anzufangen wissen als ein unentschlossener mit einem Werkzeugladen.
EMIL OESCH

Auf proaktives Denken und Handeln will ich etwas ausführlicher eingehen, weil Proaktivität ein Begriff ist, der weniger bekannt ist. Was versteht man darunter? Zur Abwechslung will ich Sie gleich mal ins kalte Wasser springen lassen: Bestimmen Sie Ihre Proaktivität selbst! Der Proaktivitätstest auf Seite 123 zur Selbsteinschätzung wurde von den Psychologen Thomas S. Bateman und J. Michael Crant entwickelt.[64] Er wird Ihnen nicht nur aufzeigen, wo Sie stehen; er veranschaulicht auch, was proaktives Handeln umfasst. Und vielleicht geht es Ihnen dabei ähnlich wie mir: Das Überdenken der Aussagen motiviert, sich in spezifischen Situationen eher einen Ruck zu geben und sie proaktiver anzugehen.

So testen Sie Ihre Proaktivität

In welchem Maße treffen die unten stehenden Aussagen auf Sie zu?
Bewerten Sie sie mit 1 bis 7 Punkten
(1 = trifft überhaupt nicht zu; 7 = trifft ganz zu)

		Punkte
1	Ich halte ständig Ausschau nach neuen Wegen, um mein Leben zu verbessern.	
2	Es reizt mich, etwas in meiner Umgebung oder gar auf der Welt zu bewegen.	
3	Ich übernehme gerne die Initiative beim Starten neuer Projekte.	
4	Wo immer ich schon gewesen bin, war ich stets eine starke Kraft für konstruktive Veränderungen.	
5	Es gefällt mir, Hindernisse, die sich meinen Ideen und Vorhaben entgegenstellen, zu überwinden.	
6	Nichts ist so aufregend wie zu sehen, wie meine Ideen Realität werden.	
7	Wenn ich etwas sehe, das mir nicht gefällt, ändere ich es.	
8	Ungeachtet aller Schwierigkeiten: Wenn ich an etwas glaube, will ich es durchstehen.	
9	Ich liebe es, meine Ideen zu vertreten, selbst gegen die Opposition anderer.	
10	Ich bin besonders gut im Erkennen von Chancen und guten Gelegenheiten.	
11	Ich bin stets darauf bedacht, das Tun zu verbessern.	
12	Wenn ich an eine Idee glaube, kann mich nichts und niemand davon abbringen, sie zu verwirklichen.	
13	Ich liebe es, den *Status quo* herauszufordern (und die Bequemlichkeitszone zu verlassen).	
14	Wenn ich ein Problem habe, gehe ich es gleich an.	
15	Ich kann sehr gut Probleme in Chancen verwandeln.	
16	Ich erkenne Chancen, lange bevor sie andere sehen.	
17	Wenn ich jemanden mit Problemen sehe, helfe ich, soweit ich kann.	

Abb. 12: Die proaktive Persönlichkeitsskala nach Bateman und Crant [65]

Wenn Ihr Punktetotal 68 beträgt, liegen Sie im mittleren Bereich der Aktivität. Je weiter Ihr Total den Mittelwert von 68 Punkten übersteigt, umso höher ist Ihre Proaktivität.

Aus dem Test haben Sie erfahren, dass Proaktivität nicht nur persönliche Initiative beinhaltet, sondern noch einiges mehr: Ein proaktiver Mensch hat ein ausgeprägteres Sensorium; seine Antennen sind gleichsam auf Empfang gerichtet und er erkennt früher als andere Probleme, kann Situationen besser einschätzen und auch eher Chancen sehen. Dieser Riecher ermöglicht vorausschauendes und strategisches Denken sowie fokussiertes, unternehmerisches und beharrliches Handeln.

Wohl jeder Mensch kennt einerseits proaktives und anderseits passives Verhalten. Auch Pionierinnen und Helden sind ab und zu müde und träumen dann davon, nicht so viel Verantwortung tragen zu müssen oder einmal ganz einfach frei zu haben. Anderseits kann sich auch ein eher passiver Mensch zu etwas aufraffen, wenn er es unbedingt will.

Wenn Sie sich proaktiv verhalten, nehmen Sie äußere Umstände und momentane Versuchungen nicht einfach als gegeben und unveränderlich hin. Sie übernehmen die Regie und reflektieren, bevor sie reagieren. Sie machen ganz bewusst und mit Umsicht das Beste aus einer Situation.[66]

Wenn ich dafür plädiere, proaktiver zu denken und zu handeln, meine ich nicht, dass Sie sich nie mehr in einer Situation einfach treiben lassen oder sich nie anpassen sollten. Proaktiv zu sein heißt, verschiedene Möglichkeiten zu erkennen und bewusst zu *wählen*. Wenn Sie sich *bewusst dafür entscheiden*, morgen Nachmittag mal so richtig zu faulenzen und herumzuhängen, handeln Sie proaktiv. Es macht einen Unterschied, ob Sie sich in einer bestimmten Situation *bewusst entscheiden*, sich passiv zu verhalten, oder ob Sie passiv sind, weil Sie sich nicht aufraffen können, etwas zu unternehmen. Und es ist auch nicht dasselbe, ob Sie sich aus Gewohnheit bei der Arbeit unterbrechen lassen, sich also

Nicht wie der Wind weht – wie ich die Segel setze, darauf kommt es an.
ALTE SEGLER-WEISHEIT

124

reaktiv verhalten, oder sich bewusst entscheiden, innerhalb eines bestimmten Zeitfensters stets erreichbar zu sein.

Wenn Sie Ihr Faulenzen und Sich-unterbrechen-lassen nie hinterfragen, ist Ihre Haltung als *reaktiv* zu bezeichnen. Beim reaktiven Verhalten bestimmt nicht unser freier Wille unser Tun; es sind vielmehr äußere Umstände oder unsere Gewohnheiten und eingeschliffenen Automatismen.

Reaktives Verhalten kann sich negativ auswirken: man beharrt auf etwas, verteidigt den Status quo und bleibt unflexibel, statt nach Alternativen zu suchen. Man gibt anderen die Schuld an einer Situation und nimmt die Eigenverantwortung zu wenig wahr. Manchmal ist reaktives Verhalten auch mit einer Opferhaltung verbunden und es kann Selbstmitleid aufkommen, so etwa nach dem Motto »Leiden ist einfacher als handeln«.[67] Im angespannt-müden Zustand (Quadrant 4) können auch ansonsten proaktive Individuen zu derartigen selbstzerstörerischen Haltungen neigen. Im angespannt-negativ aktivierten Zustand (Quadrant 3) äußert sich die reaktive Verhaltensweise oft in einem übertriebenen Tätigkeitsdrang: Statt umsichtig und überlegt – also proaktiv – zu handeln, neigen gestresste Zeitgenossen eher zu Aktionismus. Sie erinnern sich an die Untersuchung, in der festgestellt wurde, dass vierzig Prozent der Manager diese *active nonaction*, wie es die Forscher nannten, zeigten.[68]

Es braucht entspannte Energie, Calm Energy, um proaktiv zu handeln.

Ich will Ihnen zum Schluss ein Schema aufzeichnen, das zu Ihrem ständigen Begleiter werden soll. Es kann Ihnen helfen, sich in kritischen Situationen bewusst zu machen, wo Sie stehen. Dies wird Ihnen erleichtern, die Situation aus der Meta-Ebene, das heißt, aus der Vogelperspektive, zu betrachten und eine proaktive Haltung einzunehmen.

125

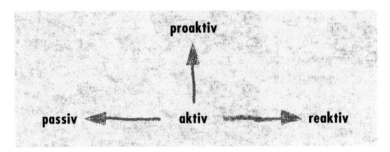

Abb. 13: Proaktivität als Meta-Fähigkeit

Um proaktiv denken und handeln zu können, müssen zwei Prämissen erfüllt sein: Es braucht zum einen Zeit, in gelassener Stimmung über sein Wirken und dessen Folgen nachzudenken und diese in einem größeren Zusammenhang zu sehen. Zweitens braucht es auch genügend große Energiereserven, um im entscheidenden Moment aus der eigenen Bequemlichkeitszone ausbrechen zu können. Dies ist einer der Gründe, warum ich Ihnen empfohlen habe, den Sonntag der Erholung zu widmen, Energie zu tanken und sich regelmäßig Zeit zum Reflektieren zu nehmen.

Hierzu kommt sodann, dass die Menschen in ein pfuscherhaftes Produzieren hineinkommen, ohne es selbst zu wissen. (…) Ja, viele kommen zur Erkenntnis des Vollendeten und ihrer eigenen Unzulänglichkeit nie und produzieren Halbheiten bis an ihr Ende.
JOHANN WOLFGANG VON GOETHE

Die Grenzen der optimalen Leistungsfähigkeit erkennen

Sie wissen, *optimal* geistig leistungsfähig sind wir nur im Zustand der Calm Energy. Auch wenn Sie für Ihre Arbeit noch so motiviert sind: bei Müdigkeit, bei Anspannung oder gar im angespannt-müden Zustand häufen sich die Fehler und die Qualität der Leistung sinkt.

Niemand bestreitet, dass Müdigkeit die geistige Leistungsfähigkeit beeinträchtigt. Wir können uns weniger gut konzentrieren und das Denken fällt schwerer. Schon bei kaum spürbarer Ermüdung kann zudem der Wille nachlassen.

Die Grenze zwischen optimaler und suboptimaler Leistung können oder wollen Menschen, die unter permanentem Leistungsdruck stehen, oft nicht wahrhaben. Dabei sind es gerade die allerwichtigsten Fähigkeiten, die bei Anspannung zuerst beeinträchtigt werden.

Die negativen Auswirkungen der Anspannung

Welche Auswirkung hat Anspannung auf die Kopfarbeit? Wie wir gesehen haben, werden vor allem die Konzentrationsfähigkeit, die geistige Flexibilität und das schöpferische und vorausschauende Denken beeinträchtigt. Flow-Erfahrungen sind bei Anspannung kaum mehr möglich. Dafür bleibt der Wille bei Anspannung eher erhalten als bei Müdigkeit. Erst im angespannt-müden Zustand macht er der Resignation Platz.

Beeinträchtigung der Konzentration

Sie erinnern sich an die Stressreaktion des Hasen, wenn er einen Fuchs wahrnimmt: er erstarrt und seine ganze Aufmerksamkeit ist nach außen, auf den Feind, gerichtet. Ähnlich geht es auch uns im angespannten Zustand: Es ist ein Alarmzustand, in dem der geistige Fokus *nach außen* gerichtet ist. Der Geist ist gleichsam auf dem Sprung und ist gierig auf Information von außen. Konzentration heißt jedoch *innere Sammlung*. Und dies ist bei Anspannung schwierig. Solange Stresshormone wirken, fallen Entspannung und innere Sammlung schwer.

Beeinträchtigung der geistigen Flexibilität

Mit steigender Anspannung beschränkt sich unser Denken mehr und mehr auf die gewohnten Routinen und Automatismen. Wir sehen nur noch das, was wir schon immer gesehen haben, und hören auch nur das, was wir hören wollen. Der geistige Blick-

127

winkel wird enger und wir sehen statt des Waldes nur noch einzelne Bäume.

Wenn sich zum Beispiel Versuchspersonen unter Anspannung auf das Auftauchen von kleinen Objekten auf einem Bildschirm konzentrieren müssen, fokussieren sie automatisch auf das Zentrum. Die Peripherie wird vernachlässigt- und zwar umso stärker, je größer der Erfolgszwang der Probanden ist.[69] Dieses Phänomen des engen »Tunnelblicks« machte beim Urmenschen in den zahlreichen lebensgefährlichen Situationen Sinn. Bei der geistigen Tätigkeit des modernen Menschen ist er ein Nachteil. Denn mit dem verengten Tunnelblick übersehen wir vieles. Zwar lässt sich dank des Tunnelblicks und altgewohnten Denkpfaden schnell eine Meinung bilden. Doch sie ist oft einseitig und wird auch nicht hinterfragt. Der verengte Blickwinkel hindert uns daran, die Dinge aus einer weiteren oder gar neuen Perspektive zu sehen. Es kommt zu falschen Einschätzungen problematischer Situationen, zu Fehlentscheidungen und unzutreffenden Diagnosen.

Unser Geist ist wie ein Schwert, das die Wirklichkeit in Stücke haut, und dann handeln wir so, als wäre jedes Stück der Wirklichkeit unabhängig von den anderen.
THICH NHAT HANH

Beeinträchtigung des rechtshemisphärischen, schöpferischen Denkens

Anspannung beeinträchtigt vor allem das rechtshemisphärische Denken[70] (siehe Seiten 136ff), das Vorstellungskraft sowie schöpferisches und vorausschauendes Denken beinhaltet. Sie erinnern sich an das Beispiel zu Beginn dieses Kapitels, in dem Manager mit beginnendem Burnout-Syndrom drei Mal und Ausgebrannte gar sechs Mal schlechter in einem kognitiven Leistungstest abschnitten als ihre nicht gestressten Kollegen. Die an der Studie beteiligten Manager waren übrigens zwischen 27 und 46 Jahre alt. Wie Sie gleich sehen werden, ist diese Beeinträchtigung des rechtshemisphärischen Denkens ganz besonders verhängnisvoll, da sie sich vor allem auch bei übergeordneten Denkprozessen auswirkt.

Drei verschiedene Leistungsstufen

Nicht jede geistige Tätigkeit wird im gleichen Masse durch Anspannung oder durch Müdigkeit beeinträchtigt. Der Leistungsabfall hängt stark von den jeweiligen Anforderungen der gestellten
Aufgabe ab. Wir können drei Anforderungsstufen unterscheiden:

Stufe 1 **Routine**	*Automatisierte Tätigkeiten, die wohl Konzentration,* *aber vergleichsweise wenig Denkarbeit erfordern* z.B. Zahlen eintippen, Routinebesprechungen, auf bekannten Strecken Auto fahren.
Stufe 2 **Anspruchsvolles**	*Tätigkeiten, die nur zum Teil automatisiert sind und* *einiges an zusätzlicher Konzentration und geistiger* *Flexibilität erfordern* z.B. neue Software ausprobieren, anspruchsvolle Briefe und Texte schreiben, Verhandlungen führen, Vorträge halten, ein kompliziertes neues Menü kochen; auf die grosse Latein- prüfung lernen.
Stufe 3 **Neuartiges;** **Proaktivität**	*Denk-, Koordinations- und Willensanstrengungen* *auf höherer Ebene* z.B. Dinge neu denken, neuartige Lösungen und Strategien entwickeln, viele Schritte vorausdenken und weitreichende Folgen abschätzen oder eine Sache aus einer völlig neuen Perspektive betrachten, sich über etwas Komplexes Überblick verschaffen und es in der Tiefe verstehen, Dinge koordinieren; aufs Physiker-Diplom lernen. Ebenso Willensprozesse: sich überwinden, Schwieriges, Unangenehmes oder Anstrengendes zu tun, Selbstdisziplin aufbringen und proaktiv handeln.

Abb. 14: Die drei verschiedenen Stufen geistiger Leistung

Um aber vorsorglich und nachhaltig Zukunft zu entwickeln und zu gestalten, müssen wir nicht nur die Technowelt und deren Zeitmuster beherrschen, sondern auch Anschluss an unsere Leiblichkeit (wieder)finden, um uns nicht lediglich als Kultur- sondern auch als Naturwesen zu begreifen.
KARLHEINZ A. GEISSLER

Die Fähigkeiten der Stufe 3, also die Denk-, Koordinations- und Willensanstrengungen auf höherer Ebene, werden zuerst beeinträchtigt.

Zahlreiche Denkprozesse auf Stufe 3 sind rechtshemisphärisch. Rechtshemisphärisches Denken verlangt Entspannung, siehe Seiten 143f. Schon geringe Anspannung beeinträchtigt die Fähigkeiten der Stufe 3, während leichte, entspannte Müdigkeit in der Regel einen etwas geringeren Effekt hat.

Fatal ist, dass wir die Beeinträchtigungen auf Stufe 3 kaum bemerken. Die übergeordneten Fähigkeiten können verschwinden, ohne dass wir uns dessen bewusst sind. Denn je höher die Komplexitätsstufe, desto schwieriger ist es, einen Leistungsabfall überhaupt wahrzunehmen und zu beurteilen. Warum?

Bei *Stufe 1* ist die Beurteilung des Leistungsabfalls noch vergleichsweise einfach. Die Ergebnisse von Stufe-1-Tätigkeiten sind in der Regel sicht- und greifbare Fakten und lassen sich auch unmittelbar beurteilen: Es passieren mehr Fehler beim Eintippen, man ist bei der Besprechung etwas abwesend oder verpasst eine Abzweigung.

Auf *Stufe 2* beruht die Einschätzung der Leistung bereits auf subjektiven Kriterien. Man hat den Eindruck, der Vortrag sei weniger gut gelaufen als sonst, es gibt während den Verhandlungen immer wieder Missverständnisse oder man nimmt wahr, dass die Formulierung der Texte heute weniger gut gelingt.

Am schwierigsten ist die Beurteilung des Leistungsabfalls auf *Stufe 3*. Wer nicht immer wieder bewusst innehält und das Tun aus Distanz betrachtet, merkt kaum, dass der Überblick abhanden gekommen ist, dass man die Prioritäten aus den Augen verloren hat oder dass der geistige Fokus eingeengt ist. Ein Nachlassen der Selbstdisziplin oder das Sich-nicht-überwinden-Können wird einem oft erst bei der Betrachtung im Nachhinein, beim Reflektieren, bewusst. Und auch da gelingt es nur, wenn man mit sich selbst ehrlich ist und es sich eingestehen kann. Vergessen Sie nicht:

nobody is perfect. Wir sind auf der Welt, um zu lernen. Wir können uns nur weiterentwickeln, wenn wir uns während des Lernprozesses Fehler zugestehen.

Machen Sie sich die rote Linie stets bewusst

Insbesondere bei sehr anspruchsvollen Aufgaben sollten Sie sich immer wieder Zeit zum Reflektieren nehmen und sich stets bewusst machen, welche Zeichen auf beginnende Müdigkeit, Anspannung und Abnahme der Leistungsfähigkeit hinweisen. In der Rückblende werden Sie die damit verbundenen Unzulänglichkeiten und Fehlleistungen klarer erkennen und analysieren können.

Wenn Sie sich den Calm-Energy-Quadranten in der Energie/Anspannungs-Matrix vor Augen halten, bilden die Linien, die den Quadranten in Richtung Müdigkeit und in Richtung Anspannung eingrenzen, auch die Grenze zwischen der optimalen und suboptimalen Leistung. Es ist gleichsam eine rote Linie, die nicht überschritten werden darf. Je anspruchsvoller oder ungewohnter die Aufgabe ist, umso weniger erträgt es Anspannung oder Müdigkeit.

Beobachten und Reflektieren

a   Während welchen Stunden des Arbeitstags verspüre ich Anzeichen von Müdigkeit und ein Nachlassen der geistigen Leistungsfähigkeit?

b   In welchen Situationen ist meine geistige Flexibilität eingeschränkt?

c   In welchen Situationen fällt es mir schwer, mich zu konzentrieren?

d   Wann und bei welchem Tun erlebe ich Flow?

e   Merke ich, dass mein Wille, Unangenehmes anzupacken, davon abhängt, wie erholt und energievoll ich bin?

Längerfristige Auswirkungen: Verschiedene Leistungszonen

Der Energiezustand, der über einen längeren Zeitraum vorherrscht – ob Calm Energy, ob angespannte Energie oder angespannte Müdigkeit –, schlägt sich in der Qualität der Gesamt-
leistung in diesem Zeitraum nieder.

Hand aufs Herz: Sind Sie in letzter Zeit häufig unter Druck,
könnte Ihr Schlaf besser sein und fühlen Sie sich etwas ausgebrannt? Wenn Sie über einen längeren Zeitraum im Zustand der
angespannten Energie (Quadrant 3) sind, befinden Sie sich in der
Korrosionszone. Sie zehren von der Substanz und zeigen wohl auch
die dafür typischen Symptome: Sie hören nicht immer gut zu,
sind in Gedanken immer schon einen Schritt weiter, Sie sind
ungeduldig, leicht reizbar und nervös. Ihre geistige Flexibilität ist
eingeschränkt und es passieren Ihnen häufiger Fehler.

Die unten stehende Matrix stammt aus dem Buch »*A Bias for
Action*« von Heike Bruch und Sumantra Ghoshal.[71] Die Darstel-

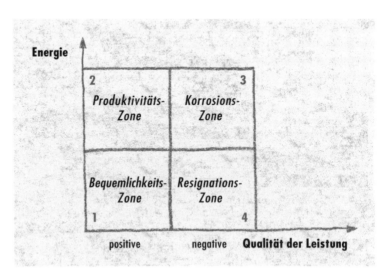

Abb. 15: Die vier Leistungszonen. Nach Bruch und Ghoshal [72]

132

lung bezieht sich auf vier unterschiedliche Energiezonen in Unternehmen. Die vier Zonen lassen sich auch aufs Individuum übertragen und illustrieren die längerfristigen Auswirkungen von Robert E. Thayers Energiezuständen in der Energie/Anspannungs-Matrix.

In welcher Leistungszone befinden Sie sich?

Sind Sie nicht nur beim Entspannen, sondern auch bei der Arbeit öfter in der *Bequemlichkeitszone*? Haben Sie wenig Energie, sind Sie etwas willensschwach und schieben Sie Ihre Pläne immer wieder auf? Sie werden im Kapitel 10 lernen, wie Sie sich besser zu einer Handlung aufraffen und den Schwung erhalten können.

Vielleicht sind Sie eher öfter in der *Korrosionszone* oder gar in der *Resignationszone*. Fragen Sie nicht nur sich selbst, fragen Sie auch Ihre Partnerin, Ihren Partner, Ihre Kollegen und Freunde. Und wenn bloß einer oder eine findet, Sie seien in der Korrosionszone oder gar in der Resignationszone: Unternehmen Sie etwas! Wenn kein Ende der Belastung abzusehen ist, müssen Sie unbedingt und konsequent für mehr Entspannung und Erholung sorgen (siehe auch Kapitel 8)! Vielleicht ist es sogar nötig, einmal eine kleine Auszeit zu nehmen und über das, was Sie im Job und im Leben wollen, vertiefter nachzudenken.

Bleibt noch die *Produktivitätszone*, die Zone, in die Sie mit Calm Energy gelangen. Wenn Sie es trotz hohen beruflichen und privaten Anforderungen schaffen, im Alltag in der Regel entspannt und gelassen zu bleiben und so optimal produktiv zu sein, können Sie sich gratulieren!

Und wer hat, dem wird gegeben: Vom Zustand der Calm Energy aus können Sie Ihre Denkkapazität noch ausweiten. Sie werden im nächsten Kapitel mehr darüber erfahren. Es wird Ihnen zu einigen Aha-Erlebnissen und erhellenden Erkenntnissen verhelfen.

6.
Produktiver denken

Nur im Zustand der entspannten Energie, der Calm Energy, ist unsere geistige Leistungsfähigkeit wirklich gut. Und sie kann sogar noch besser werden. Darum geht es hier.

Wenn Sie Ihr intellektuelles Potenzial weiter ausschöpfen wollen, muss Ihr Gehirn immer wieder in noch entspanntere Energiezustände kommen. Diese finden sich im Schlaf sowie im Alpha-Zustand beim Erwachen oder in Ruhephasen. Sie können den Alpha-Zustand und den Schlaf ganz bewusst einsetzen, um auf bessere Lösungen zu kommen, neuartige Ideen zu generieren und zu intuitiven Erkenntnissen zu gelangen. Damit erschließen Sie sich weite geistige Areale, zu denen Sie in der Betriebsamkeit der Bürostunden kaum Zugang haben.

Haben Sie Lust, Ihr Denken auszuweiten und Hervorragendes zu leisten? Es ist einfacher, als Sie glauben. Was es braucht, ist Ihre Lust am Ausprobieren sowie das nötige Hintergrundwissen.

Sie werden in diesem Kapitel zunächst Grundlegendes über links- und rechtshemisphärisches Denken und über die Bedeutung der verschiedenen Energiezustände im Gehirn lernen. Um Ihnen die Wahrnehmung dieser Phänomene zu erleichtern, vermittle ich Ihnen Erfahrungen, die Studierende mit bestimmten Hirnwellenzuständen gemacht haben. Im Weiteren werden Sie einiges über das Wesen der Intuition sowie der Gefühls- und Körperempfindungen erfahren. Basierend auf diesen Grundlagen werden Sie lernen, wie Sie auf kreativere Lösungsansätze, umsichtigere Entscheidungen, vertiefte Einsichten und bessere Resultate kommen – wie Sie produktiver denken können.

Links- und rechtshemisphärisches Denken

So wie der Mensch denkt, so lebt und arbeitet er. Wie wir an Projekte herangehen, wie wir sie durchziehen und wie wir sie abschließen, hat mit unserem persönlichen Denkstil zu tun. Unsere bevorzugten Modi des Denkens spiegeln sich auch in unseren Interessen wider, unserem Kleidungs- und Einrichtungsstil, der Art und Weise, wie wir miteinander reden, und darin, wie wir die Freizeit verbringen.

Die Kognitionsforscher Richard Riding und Stephen Rainer sehen vor allem drei Elemente, die von Mensch zu Mensch verschieden ausgeprägt sind: die Persönlichkeit, die Intelligenz und – als das »fehlende Stück im Puzzle des eigenen Ichs« – der Denkstil.

Der persönliche Denkstil hat – im Gegensatz zur Intelligenz – weniger mit Begabung und Potenzial zu tun, sondern vielmehr damit, wie das Individuum Information aufnimmt, verarbeitet und speichert.

Warum beachten die einen kleine Details, während andere lieber den großen Überblick wollen? Warum entscheiden manche sehr schnell und andere wiederum erst nach langem Abwägen? Warum brauchen viele bei der Arbeit den Austausch mit Kolleginnen und Kollegen, während einige lieber für sich alleine arbeiten? Und warum gibt es Phasen, in denen wir einmal so und einmal anders sind? Wenn man Menschen beobachtet, fallen zunächst zwei gleichwertige, aber sehr gegensätzliche Denkstile auf, die folgendermaßen umschrieben werden können:[73]

— Individuum X hat einen ausgesprochen analytischen Denkstil. Dieser Stil beinhaltet Detailorientierung, sequenzielles (schrittweises) Vorgehen, »bitte eins nach dem anderen«, und Liebe für klar definierte Aufgaben und strukturiertes, organisiertes Tun.

— Individuum Y denkt ganzheitlich. Dies zeigt sich im Interesse für den Überblick und dem Desinteresse für Details, im Berücksichtigen vieler Aspekte auf einmal (simultanes Denken), Bevorzugung von offenen Aufgabenstellungen sowie *Trial-and-Error*-Methoden.

Der Denkstil von Individuum X kann auch als linkshemisphärisch, derjenige von Individuum Y als rechtshemisphärisch bezeichnet werden. Die beiden Hirnhälften sind spezialisiert und es gibt zahlreiche Funktionen, die der einen oder anderen Hälfte zugeordnet werden können. So sind das Sprachzentrum und die Verarbeitung von Fakten und Zahlen in der linken Hälfte lokalisiert. Auch das rationale, logische, analytische und sequenzielle Denken wird der linken Seite zugeordnet. Bei bildhaften Vorstellungen hingegen ist vor allem die rechte Hemisphäre aktiv. Ebenso kommt die rechte Seite beim emotionalen, intuitiven, ganzheitlichen und simultanen Denken stärker zum Zuge, wie die unten stehende Darstellung zeigt.

linke Hemisphäre	rechte Hemisphäre
Sprache	Bilder
Fakten	Vorstellungen
Zahlen	Größenordnungen
Denken:	*Denken:*
rationales	emotionales
logisches	intuitives
analytisches	ganzheitliches
sequenzielles	simultanes

Abb. 16: Links- und rechtshemisphärisches Denken[74]

Wie manifestieren sich der links- und der rechtshemisphärische Denkstil bei der Arbeit? Damit Sie den Unterschied klar erkennen, beschreibe ich im Folgenden zwei *Extreme*, die jedoch in dieser Ausprägung selten sind.

Alle Kunst beruht auf Ordnung, Maß und Zahl.
WALTER MUSCHG

Ein Mensch, der sehr ausgeprägt im *linkshemisphärischen* Modus funktioniert, denkt und handelt sequenziell. Das heißt, er macht eins nach dem anderen, er liebt definierte Abläufe und methodisches Vorgehen. *Multitasking* ist nicht sein Ding und er kann es nicht ausstehen, wenn sich in einer Diskussion die Teilnehmenden ins Wort fallen oder alle gleichzeitig reden. Der linkshemisphärisch denkende Mensch mag Ordnung. Es versteht sich von selbst, dass dieser Mensch auch gerne plant, organisiert, umsetzt und kontrolliert. Durch sein analytisches Denken sieht er auch Teilaspekte von Problemen und er kann zwischen persönlicher und sachlicher Ebene unterscheiden. Dafür übersieht er oft Zusammenhänge und den größeren Kontext. Sein geistiger Fokus gleicht dem eines *Teleobjektivs*. Der linkshemisphärisch denkende Mensch denkt logisch und rational und kann auch kritisch hinterfragen. Er liebt Zahlen und Fakten und ist gegenüber Phänomenen, die nicht quantifizierbar oder sonst irgendwie belegbar sind, oft skeptisch. Gefühle kann er nicht gut zeigen.

Der *rechtshemisphärisch* denkende Mensch verarbeitet die Informationen simultan. Er liebt viel Input und Anregungen und lässt sich ganz gerne von anderen Menschen stören, denn er liebt Abwechslung. Er hat meistens mehrere Projekte am Laufen und bevorzugt offene und neuartige Aufgabenstellungen, die seine Kreativität herausfordern. Sein Arbeitsplatz spiegelt sein Denken wider. Er hat Mühe mit der *clean desk policy* der Firma, denn er muss seine Projekte vor Augen haben und kann die Papierstöße nicht wegschließen. Der rechtshemisphärisch denkende Mensch ist wegen seines guten Vorstellungsvermögens weitblickend und deshalb stark im Entwickeln von großen Konzepten und Strategien. Dank seiner intensiven Informationsaufnahme hat er ein intuitives Gespür für Entwicklungen und Trends. Sein geistiger Fokus gleicht dem des *Weitwinkelobjektivs*. Er sieht weniger die Details als vielmehr den Kontext und auch Zusammenhänge und Muster. Er kann komplexe Situationen intuitiv erfassen. Prozesse und Beziehungen sind ihm wichtig und beim Denken fließen auch Emotionen ein. Wenn er entspannt ist, mag er auch Poetisches, wie das nebenstehende Gedicht.

Die wenigsten Menschen denken nur im einen oder anderen Modus. Je nach Situation, Aufgabenstellung oder körperlicher und geistiger Verfassung ist mehr die eine oder die andere Hirnhälfte stärker aktiv. Dennoch neigen die meisten Menschen zu einer *dominanten Hirnhälfte*. Es ist etwa so, wie sie eine dominante Hand, ein besser sehendes Auge und ein stärkeres Bein haben.

Der Frühling

Liebe, wunderschönes Leben,
Willst du wieder mich verführen,
Soll ich wieder Abschied geben
Fleißig ruhigem Studieren?

Offen stehen Fenster, Türen,
Draußen Frühlingsboten schweben,
Lerchen schwirrend sich erheben,
Echo will im Wald sich rühren.

Wohl, da hilft kein Widerstreben,
Tief im Herzen muss ich's spüren:
Liebe, wunderschönes Leben,
Wieder wirst du mich verführen!
JOSEPH VON EICHENDORFF

Beobachten und Reflektieren

a   Fallen mir einordnen und aufräumen schwer, wenn ich müde oder etwas gestresst bin?

b   Kurbeln schwierige Situationen meine Phantasie an und denke ich mir oft ganz unterschiedliche Szenarien aus?

c   Neige ich dazu, bei Stress und Müdigkeit auch in Business-Situationen emotional zu reagieren?

d   Behalte ich auch im Stress den Überblick?

e   Neige ich bei Stress eher dazu, mich noch mehr in Details zu verlieren?

f   Schalte ich bei Stress und Müdigkeit meine Gefühle irgendwie aus?

g   Gehen mir bei Müdigkeit und Stress Vorstellungskraft und Phantasie etwas verloren?

h   Kann ich auch bei Müdigkeit und Stress noch Dinge einordnen oder aufräumen?

Wenn Sie a bis d mit Ja beantworten, weist dies auf einen rechtshemisphärischen Denkstil hin.
Ein Ja bei den Fragen e bis h deutet eher auf einen linkshemisphärischen Denkstil.

Diese Achtsamkeit im Denken ermöglicht es uns, wie ein Schwimmer im Meer die Richtung, die Art und die Tiefe unseres Denkens zu spüren und immer wieder neu zu bestimmen.
CLAUDIO HOFMANN

Wenn Sie wissen möchten, ob Ihr dominanter Denkmodus eher links- oder rechtshemisphärisch ist, gilt es, das Denken bei Müdigkeit und Anspannung zu beobachten. Unter diesen suboptimalen Umständen funktionieren wir vorwiegend in unserem dominanten Denkstil. Das heißt, wir werden entweder noch detailorientierter, perfektionistischer oder faktentreuer oder aber noch phantasievoller, unordentlicher oder emotionaler. In meinem Buch »Exploratives Lernen« gehe ich ausführlicher auf die verschiedenen Denkstile ein. Wenn Sie versuchen, die Fragen auf Seite 145 zu beantworten, können Sie sich Ihre bevorzugten Denkmodi bewusster machen.

Energiezustände im Gehirn

Obwohl der Denkstil ein charakteristisches Merkmal eines Menschen ist, hängt er in seiner Ausprägung – genauso wie andere Persönlichkeitsmerkmale auch – von der aktuellen Verfassung des Individuums, das heißt von seinem Energiezustand, ab.

Je nach Energiezustand ist auch unser Gehirn mehr oder weniger aktiviert. Am geringsten ist die Aktivierung im Tiefschlaf; etwas aktiver sind die grauen Zellen im Traumschlaf. Nach dem Erwachen nimmt die Aktivierung weiter zu und wenn wir wütend oder gestresst sind, ist sie am höchsten.

Die Aktivierung des Gehirns kann mittels auf der Schädeloberfläche fixierter Elektroden durch elektroenzephalografischen Messungen (EEG) erfasst werden. Die Analyse der erhaltenen Hirnwellenmuster zeigt für bestimmte Aktivierungszustände typische Frequenzbänder.

Wie Sie aus Abbildung 17 auf neben stehender Seite ersehen können, treten im Tiefschlaf die energieärmsten *Delta-Wellen* auf. Während des Traumschlafs und dem Dösen sind die *Theta-Wellen*

140

vorherrschend. Beim Aufwachen nimmt die Frequenz zu und es zeigen sich vor allem *Alpha-Wellen*. Der *Beta-Bereich* umfasst die höheren Frequenzen. Dabei unterscheiden wir den tiefen Beta-Bereich, in dem wir wach, präsent und aufmerksam sind, den mittleren Beta-Bereich, in dem Anspannung und Stress vorherrschen und den hohen Beta-Bereich, der sich bei starken Gefühlsausbrüchen und Panik zeigt.

Frequenz	Hirnwellen-Bereich	Aktivierungszustände
< 4 Hz	Delta	Tiefschlaf
4 – 7 Hz	Theta	Leichtschlaf, Dösen
7 – 13 Hz	Alpha	Entspannter, etwas verträumter Wachzustand; Fokus nach innen aber rezeptiv (z. B. beim Aufwachen und beim Einschlafen)
13 – 40 Hz und höher	tieferes Beta	Wache, entspannte, nach außen gerichtete Aufmerksamkeit
	mittleres Beta	Emotionale Erregung, geistige Anspannung, Stress, stark fokussierte Aufmerksamkeit, »Tunnelblick«
	hohes Beta	Alarmbereiter Zustand, Panik

zunehmende Aktivierung

Abb. 17: *Frequenzbänder des EEG und Aktivierungszustände, in denen die jeweiligen Frequenzen in der Regel dominieren* [75]

141

Im Wachzustand liegt meist eine *Kombination* von verschiedenen Hirnwellen vor, wobei die Beta-Wellen überwiegen. Je nach Tätigkeit variieren die Anteile: bei ruhigem, konzentriertem Tun nehmen die Alpha-Wellen zu, bei Gesprächen oder gar heftigen Diskussionen verschwinden sie. Anspannung äußert sich im Ansteigen der Beta-Frequenzen; bei Entspannung produziert das Gehirn mehr und mehr Alpha- oder gar Theta-Wellen.

Je nach Anteil von Alpha-, Beta-, Theta- oder Delta-Wellen sind wir in einem anderen auch subjektiv wahrnehmbaren Aktivierungszustand und damit in einem anderen Denkmodus.[76] Wenn Sie dieses Unterkapitel über die Energiezustände im Gehirn lesen, herrschen bei Ihnen wahrscheinlich Beta-Wellen und das für die Verarbeitung von derartigen Fakten typische, linkshemisphärische Denken vor. Im nächsten Unterkapitel »Die goldene Zeit des Alpha-Zustandes« wird sich Ihr Denkmodus wahrnehmbar verändern. Mehr will ich jedoch noch nicht verraten. Ich möchte zunächst auf die einzelnen Hirnwellenbereiche eingehen.[77]

Delta-Wellen – Tiefschlaf und Intuition

Delta-Wellen kommen vor allem im Tiefschlaf und damit im Bereich des Unbewussten und der intuitiven Erkenntnisprozesse vor. Die Delta-Wellen können auch in Kombination mit anderen Frequenzen im Wachzustand auftreten. Hohes Einfühlungsvermögen in andere Menschen und starkes Mitfühlen gehen mit Delta-Wellen einher; ebenso der sechste Sinn: Wenn Sie *wissen*, dass das Telefon klingeln wird, bevor es klingelt, oder wenn Sie die Gedanken Ihres Gegenübers lesen können, bevor er spricht, oder wenn Sie andere Vorkommnisse vorausahnen, sind Delta-Wellen mit im Spiel. Ein gewisser Anteil an Delta-Wellen erscheint im EEG auch beim abstrakten Denken und bei Aufgaben, die Kreativität erfordern.

Theta-Wellen – Traumschlaf, Dösen und Inspiration

Im Traumschlaf und beim Dösen sind Theta-Wellen vorherrschend. Zudem können sie bei vertieftem Meditieren, in Trance,
beim Musikhören oder bei Zuständen außergewöhnlich klaren
Denkens nachgewiesen werden. Im Theta-Zustand haben auch
Inspiration und Kreativität ihre Wurzeln.

*Man muss aus der Stille
kommen, um etwas
Gedeihliches zu schaffen.*
KURT TUCHOLSKY

Alpha-Wellen – Tagträumen
und rechtshemisphärisches Denken

Je entspannter Sie im Wachzustand sind, umso höher ist der
Alpha-Wellen-Anteil. Beim ungestörten Aufwachen, beim Einschlafen, in einer ruhigen Pause für sich allein, bei geschlossenen
Augen, beim Rollen der Augen nach oben und beim Tagträumen
herrschen ebenso Alpha-Wellen vor wie während Entspannungsübungen, beim autogenen Training oder beim Meditieren.[78] Der
Alpha-Zustand ist ausgesprochen angenehm; die Stimmung ist
heiter und gelöst und wir fühlen uns wohl in unserer Haut.
Der geistige Fokus ist im Alpha-Zustand nach innen gerichtet, die
äußere Welt tritt zurück. Die Sinne sind offen; wir sind *rezeptiv*,
das heißt aufnahmefähig für Sinneseindrücke, für körperliche
Empfindungen und Stimmungen. Die Aufmerksamkeit ist nicht
zielgerichtet; es ist eher ein unfokussiertes Schweifen.
In der Energie/Anspannungs-Matrix liegt der Alpha-Zustand
ganz auf der linken Seite im Grenzbereich zwischen der entspannten Müdigkeit von Quadrant 1 und der entspannten Energie,
der Calm Energy von Quadrant 2. In der Regel ist im Alpha-
Zustand der Körper entspannt und auch der Geist ist entspannt,
aber wach.
Die Alpha-Wellen spielen für produktives Denken eine zentrale
Rolle. Die geistigen Fähigkeiten, die der rechten Hemisphäre

*Einige besonders feine
Sachen sind die Halbwach-
Träume. Die wenigsten
Menschen springen beim
Wecken wie eine Rakete in
die Luft. Meist hat man
noch ein paar Minuten und
räkelt sich langsam wach.
In diesem Dämmerdusel
hat man mitunter unglaub-
liche Gedanken, macht
welterschütternde Erfin-
dungen, prägt unsterbliche
Formulierungen, entwirft
gigantische Pläne; man
löst Welträtsel mit dem
kleinen Finger.*
HEINRICH SPOERL

143

zugeschrieben werden, können sich bei einem hohen Alpha-Anteil besonders gut entfalten. In diesem sehr entspannten Zustand ist der geistige Blickwinkel offen und die Assoziationsfähigkeit hoch. Wir haben ein besseres Vorstellungsvermögen, sehen Muster und Trends und kommen auf kreativere Ideen und intuitive Erkenntnisse. Auch die Wahrnehmung von Gefühls- und Körperempfindungen erfordert Alpha-Wellen.

Der Alpha-Zustand verbindet die unbewussten Theta- und Delta-Bereiche des Schlafs mit dem Wachbewusstsein (Beta-Bereich).

Beta-Wellen – Linkshemisphärisches Denken bis rasende Gedanken

Tiefes Beta

Im Zustand, in dem die tiefen Beta-Wellen vorherrschen, sind wir entspannt, aber geistig sehr präsent – der Idealzustand für optimale geistige Leistungsfähigkeit. Es ist der klare, wache Zustand der Primetime und der Calm Energy. Die Aufmerksamkeit ist nach außen gerichtet, wir können uns gut auf unsere Aufgaben konzentrieren und auch scharfsichtige Entscheidungen treffen. Denn wir haben in diesem tiefen Beta-Zustand zum logisch-rationalen Denken der linken Hemisphäre besonders guten Zugang.

Mittleres Beta

Im Zustand des mittleren Beta-Bereichs ist die Aktivierung stärker und die Anspannung macht sich unangenehm bemerkbar; wir sind im Zustand der angespannten Energie (Quadrant 3 in der Energie/Anspannungs-Matrix) und haben damit einen engeren geistigen Fokus und verminderte geistige Flexibilität. Mit steigender Anspannung und damit einhergehender geistiger Unruhe kommen wir in den Zustand, den Anna Weise »gespreiztes Beta«

nennt: die tieferen Hirnwellen – Delta, Theta, Alpha – sind verschwunden und dadurch scheint auch die Verbindung zu sich selber und zum Körper unterbrochen. Man ist nicht bei sich und nicht im gegenwärtigen Augenblick, sondern irgendwie außer sich und schon beim nächsten Schritt. Der Geist rast; ein Gedanke jagt den nächsten und die Spirale dreht sich immer weiter. Der Geist wird auch gieriger nach Reizen von außen, zappt unruhig umher und will sich nicht mehr beruhigen.

Die »goldene Zeit« des Alpha-Zustandes

Wenn Sie zum ersten Mal über den Alpha-Zustand lesen oder davon hören, kann es sehr wohl sein, dass Sie diesen angenehm-entspannten Zustand bei sich noch nicht kennen. Zur Erinnerung: Im Alpha-Zustand sind wir zum Beispiel in der Anlaufphase am Morgen, in den stillen Stunden zwischen dem Erwachen und dem Anstieg der Energiekurve gegen das Maximum. Auch untertags, im Flow-Zustand, beim Pausieren für sich allein oder wenn Sie sich in Tagträumen verlieren, sind Sie im Alpha-Zustand. Typisch für den Alpha-Zustand ist, dass der Fokus nach innen gerichtet ist, während er sich im Beta-Zustand nach außen richtet.

Am Schluss eines Kurstages zum Thema wollte ich einmal von den Studierenden wissen, ob sie bei sich den Alpha- und dem Beta-Zustand wahrnehmen und unterscheiden können.[79] Resultat: von den 306 Antwortenden kannten 66 Prozent den Unterschied, 25 Prozent konnten den Unterschied nicht wahrnehmen und 9 Prozent der Antwortenden waren sich nicht sicher.

Um Sie mit dem Alpha-Zustand vertrauter zu machen, will ich nun noch ausführlicher auf die Beobachtungen und Wahrnehmungen dieser jungen Kopfarbeiter eingehen.

Unter denjenigen, die den Alpha-Zustand *nicht* wahrnehmen, waren auffallend viele, die sich gestresst fühlten:

> *Spüre den Alpha-Zustand nicht. Habe keine bewusste Wahrnehmung mehr. Ich nehme mir keine Zeit und stresse morgens ab.*

> *Ich denke, ich bin so stark durch diese Welt vereinnahmt, dass es nach dem Öffnen der Augen losgeht mit Beta.*

> *Ich kannte den Unterschied noch nicht. Bis jetzt hatte ich das Gefühl, so schnell wie möglich leistungsfähig werden zu müssen.*

> *Nach dem Aufwachen denke ich bereits an all das, was noch ansteht. Das wirkt alles andere als beruhigend.*

> *Kenne den Alpha-Zustand leider nicht, da ich am Morgen zuerst meine zwei Dutzend E-Mails erledige.*

Andere sind nur in ganz speziellen Situationen im Alpha-Zustand:

> *Kann wegen der Arbeit nie gut schlafen. Wache ständig auf mit Arbeitsideen. Alpha-Zustand in den Ferien, ausschließlich!*

> *Ich bin fast immer in Beta. Einziger Ort für den Alpha-Zustand ist die Sauna.*

Eine Mehrzahl der Antwortenden nimmt jedoch den Alpha-Zustand täglich wahr und spürt dabei die offenen Sinne:

> *Im Alpha-Zustand, z.B. wenn ich am Morgen zum Bahnhof gehe, rieche ich die Blumen und höre die Geräusche um mich herum. Im Beta-Zustand nehme ich diese äußeren Einflüsse viel weniger wahr.*

> *Besitze wieder einen Hund und begebe mich mit diesem zwei Mal täglich »bewusst« in den Alpha-Zustand, indem ich die Natur und Umwelt voll auskoste. Super Methode!*

Wenn ich frühmorgens joggen gehe, merke ich, wie die Sinne aufnahmefähig sind bzw. was sie alles aufnehmen. Sehr schöne Momente!

Auf dem Arbeitsweg (mit Fahrrad) nehme ich Natur (Töne, Düfte, Farben) bewusst wahr. Nach dem Mittagessen versuche ich mich während zwanzig bis dreißig Minuten zu entspannen und tagzuträumen. Bin in Vorlesungen nachher viel entspannter.

Viele der Befragten erwähnten in diesem Zusammenhang, wie entscheidend für ihre geistige Produktivität ein ruhiger Einstieg in den Tag ist.

Auch auf die besondere Stimmung im Alpha-Zustand wird oft hingewiesen:

Ich spüre ihn im Sinne von einem entspannten Zustand und einer Zentriertheit, welche ich meistens durch Körper- und Atemübungen erreiche.

Alpha: tiefe innere Zufriedenheit, frisch und konzentriert.

Ich bin in mir ruhend und konzentriert, kann dann sehr gut aufnehmen und zuhören.

Alpha ist »goldene« Zeit, ich fühle mich dann glücklich, ausgeglichen und produktiv.

Interessant ist auch, was im Alpha-Zustand besonders gut geht:

In Entspannungsphasen klären sich bei mir oft »angedachte« Probleme.

Im Alpha-Zustand habe ich einen besseren Überblick, ich sehe Issues relaxter und kann mich besser konzentrieren.

Im Alpha-Zustand kann ich viel kompliziertere Aufgaben lösen. Lichtlein gehen auf!

Es ist mir schon aufgefallen, dass ich in entspanntem Zustand, zum Beispiel bei einer Zugfahrt, besser Dinge (wissenschaftliche

Artikel), die ich bis dahin nicht verstanden habe, verstehe, als wenn ich an meinem Schreibtisch sitze und dies versuche.

Kann mich im Alpha-Zustand besser in alte, mir fremde Texte einfühlen, die ich lesen muss.

Den Alpha-Zustand verbinde ich mit Ruhe und glasklarer Sicht auf anstehende Probleme. Auch habe ich im Alpha-Zustand die besten kreativen Eingebungen für Kurzgeschichten, Bilder oder Ähnlichem; eine Art Flow-Erlebnis.

Einige der Studierenden haben zudem beschrieben, wie sie den Alpha-Zustand herbeiführen:

Zwischen den Lernphasen versuche ich jeweils, eine Art Alpha-Phase zu erreichen durch Augenschließen und tiefes, ruhiges Atmen.

Ich betreibe Ausdauersport (Triathlon). Nach einem anstrengenden Arbeits- oder Schultag (Beta) liebe ich die Trainings, bei denen ich während des Laufens, Radfahrens oder Schwimmens über Gott und die Welt sinnieren kann. Diesen Zustand, der das Gefühl der Einheit von Körper und Geist vermittelt, erreiche ich bei niedriger Intensität, es stellt sich jedoch erst nach einer gewissen Zeit (zum Beispiel beim Laufen nach etwa dreißig Minuten) ein. Sport ist Alpha-Zustand.

Nach dem Sport bin ich immer sehr entspannt und gleichzeitig konzentriert (Alpha). Wenn ich nicht mehr arbeiten mag, mache ich eine Sportstunde am frühen Abend, als Alpha-Pause.

Habe bis vor einem halben Jahr jeden Morgen Tai Chi gemacht. Konnte so die Alpha-Phase mit in den hektischen Tag nehmen. Werde morgen wieder damit beginnen. Denn Produktivität und Lebensqualität sind besser.

Ich hoffe, dass Sie durch diese Zitate Ihr Gespür für den Alpha-Zustand schärfen konnten und dass Sie diese »goldene Zeit« in Zukunft ganz bewusst genießen und auch nutzen.

Haben Sie im Übrigen bemerkt, dass sich Ihr Denkmodus beim Lesen all dieser Zitate verändert hat? Wenn Sie sich in die Aussagen hineinversetzen oder sich durch Begriffe wie »goldene Zeit« inspirieren lassen, schaltet das Gehirn auf rechtshemisphärisches Denken. Es produziert Alpha-Wellen und dies äußert sich in einer ganz anderen geistigen Befindlichkeit als beim Lesen von Fakten über Hirnwellen oder Denkstile.

Beobachten und Reflektieren

a   Nehme ich wahr, dass mein Gehirn beim Einschlafen und Aufwachen in einem anderen Denkmodus ist (das heißt im Alpha-Zustand) als tagsüber?

b   Kommt es bei mir ab und zu vor, dass mir im entspannten Zustand unvermittelt Ideen kommen und Lösungen einfallen?

c   Spüre ich einen Unterschied im Denken und in der geistigen Flexibilität im tieferen und mittleren Beta-Bereich?

d   Kenne ich bei mir den Zustand des gespreizten Betas, wenn ich im Stress bin?

e   Will ich fortan bewusster auf den Alpha-Zustand achten?

Intuitive Erkenntnisse

In der Umgangssprache wird Intuition oft mit einer Ahnung, dem sechsten Sinn, dem Bauchgefühl oder im englischen Sprachraum mit dem *gut feeling* gleichgesetzt. Doch diese Gefühls- und Körperempfindungen sind hier nicht gemeint. Ich werde im nächsten Abschnitt darauf eingehen. Den Begriff Intuition verwende ich vielmehr für einen vorwiegend intellektuellen Prozess und weniger für Prozesse auf der emotionalen oder körperlichen Ebene.

Was ist Intuition? Es ist eine zur logisch-rationalen Einsicht komplementäre Erkenntnisform.[80] Sie kommt zum Beispiel bei komplexen Diagnosen oder Entscheidungen vor, wenn die hohe Zahl der möglichen Variablen die Fähigkeiten des rationalen Verstandes übersteigt. Dies ist besonders dann der Fall, wenn ein Teil der Daten widersprüchlich, unvollständig oder rein qualitativer Natur ist.

Erfahrene Berufsleute und Experten können eine derartige Sachlage oft intuitiv erfassen und richtig deuten. So kann die erfahrene Ärztin trotz widersprüchlicher Analysedaten und unklaren Symptomen intuitiv die richtige Diagnose stellen. Oder der erfahrene Grafologe erkennt intuitiv das intellektuelle Format oder das verkäuferische oder unternehmerische Durchsetzungsvermögen des Schreibers. Genauso wie ein erfahrener Manager eine komplexe Situation oft intuitiv richtig einschätzen kann.

Die Prozesse, die zu intuitiven Erkenntnissen führen, laufen unbewusst und oft auch im Schlaf ab. Die Erkenntnis kann ganz unvermittelt auftauchen: als Gedankenblitz, als Licht, das einem unerwartet aufgeht, oder als das Aha-Erlebnis, das uns beim plötzlichen Erfassen eines Sachverhalts so sehr entzückt. In Momenten der Muße, der Einkehr und des Tagträumens gelangen die intuitiven Einfälle am ehesten auf die Ebene des Bewusstseins. In diesen erhellenden Augenblicken sind wir im Alpha-Zustand und haben dadurch Zugang zum Unbewussten, wo diese Erkenntnisse entstehen.

Ein typisches Beispiel eines intuitiven Einfalls finden wir beim Komponisten Anton Bruckner, wenn er erzählt, wie ihm das Leitmotiv für seine neunte Sinfonie eingefallen ist:[81]

Es passierte folgendermaßen. Ich wanderte den Kahlenberg hinauf und als es heiß wurde und ich Hunger bekam, setzte ich mich an einen kleinen Bach und packte meinen Schweizer Käse aus. Und gerade in dem Augenblick, als ich das fettige Papier öffne, springt mit diese verdammte Melodie in den Kopf hinein.

Intuitive Erkenntnisse spielen bei bahnbrechenden Entwicklungen in der Wissenschaft und in der Kunst eine wichtige Rolle.

Die Intuition ist ein rechtshemisphärischer Integrations- und Syntheseprozess, der eine Situation ganzheitlich erfasst. Je stärker wir uns mit einer Fragestellung befassen, über je mehr Daten und Informationen unser Gehirn verfügt, umso eher kann es zu intuitiven Erkenntnissen kommen. So plötzlich und scheinbar zufällig der Gedankenblitz einschlagen kann – aus dem Nichts kommt er nicht. Intuition ist vielmehr das Ergebnis der vorangegangenen tiefen Auseinandersetzung mit der Thematik. Der französische Mikrobiologe Louis Pasteur brachte es auf den Punkt: »Auf dem Gebiete der Entdeckungen begünstigt der Zufall nur den gut vorbereiteten Geist.«

Neben einer breiten Wissens- und Erfahrungsbasis spielt auch der Schlaf eine wichtige Rolle im intuitiven Erkenntnisprozess. Dies will ich Ihnen im Folgenden aufzeigen.

Ein aufschlussreiches Intuitions-Experiment

Die Forschungsgruppe um Ullrich Wagner an der Universität Lübeck hat kürzlich über ein sehr aufschlussreiches Intuitions-Experiment berichtet: [82]

Die freiwilligen Probanden mussten in zwei Übungsrunden anspruchsvolle Zahlenreihen transformieren. In der ersten Runde wurden ihnen die zwei notwendigen Regeln erklärt, die sie dann mit 90 Aufgaben einübten. Eine dritte Regel, die das Ganze stark vereinfacht hätte, wurde den Probanden jedoch verheimlicht.

Acht Stunden später fand eine zweite Übungsrunde statt. Die Zwischenzeit verbrachten aber nicht alle Probanden auf dieselbe Art und Weise: Gruppe A wurde am Morgen für die erste Runde aufgeboten und musste *nach acht Stunden normaler Tätigkeit* um neunzehn Uhr für die zweite Runde antreten, während Gruppe B am Abend für die erste Runde aufgeboten und *nach acht Stunden Schlaf* am anderen Morgen für die zweite Runde antreten musste. Die Forschenden interessierte, unter welchen Bedingungen die Probanden am ehesten auf die dritte Regel, von deren Existenz sie nichts ahnten, stoßen würden.

In der Gruppe A stießen 23 Prozent der Probanden während der zweiten Runde auf die verborgene Regel. In der Gruppe B waren es 59 Prozent! Das heißt also, dass drei von fünf Probanden nach dem »darüber Schlafen« zur intuitiven Einsicht kamen, während es nach achtstündigem Wachsein bloß bei einer Person der Fall war.

Gott gibt's den Seinen im Schlafe.
DEUTSCHES SPRICHWORT

Die Forscher gehen davon aus, dass die Gedächtnisinhalte während des Schlafs weiterverarbeitet und umstrukturiert werden und dass dieser Prozess zu intuitiven Erkenntnissen führen kann.

Das Ergebnis des Experiments zeigt die Richtung, die Sie einschlagen müssen, wenn Sie Ihre Erkenntnisfähigkeit und Ihr geistiges Potenzial besser ausschöpfen wollen: »Zuerst einmal darüber schlafen«, sagte jeweils auch meine Mutter, wenn ich bei einer Geometrieaufgabe stecken geblieben war.

Ob Denkblockade, versteckte Regeln und Muster oder Entscheidungsfindung: Wenn wir die Dinge überschlafen, nachdem wir uns vorher intensiv damit auseinander gesetzt haben, schaffen wir Zugang zu tieferen Schichten des Bewusstseins, zum unbewussten Theta- und Delta-Zustand und somit zur Intuition. Wir nutzen zudem auch den Alpha-Zustand beim Einschlafen und beim Aufwachen, der dies zusätzlich begünstigt.

Körperempfindungen

Gefühle und Körperempfindungen sind ausgeprägt rationalen Denkern oft etwas suspekt. Dem amerikanischen Neurologen Antonio R. Damasio ist es zu verdanken, dass nun auch aufgeklärte Menschen die maßgebende Rolle, die Gefühle und Empfindungen beim Denken und Entscheiden spielen, einsehen.[83] Nach Damasio sind sowohl Gefühle als auch Empfindungen *Wahrnehmungen unserer Körperlandschaft.* Die Gefühle drücken sich auch in Körperempfindungen aus. Diese Körperempfindungen bilden – neben dem logisch-rationalen, linkshemisphärischen Denken einerseits und dem ganzheitlichen, vorausschauenden und intuitiven, rechtshemisphärischen Denken anderseits – die Grundlage für Entscheidungen. Ob wir es uns eingestehen oder nicht: Das Bauchgefühl beeinflusst mehr oder weniger bewusst unser Denken. Je besser wir auf körperliche Anzeichen achten und sie benennen können, umso mehr sind wir in der Lage, sie ganz bewusst beim Denken einzusetzen und kluge Entscheidungen zu fällen.

Im Alpha-Zustand haben wir den besten Zugang zum Körperempfinden. Wir können in diesem entspannten Modus gut in uns hineinhören und erspüren, ob da noch was ist und ob wir bei gemischten Signalen eine Situation eher als angenehm oder als unangenehm empfinden.

Beim Argumentieren an einer Sitzung sind wir jedoch nicht im Alpha-, sondern im Beta-Zustand, wo die Körperempfindung gering und der Geist auf logisch-rationales Denken geschaltet ist. Vielleicht überzeugen Sie die klaren Zahlen und Argumente des Projektleiters und Sie machen spontane Zugeständnisse. Im Nachhinein, im entspannteren Zustand auf dem Nachhauseweg, meldet sich dann das Körperempfinden. Sie haben ein unangenehmes Gefühl und realisieren, dass Sie zu spontan zugesagt haben. Wären Sie während der Sitzung entspannter gewesen, hätten Sie das ungute Gefühl wohl bereits dann wahrgenommen.

Ich glaube nicht, dass Kleinkinder zwischen dem unterscheiden, was sie im Körper und was sie im Kopf lernen.
PETER SENGE

Allzu oft gehen wir komplexe und schwierige Probleme an, indem wir nur den Ideen Aufmerksamkeit schenken, anstatt auch darauf zu achten, was in dem Augenblick körperlich zwischen den Menschen vorgeht.
ANDY BRYNER

153

Die verschiedenen positiven und negativen Körperempfindungen – Damasio nennt sie *somatische Marker* – können durch Üben früher und deutlicher wahrgenommen und benannt werden. Die Bücher »Das Geheimnis kluger Entscheidungen« von Maja Storch[84] sowie »Die lernende Intelligenz – Denken mit dem Körper« von Andy Bryner und Dawna Markova sind dabei äußerst hilfreich.[85] Je besser uns die Wahrnehmung dieser somatischen Marker gelingt, umso mehr trauen wir ihnen. Wir gewinnen an innerer Sicherheit und wirken authentischer.

Voraussetzungen für produktiveres Denken

Bevor wir uns mit dem praktischen Einsatz dieser eben beschriebenen Phänomene befassen, will ich kurz auf die produktivsten Stunden des Tages, auf die Primetime, zurückblenden.

Sie wissen, die Primetime ist für Kopfarbeiterinnen und Kopfarbeiter die kostbarste Zeit des Tages. Der Organismus ist im Zustand der Calm Energy; der Körper ist entspannt und der Geist ist wach, offen und aufmerksam. Wenn Sie es schaffen, während der Primetime ungestört zu sein, liegen Ihre Hirnwellen im tiefen Beta- oder im Alpha/Beta-Bereich. Sie haben dadurch sowohl zum links- als auch zum rechtshemisphärischen Denken guten Zugang. Aus diesem Grund ist die Primetime *die* Zeit für anspruchsvolle Aufgaben und auch für solche, die Ihnen schwer fallen und denen Sie manchmal auch ausweichen. Für Schwieriges und Unangenehmes müssen sämtliche geistigen Fähigkeiten eingesetzt und auch Selbstmotivation und Wille mobilisiert werden können. Dies gelingt nur während der Primetime.

Welche Aufgaben Sie ganz besonders fordern, hängt davon ab, ob Sie vorwiegend links- oder rechtshemisphärisch denken. Sind Sie eher der ganzheitlich denkende, ideenreiche Typ, empfiehlt es sich,

154

die Primetime für Aufgaben zu verwenden, die Ihnen weniger liegen, weil sie linkshemisphärisches Denken erfordern: Detailplanung, Unterlagen ordnen, Budgets vorbereiten, Controllingaufgaben übernehmen oder Dinge schriftlich formulieren. Wenn Sie hingegen zum linkshemisphärischen Denken neigen, sollten Sie die Primetime fürs rechtshemisphärische Denken nutzen: fürs Entwerfen von Zukunftsszenarien, Strategien und Konzepten, fürs kreative Lösen von Problemen und fürs Abschätzen von längerfristigen Folgen.

Das Nutzen ungestörter Primetime allein genügt indes für die anspruchsvollsten Aufgaben nicht. Denn je komplexer ein Problem ist, umso weniger kann es in einem einzigen Durchgang und in einem einzigen geistigen Modus erledigt werden. Um Dinge neu zu denken, um eine Sache aus einer völlig neuen Perspektive zu sehen oder um etwas Komplexes zu überblicken und es in seinem ganzen Ausmaß zu verstehen, braucht es mehr. Die Lösungen müssen langsam heranreifen können. Das erfordert auch Momente des Nichtstuns und der Entspannung und es benötigt genügend Zeit, damit auch unbewusste Denkprozesse zum Zuge kommen können. Im Roman »Die Entdeckung der Langsamkeit« lässt Sten Nadolny seinen Helden, den Seefahrer und Nordpolforscher John Franklin als Schiffskommandant Folgendes ins Tagebuch eintragen: [86] »Die langsamere Arbeit ist die wichtigere. Alle normalen, schnellen Entscheidungen trifft der Erste Offizier.«

Neben der Langsamkeit gibt es noch ein weiteres, für die anspruchsvollsten Aufgaben entscheidendes Element: die Liebe zur Sache. Ihr Interesse, Ihr Engagement und Ihre Leidenschaft sind gefragt! Die Fragestellungen wollen nicht nur intellektuell, sondern auch emotional im Mittelpunkt stehen. Wer regelmäßig um fünf Uhr das Büro verlässt und keinen Gedanken mehr an die Arbeit verschwendet (was mitunter gar nicht schlecht ist), kann morgens lange unter der Dusche stehen – der geniale Einfall wird kaum aufblitzen.

Unser wahres Analphabetentum ist nicht das Unvermögen, lesen und schreiben zu können, sondern das Unvermögen, schöpferisch tätig zu sein.
FRIEDENSREICH HUNDERTWASSER

Der einzige Pfad zur Weisheit führt quer durch die Leidenschaft.
GUSTAV RADBRUCH

155

Schlaf und Alpha-Zustand nutzen

Sie wissen mittlerweile: Der Alpha-Zustand spielt beim besseren Ausschöpfen des geistigen Potenzials die entscheidende Rolle. Doch in der Betriebsamkeit des Arbeitsalltags kommt er selten vor. Großraumbüros, Multitasking und die ständige Erreichbarkeit sowie Kaffee- und Cola-Konsum sorgen dafür, dass sich Vielbeschäftigte oft im mittleren Beta-Bereich bewegen. Das heißt, dass sie mehr oder weniger stark angespannt sind. Beim ruhigen Joggen in der Mittagspause, abends in der Sauna oder morgens beim Erwachen stellt sich der Alpha-Zustand jedoch ein.
Sie können den Alpha-Zustand gezielt gebrauchen und fördern. Und das ist noch nicht alles: Sie können stets alle Denkmodi nutzen, indem Sie öfter als bisher in Runden arbeiten.

Den Alpha-Zustand für bessere Ideen nutzen

Im Alpha-Zustand ist vor allem die rechte Hirnhemisphäre aktiv. Der geistige Fokus ist offen; es herrscht gleichsam Rundblick. Bilder, Assoziationen und Einfälle, die während der überwachen Aktivität des Tages nicht auftauchen, können entstehen. Wenn Sie für eine Aufgabe zusätzliche Ideen, Argumente und Lösungen suchen, ist es äußerst hilfreich, den Alpha-Zustand beim Erwachen (oder beim Einschlafen, sofern Sie sich damit nicht um den Schlaf bringen) zu nutzen.
Ich habe kürzlich mit einem Klienten darüber diskutiert und ein paar Tage später wälzte er ein Problem, für das er keine befriedigende Lösung fand. Er hatte sich für einen ganzen Tag als Referent verpflichtet und überlegte sich, wie er diesen für ihn ungewohnten Tag gestalten könnte, um bis am Abend überhaupt durchzuhalten. Er dachte an den Einbau einer Diskussion und eines kleinen Tests in sein Tagesprogramm, aber irgendwie fehlte ihm eine

zündende Idee für eine stärkere Entlastung. Am Samstagnachmittag legte er sich für ein Mittagsschläfchen hin und ließ sich mit einem leisen Schmunzeln unser Gespräch und sein Problem nochmals durch den Kopf gehen. Die Überraschung folgte auf den Fuß: Beim Dösen fiel ihm unvermittelt ein, dass seine referatserfahrene Mitarbeiterin einen Teil der Lektionen übernehmen könnte. Eigentlich hätte ihm diese einfachste aller Lösungen schon zuvor in den Sinn kommen können. Doch erst im Alpha-Zustand hat sich sein Blickfeld für andere Möglichkeiten genügend geöffnet.

Einem entspannten Körper folgt ein entspannter Atem. Einem entspannten Atem folgt ein entspannter Geist.
ANNA ELISABETH RÖCKER

Wenn Sie den Alpha-Zustand beim Aufwachen nutzen wollen, legen Sie am Abend Notizblock und Bleistift bereit und versuchen Sie, am Morgen von alleine aufzuwachen und sich nicht durch das Klingeln des Weckers aus dem Schlaf reißen oder sich durch Ihre Lieben stören zu lassen. Lassen Sie dann den Gedanken um Ihre Thematik frohgemut freien Lauf, phantasieren und visualisieren Sie und nehmen Sie sich Zeit dafür. Wenn eine gute Idee auftaucht, halten Sie diese sofort schriftlich fest. Denn die Ideen sind ungemein flüchtig; werden sie nicht sogleich gepackt, sind sie auch schon wieder weg.

Vergessen Sie nicht: Damit diese Prozesse in Gang kommen können, ist eine positive Einstellung zur Thematik und Sympathie zum Problemfeld entscheidend. Ich beobachte bei mir selbst, dass ich in den produktiven Phasen des Schreibens ganz automatisch bereits beim Aufwachen ans Thema denke und dass mir dabei viele Bezüge, zusätzliche Beispiele oder ein guter Einstieg ins Kapitel einfallen. Geht es hingegen harzig vorwärts, steht beim Aufwachen Unlust im Vordergrund. In diesen Zeiten muss ich proaktiv werden und mir am Vorabend verbindlich vornehmen, beim Aufwachen mit einer positiven Einstellung über die Thematik zu sinnieren. Dies gelingt am besten, wenn der Geist über Nacht ein kleines, aber ganz konkretes Problem über einen Teilaspekt der Arbeit, die einen erwartet, lösen muss.

Intuitive Einfälle fördern

Intuitive Einfälle helfen, komplexe und widersprüchliche Situationen, denen mit logisch-rationalem Denken allein nicht beizukommen ist, zu klären, Zusammenhänge zu erkennen oder überraschende Lösungen zu finden.

Der Schlaf fördert derartige Geistesblitze und das können Sie ganz bewusst für Ihre Zwecke einsetzen. Drei wichtige Voraussetzungen müssen jedoch erfüllt sein: Erstens ist eine breite Informationsbasis unabdingbar. Das heißt, dass in Ihrem Kopf so viel Information als immer möglich bereit sein muss. Was bloß in den Unterlagen festgehalten oder auf dem Server gespeichert ist, hilft Ihnen nicht weiter. Zweitens ist die Sympathie fürs Thema verbunden mit einer geduldigen Neugier unerlässlich. Es braucht eine offene Erwartungshaltung; eine Art Urvertrauen ins Gelingen statt das Bestreben, etwas erzwingen zu wollen. Drittens sind im Nachhinein auch entspannte Sinnierphasen nötig, damit der intuitive Einfall überhaupt vom Unbewussten auf die Ebene des Bewusstseins gelangen kann.

Dies können Sie tun: Gehen Sie vor dem Einschlafen Ihre Thematik nochmals durch. Schnüren Sie dann in Ihrer Vorstellung daraus ein Paket und überreichen Sie es zusammen mit der Fragestellung dem Unbewussten – so wie Sie früher dem Christkind den Wunschzettel hinterlegt haben. Sie können den Wunschzettel auch gleich an mehreren Abenden hinterlegen. Dann warten Sie gelassen ab, ob am Morgen beim Aufwachen oder im Verlaufe der nächsten Tage etwas passiert – und lassen Sie sich überraschen!

Öfter in Runden arbeiten

Ihr Denken wird produktiver, wenn es Ihnen gelingt, nicht nur die bewussten, sondern auch die unbewussten Modi des Denkens zu nutzen. Doch wie können im intensiven Berufsalltag Körperempfindungen, Intuition und das schweifende Denken im Alpha-Zustand zum Zuge kommen? Die Lösung ist verblüffend einfach: Arbeiten Sie öfter in Runden. So simpel dieser Rat erscheinen mag – öfter als bisher in Runden zu arbeiten ist *der* Geheimtipp. Sie werden auf zusätzliche Ideen kommen, Sie werden nachhaltigere Lösungen finden und Sie werden bessere Entscheidungen fällen – kurz: Sie werden statt gute hervorragende Leistungen erbringen. Und Sie werden auch noch Zeit sparen.

Öfter in Runden zu arbeiten, was heißt das?

Es bedeutet, eine Aufgabe nicht in einem Zug zu bearbeiten und abzuschließen, sondern sie so aufzuteilen, dass sie überschlafen werden kann. Im Schlaf arbeitet das Gehirn bekanntlich weiter. Und wenn wir eine Aufgabe überschlafen, können wir nicht nur den Delta- und Theta-Zustand nutzen, sondern auch die entspannten Alpha-Phasen am Feierabend, beim Einschlafen und beim Aufwachen. Wir durchlaufen also alle Zustände, die bei der Arbeit im Büro zu kurz kommen.

Ob sie Offerten schreiben, Konzepte ausarbeiten, Forschungsresultate kommentieren oder auch bloß E-Mails oder Terminanfragen beantworten, tun Sie es ganz bewusst in zwei Runden.

Für das Bearbeiten von E-Mails sieht das Arbeiten in Runden zum Beispiel so aus: In der ersten Runde, in der Down-Phase vor dem Mittagessen, lesen Sie die Mails durch und achten dabei auch auf Ihre jeweiligen Gefühls- und Körperempfindungen: Fühlen Sie sich gelangweilt, gedrängt, angespannt, frustriert oder erleichtert? Überlegen Sie bei jeder Mail, ob und wie Sie reagieren wollen. Sie können die Antwort auch schon formulieren. Doch dann kommt der entscheidende Schritt: Statt die Antwort abzusenden, wird sie gespeichert. Überlassen Sie das Finden einer noch klügeren Antwort dem Unbewussten. Am folgenden Tag wird Ihnen selbst bei einfachen Anfragen noch einiges in den Sinn gekommen sein: dass Ihr Terminvorschlag noch mit einer anderen Verpflichtung kombiniert werden kann oder dass Sie an der Jahresversammlung doch gar nicht teilnehmen wollen oder dass Sie zu dieser Mail, die noch an drei andere geht, gar nicht Stellung nehmen müssen.

Vierundzwanzig Stunden nach dem Lesen einer E-Mail sehen Sie auch scheinbar kleine Dinge mit mehr Abstand und Umsicht und Ihre Reaktion und Ihre Antworten werden besser sein. Wenn Sie sich disziplinieren, auch einfache Anfragen erst am nächsten Tag definitiv zu beantworten, werden Sie zudem enorm viel Zeit sparen, weil Sie weniger häufig spontane und womöglich unkluge Zusagen machen.

Man sollte nie so viel zu tun haben, dass man keine Zeit zum Nachdenken hat.
W. M. JEFFERS

Bei sehr wichtigen oder brisanten Mails lohnt es sich, noch eine weitere Runde anzuhängen: Überlegen Sie, wie Sie reagieren wollen, formulieren Sie nach einem Tag die Antwort und sehen Sie diese einen Tag später vor dem Absenden nochmals durch. Sie werden nach dieser zeitlichen Distanz bestimmt noch um einiges klüger reagieren und die Antwort aus einer souveräneren Warte formulieren.

Vielleicht gehört es zur Kultur in Ihrer Firma, dass Entscheidungen sofort getroffen und Mails umgehend beantwortet werden müssen. Sie haben dann die Wahl zwischen dem Ersten Offizier oder dem Kommandanten: Wollen Sie stets zu den Schnellen gehören oder lieber vermehrt auf umsichtigere und intelligentere Antworten sctzen – und dabei im Endeffekt auch sehr viel Zeit und Energie sparen?

Was für die Beantwortung von E-Mails recht ist, ist für größere Aufgaben billig. Ob Sie einen Vortrag vorbereiten, einen Artikel schreiben, ein Projekt aufgleisen oder eine schwierige Entscheidung treffen müssen: Machen Sie es sich zur Gewohnheit, die

Vorbereitungsphase zeitlich von der Ausführungsphase zu trennen und dazwischen eine Inkubationsphase von ein paar Tagen einzuschalten oder die Sache zumindest zu überschlafen.

Geben Sie in der Vorbereitungsrunde dem Geist so viel Information wie nur möglich, schaffen Sie durch Andenken, Vordenken und Durchdenken eine möglichst breite geistige Induktionsbasis. Je mehr Sie in der Vorphase in Erfahrung bringen und sich auch gefühlsmäßig engagieren, umso besser. Dies regt den Geist nicht nur zur unbewussten Weiterverarbeitung an; es schafft zudem wie in einem Kriminalroman einen Spannungsbogen, der bewirkt, dass Sie sich nach der Inkubationsphase wieder mit brennendem Interesse dahinter machen.

Zum Arbeiten in Runden gehören auch Pausen und Sie haben nach dem Lesen dieses anspruchsvollsten Kapitels wahrlich eine verdient. Vielleicht schlafen Sie auch darüber und lassen damit das Gelesene etwas nachwirken. Im folgenden Kapitel kommt dann das Gemüt zum Zug: es geht um die Energie auf der emotionalen Ebene und um Ihre Stimmung.

Erst das Aufatmen ermöglicht es, Distanz zu scheinbar unumgänglichen Handlungen zu gewinnen.
MICHAEL BAERISWYL

7.
Besser auf die Stimmung achten

Ob fröhlich oder ernst, ob gut oder schlecht gelaunt: nach den Gründen für ihre Stimmung gefragt, vermuten die meisten Menschen zunächst äußere Ursachen. Doch unsere Stimmung hängt viel weniger als gemeinhin angenommen von den Dingen ab, die uns im Alltag und im Leben zustoßen. Die ganz gewöhnlichen, alltäglichen Stimmungslagen Vielbeschäftiger und auch die sprichwörtliche Laus, die einem ab und zu über die Leber läuft, haben vor allem mit dem Aktivierungsgrad des Organismus, also mit unserer Energie, zu tun.

Kurz gesagt: der Stimmungspegel ist gleich dem Energiepegel. Entspannt und mit genügend hoher Energie fühlen wir uns blendend; angespannt und ausgelaugt sind wir eher schlecht als recht gelaunt.

Das Gute daran: In dem Maße, wie sich der Energie- und Anspannungszustand ein Stück weit steuern lassen, können wir auch die Stimmung und damit die Lebensfreude, die Arbeitslust und die optimistische Sicht der Dinge beeinflussen. Und darum geht es hier.

Sie werden in diesem Kapitel zunächst den Zusammenhang zwischen der Stimmung und dem Energie- und Anspannungszustand kennen lernen und erfahren, welche Rolle dabei die verschiedenen Stimmungslagen spielen und wie sie sich auswirken. Dann geht es um den Umgang mit kleineren Stimmungssenken. Es werden einige alltägliche, aber langfristig schädliche Stimmungsaufheller hinterfragt und Strategien für besseres Stimmungsmanagement aufgezeigt. Ein weiteres Thema bilden die Stimmungstiefs, in die Individuen mit geringen Energiereserven geraten können. Zum Schluss erfahren Sie mehr über die Auswirkung von menschlichen Interaktionen auf die Stimmung und Sie lernen, welche Individuen *Energizers* sind und warum diese mehr erreichen.

Die Bedeutung der Stimmung

Unsere Stimmung entscheidet, ob wir das Leben erfreulich finden. Was nützen uns eine schöne Wohnung, ein teurer Anzug oder Ferien am Meer, wenn unsere Stimmung nicht gut ist? Und was schert uns die alte Küche, der Verzicht auf ein neues Kleid oder das Regenwetter im Urlaub, wenn wir in Hochstimmung sind? Je besser wir gestimmt sind, umso eher sehen wir die Welt positiv. Erfreuliches freut uns noch mehr und Unerfreuliches wirft uns nicht gleich um. Gut gestimmt packen wir auch Probleme eher an. Sind wir hingegen schlecht gestimmt, sehen wir das Positive kaum und schon das kleinste Ärgernis bringt uns in Rage.

Die Stimmung ist unser emotionales Grundbefinden. Es ist die Gemütslage, die im Alltag vorherrscht, wenn wir uns gefühlsmäßig nicht gerade auf einer Achterbahn befinden.

Diese alltägliche Stimmung hängt von unserem jeweiligen Energie- und Anspannungszustand ab.[87] Wenig Energie heißt weniger gute Stimmung. Sie wissen, wenn Sie schlecht geschlafen haben, ist Ihre Stimmung anderentags nicht gerade gut. Auch wenn vor dem Mittagessen Ihr Magen knurrt, ist Ihre Laune nicht auf dem höchsten Stand. Sie haben zudem bestimmt auch schon erfahren, dass an Tagen, an denen Sie kaum Bewegung haben, Ihre Stimmung schlechter ist. Und wenn Ihre Reserven in einer anstrengenden Projektphase langsam zur Neige gehen, kann die Arbeitsfreude dahinschwinden. Den allergrößten Stimmungskiller nehmen wir jedoch oft gar nicht mehr wahr: es sind Anspannung und Stress.

Unabhängig davon, ob unsere Stimmung gut oder schlecht ist: Stimmung ist *ansteckend*. Bei jeder zwischenmenschlichen Interaktion ist *emotionale Energie* im Spiel. Ein Kontakt kann uns zu sehr viel emotionaler Energie verhelfen; er kann uns aber genauso emotionale Energie entziehen. Sind wir begeistert, können wir auch andere begeistern, und wir werden zu *Energizern*. Sind wir hingegen angespannt oder sonstwie negativ gestimmt, sind wir nicht nur weniger liebenswert; unsere Laune kann auf die Stimmung des Umfeldes abfärben und die zwischenmenschlichen Beziehungen stören.

In der Wissenschaft spricht man bei einem derartigen Austausch von Mensch zu Mensch von einem *open-loop*-System.[88] Dieser offene Kreislauf ermöglicht zum Beispiel, dass die Mutter ihr Baby trösten und dass überhaupt Gefühle, also emotionale Energie, *übertragen* werden können. Den Gegenpol bildet das sich selbst regulierende *closed-loop*-System. Das *closed-loop*-System ist aktiv, wenn Stimmung, Anspannung und Energie durch innere Prozesse oder eigenes Dazutun reguliert werden. Mit anderen Worten, wenn wir auf die inneren Rhythmen, guten Schlaf und gute Ernährung achten und für genügend Bewegung und eine optimistische Haltung sorgen.

Bei der Energiekompetenz geht es vor allem um die Elemente, die im *closed-loop*-System Wirkung entfalten. In diesem Kapitel über die Stimmung ist es mir jedoch wichtig, auch auf die emotionale Energie einzugehen. Menschliche Interaktionen und der Umgang mit der emotionalen Energie gehen allerdings über die Energiekompetenz hinaus; sie erfordern vor allem *emotionale Intelligenz.*[89] Ein Mensch mit gut entwickelter emotionaler Intelligenz kann nicht nur seine eigenen Gefühle wahrnehmen und benennen, er kann auch gut damit umgehen. Er verfügt zudem über Sozialkompetenz. Das heißt, er kann die Gefühlslage anderer Menschen einschätzen und darauf adäquat eingehen. Seine Sozialkompetenz zeigt sich zudem darin, dass er förderliche Kontakte zu anderen Menschen aufbauen und die Beziehungen pflegen kann.

Welche Bedeutung hat die Stimmung?

Sich besser gelaunt, heiterer und gelassener zu fühlen wäre an sich schon Grund genug, in vermehrtem Maße auf die Stim-

An andere Menschen Energie zu verlieren beruht in erster Linie darauf, dass man sich zu sehr auf sie konzentriert, sich in ihnen verliert und dabei sich selber völlig vergisst.
DONNA LESLIE THOMSON

165

mung zu achten. Gute Stimmung bedeutet Lebensqualität. Aber es ist nicht nur die Stimmung an sich, es sind auch deren *Auswirkungen*, die für einen bewussteren Umgang mit der Stimmung sprechen. Denn eine bestimmte Stimmungslage ist vergleichbar mit einer *Weichenstellung*: Sie bestimmt die Art und Weise, wie wir an eine Aufgabe herangehen und wie engagiert, wie souverän und wie sorgfältig wir sie umsetzen. Jeder Gedanke, jede noch so kleine Entscheidung und jegliches Tun wird durch unsere Stimmungslage beeinflusst. Die Auswirkungen kumulieren sich; es führt zu einem Schneeballeffekt. Wenn eine Stimmungslage über längere Zeit anhält, kann es deshalb im guten Fall zu einer positiven Spirale des Erfolgs und im schlechten Fall zu einem Teufelskreis von Misserfolgen führen.

Die Stimmung als Gradmesser für den Energiezustand

Betrachten wir zunächst das *closed-loop*-System und den Zusammenhang zwischen der Stimmung und dem Energie- und Anspannungspegel etwas genauer:

Zusammenhang zwischen Stimmung, Anspannung und Energie

Die vier verschiedenen Zustände in der Energie/Anspannungs-Matrix (siehe Kapitel 5) geben auch den Orientierungsrahmen für die Stimmungsqualitäten:[90]

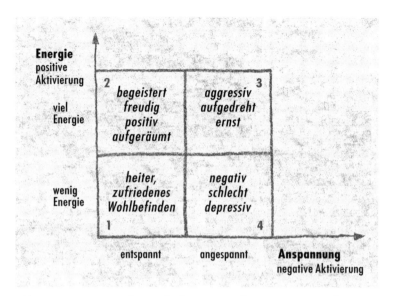

Abb. 18: Die Stimmung in den verschiedenen Energie/Anspannungs-Zuständen

Am besten ist die Stimmung im Zustand der entspannten Energie, der Calm Energy (Quadrant 2). Je nach Energiepegel geht sie von aufgeräumt über positiv, freudig bis begeistert. Wir verspüren Selbstvertrauen und sind optimistisch.

Auch im Zustand der entspannten Müdigkeit (Quadrant 1) ist unsere Stimmung ebenfalls gut. Sie ist heiter, angenehm und wir haben ein zufriedenes Wohlbefinden. Allerdings sind wir weniger belastbar, wenn in diesem Zustand etwas Unangenehmes auf uns zukommt.

Im Zustand der angespannten Energie (Quadrant 3) ist die Stimmung weniger gut; wir sind nicht mehr gelöst, haben die Achtsamkeit verloren, lächeln weniger, sind ernster und ungeduldig und bei höherer Anspannung auch aggressiv oder überdreht.

Wenn die Energiereserven nachlassen, rutschen wir in den Zustand der angespannten Müdigkeit (Quadrant 4), in dem die Stimmung in den negativen Bereich sinkt. Wir werden je nach

Wenn ich zwei Brote hätte, würde ich eines verkaufen und mir eine Hyazinthe kaufen, denn meine Seele braucht auch Nahrung.
PROPHET MOHAMMED

167

Temperament und Umständen wortkarg oder wortreich, melancholisch, gereizt oder deprimiert. Während eines anstrengenden Tages können wir bald in diesen Zustand der angespannten Müdigkeit und damit in eine schlechte Stimmungslage geraten, ganz besonders, wenn wir in der Nacht zuvor schlecht geschlafen haben. Dann irritieren uns auch Kleinigkeiten.

Im Alltag verschlechtert auch Hunger – öfter, als es vielen bewusst ist – die Stimmung. Wenn Sie zum Beispiel nach einem kleinen Frühstück bis zum Lunch nichts mehr essen, kann es sehr wohl sein, dass Sie vor dem Mittagessen in ein Hungertief geraten. Dasselbe kann passieren, wenn Sie vor lauter Arbeit kaum zum Essen kommen oder das Essen hinausgeschoben wird. Oft merken Vielbeschäftigte gar nicht, dass sie durch ihren gewohnten Tagesverlauf regelmäßig in ein Hungertief geraten.

Wenn wir ein angenehmes, unangenehmes oder neutrales Gefühl beim Namen nennen, erkennen wir es eindeutig und gewinnen eine tiefere Einsicht in dieses Gefühl.
THICH NHAT HANH

Auch wenn in tage- oder wochenlangen Phasen anstrengender Arbeit oder vor dem Urlaub die Energiereserven langsam zur Neige gehen, kann sich dies auf die Stimmung auswirken. Wir sind dünnhäutiger als sonst und werden schon aus vergleichsweise geringem Anlass verstimmt. Gegen Ende einer großen Anstrengung kann selbst das Büro, das Studierzimmer oder das Atelier Energie entziehen. Die Künstlerin Rita Ernst beschreibt es so:[91]

Das Atelier ist ein Raum, der sich wie ein Akku auflädt und entlädt. Wenn ich ein paar Tage intensiv gearbeitet habe, dann muss ich hier raus und komme vielleicht für eine ganze Woche nicht mehr her, weil es leergebraucht ist. Wenn ich viele Bilder gemalt habe, dann ist mein Atelier wie ausgebildet, alle Energie ist weg. Dann muss ich aufräumen, die Sachen wegstellen, nach Sizilien ins andere Atelier dislozieren, bis dieses auch wieder aufgebraucht ist. Vielleicht arbeiten drum viele Künstler an verschiedenen Orten.

Werfen wir nun einen Blick auf das *open-loop*-System, also auf die äußeren Einflüsse.

168

Äußere Einflüsse auf die Stimmung

Den wohl stärksten *äußeren* Einfluss auf die Stimmung und damit auf den Energiepegel haben Interaktionen mit Mitmenschen. Der menschliche Kontakt kann sehr viel emotionale Energie freisetzen oder auch entziehen: Ein Kompliment lässt den Pegel hochschnellen und Kritik kann ihn nach unten sausen lassen. Menschliche Kontakte oder andere äußere Ereignisse sind jedoch nicht *per se* ein Energiezehrer oder Energiespender. Wir selbst spielen dabei eine überaus wichtige Rolle, denn es kommt darauf an, wie wir eine Situation bewerten. Dies wiederum hängt – neben unserem Temperament und unserer Biografie – auch davon ab, ob unser Energiepegel im entscheidenden Moment eher hoch oder eher tief ist. Im Zustand der Calm Energy sind wir emotional um einiges robuster als im Zustand angespannter Energie, der entspannten Müdigkeit oder gar der angespannten Müdigkeit.

Auch die Jahreszeit, das Wetter oder die Art und Weise, wie unsere Umgebung gestaltet ist, der Raum, die Möbel, die Farben, Bilder und Blumen, beeinflussen den Energiepegel und damit die Stimmung.

Die Stimmung hängt zudem davon ab, *was* wir tun. Wenn Sie eine Reise unternehmen, auf die Sie sich schon lange mächtig gefreut haben, ist die Stimmung hoch. Eine unbefriedigende Tätigkeit hingegen, die Sie dazu noch mit einer negativen Einstellung angehen, lässt den Pegel sinken.

Generell brauchen Handlungen, zu denen wir uns überwinden müssen, zunächst einmal Energie. Stimmung und Energie sind aber, nachdem wir uns überwunden haben, umso höher: Wenn Sie nach einem eher frustrierenden Tag zum Ausgleich in den Kraftraum gehen oder sich aufraffen, joggen zu gehen, ist der Stimmungspegel nachher oft sogar besser als nach einem guten Tag.

Was Sie *nicht* tun, wirkt sich ebenfalls auf die Stimmung aus. Dinge, die erledigt werden sollten und die Sie vor sich herschieben – ein noch nicht geschriebener Brief, ein anstehender Besuch oder ein schon lange nötiges Gespräch, kosten Energie und verursachen ein Absinken der Stimmung.

Mit geschärfter Wahrnehmung fallen Ihnen Veränderungen der Stimmung eher auf. Schlechte oder negative Stimmung zeigt an, dass Sie entweder Energie, Entspannung oder beides brauchen, und Sie können entsprechend darauf reagieren.

Beobachten und Reflektieren

Die Stimmung wird über den Körper wahrgenommen. Je entspannter Sie sind und je mehr Ihr Fokus nach innen gerichtet ist, umso besser können Sie Ihre Stimmung erspüren.

Beurteilen Sie mit Hilfe der Skala von 1 bis 7, wie Sie das letzte Mal in den unten stehenden Situationen gestimmt waren. Überlegen Sie sich dann auch, warum Sie sich so und nicht anders gefühlt haben.

1	2	3	4	5	6	7

| sehr schlecht, negativ | | | neutral | | | sehr gut, positiv |

a am Sonntagmorgen beim Erwachen

b am Montagmorgen beim Erwachen

c im Urlaub beim Erwachen

d bei Arbeitsbeginn

e eine halbe Stunde vor der Mittagspause

f am Abend beim Verlassen des Büros

g vor/während/nach Sporttreiben/Spazieren/Entspannungsübung

h nach einem kurzen Gespräch mit einer Person, die ich mag

i nach einem kurzen Gespräch mit einer Person, die ich nicht mag

k wenn ich Vorfreude auf etwas empfinde

Stimmungsmanagement im Alltag

Kleine Stimmungssenken und suboptimale Stimmungslagen kennen wir alle. In dieser kaum merklichen Verstimmung sind wir nicht nur leichter irritierbar, sondern auch anfälliger für Versuchungen: wir naschen eher, sagen eher Ja zu Dingen, die wir eigentlich gar nicht wollen, und halten auch gute Vorsätze weniger ein.

Wann fällt es Ihnen schwer, den Jogging-Vorsatz einzuhalten? Wann neigen Sie am ehesten zu unnützen Spontankäufen? Wann überessen Sie sich am ehesten? Wann ist es besonders schwierig, aufs Naschen oder auf den Feierabenddrink zu verzichten? Die Wahrscheinlichkeit ist groß, dass Sie, wenn Sie schwach werden, jeweils in einer Energie- und Stimmungssenke sind.

Im Alltag nehmen wir kleine Stimmungsabfälle kaum wahr und doch reagieren wir unbewusst und automatisch darauf. Wir aktivieren uns mit einer Zigarette, mit einer weiteren Tasse Kaffee oder mit etwas Süßem.

Etwas Kleines zu essen oder etwas Anregendes oder Beruhigendes zu trinken ist der einfachste Weg, sich besser zu fühlen.[92] Nascher und Nascherinnen kennen das: Im Tief vor dem Mittagessen, während einer frustrierenden Tätigkeit oder bei Anspannung ist die Lust auf etwas Süßes und Kalorienreiches besonders groß. Rasch ein Stück Schokolade gegessen oder etwas Süßes getrunken, und schon fühlt man sich etwas besser. Doch der einfachste Weg ist nicht immer der beste.

Ungesunde Stimmungsaufheller

Ich möchte Ihnen zunächst die Wirkung von mehr oder weniger ungesunden Stimmungsaufhellern wie Kaffee, Süßigkeiten, Alkohol und Rauchen vor Augen führen. Ich will Ihnen damit nicht die Lust auf Schokolade verderben oder Sie von jeglichem Weingenuss abhalten. Es ist jedoch gut zu wissen, wie diese Verführer wirken, um klügere und gesündere Alternativen zu finden. Dann können Sie entscheiden, ob Sie in zwanzig, fünfzig oder achtzig Prozent der Fälle eine Alternative wählen werden.

Kaffee

Wie Kaffee wirkt, wissen Sie bereits: Das Koffein wird rasch aufgenommen und regt die Lebensgeister an. Wir können besser denken, unsere Stimmung steigt und auch körperlich sind wir leistungsfähiger. Bloß: Kaffee in größeren Mengen macht unruhig und nervös und kann Entspannung verhindern, den inneren Rhythmus stören und den Schlaf beeinträchtigen.

Süßigkeiten

Wie kann jemand spielen und denken und die Wahrheit finden, wenn er mit Kuchen voll gestopft ist?
GEORGE SHEEHAN

Die Schokolade auf der Zunge zu spüren ist für Naschkatzen schon mal sehr angenehm. Es ist nicht nur der wunderbare Geschmack, es sind auch die Assoziationen, die damit verbunden sind. Wer schon als Kind mit Süßigkeiten belohnt oder getröstet worden ist, kennt das sehr wohl. Kein Wunder also, dass die Stimmung beim Genuss sogleich steigt: Das Stück Schokolade wirkt tröstlich und ist wohlverdient. Der Zucker geht rasch ins Blut über und sorgt für einen Energieschub. Doch die Wirkung ist meist nur von kurzer Dauer, denn nach dem schnellen Hoch folgt oft ein ähnlich rascher Abfall. Die Stimmung sackt ab, das Hungergefühl meldet sich wieder und der Griff nach weiteren Süssigkeiten ist nicht mehr fern.[93]

Rauchen

Nikotin macht den Geist wacher und aufmerksamer. Gleichzeitig entspannt es aber auch den Körper. Der rasche Energiekick verbunden mit der angenehm entspannenden Wirkung ist es, was die Zigarette für Rauchende so unwiderstehlich – aber wegen der starken schädlichen Nebenwirkungen auch so gefährlich macht.[94]

Alkohol

Alkohol wirkt sowohl auf den Geist als auf den Körper sofort entspannend und verbessert die Stimmung. Die vielen Kalorien sorgen für einen zusätzlichen Energieschub, der die Stimmung weiter hebt. Alkohol benebelt den Geist und beeinträchtigt das logisch-rationale Denken und die Reaktionsfähigkeit. Die Abbauprodukte des Alkohols können Durchschlafprobleme verursachen.[95] Das Suchtpotenzial von Alkohol wird zudem oft unterschätzt.

Die Wirkung dieser Stimmungsheber zusammengefasst:

- *Sie locken vor allem, wenn unser Energiepegel tief ist.*
- *Sie wirken sofort.*
- *Sie geben Energie.*
- *Sie haben zugleich entspannende Wirkung (außer koffeinhaltige Getränke).*

Wie können die erwähnten Stimmungsaufheller durch gesündere Alternativen ersetzt werden, die eine ähnliche Wirkung haben?

Maßnahmen für bessere Stimmung

Voraussetzung ist, dass Sie sich selbst beobachten und Ihre Stimmungs- und Energiesenken bewusster wahrnehmen. Wenn Sie wissen, zu welchen Stunden des Tages und in welchen Situationen Sie kleine Stimmungstiefs haben, können Sie sich entsprechend vorsehen. Es gibt eine Vielzahl von Möglichkeiten! Überlegen Sie, welche der nachstehenden Methoden dabei hilfreich sein könnten, und probieren Sie diese aus.

Einige wirken vor allem auf der physischen, andere mehr auf der emotionalen oder auf der mentalen Ebene. Während ein Teil davon vor allem zusätzlich Energie gibt, entspannen andere oder lenken ab.

Das Ich ist der Anfang
der Gesellschaft und wer
kultiviert mit sich selbst
umgeht, wird auch besser
mit anderen umgehen.
WILHELM SCHMID

Zur generellen Verbesserung der Stimmung gilt es, sich körperlich genügend zu bewegen und sich auch emotional und mental wieder aufzuladen – Kopf, Herz und Hand wieder ein Einklang zu bringen.

physisch	1	zehn Minuten Bewegung
	2	kleine Zwischenmahlzeit
	3	Entspannungstechniken
emotional	4	energetisierender sozialer Kontakt
	5	etwas Kleines erledigen
	6	sich ablenken
mental	7	Bewusstheit erhöhen
	8	Nahziele setzen
	9	die Tun-als-ob-Methode nutzen

Abb. 19: Methoden für rasches Anheben der Stimmung

1) Zehn Minuten Bewegung

In der biopsychologischen Forschung wurde nachgewiesen, dass bereits zehn Minuten rasches Gehen den Energie- und Stimmungspegel signifikant für etwa ein bis zwei Stunden anhebt.[96] Es hat sich zum Beispiel gezeigt, dass die Versuchung zu naschen sich bei Diät-Patientinnen durch einen kräftigen zehnminütigen Marsch wieder verflüchtigt. Treiben Sie also während einigen Minuten den Puls in die Höhe. Holen Sie sich Ihren Lunch zu Fuß, steigen Sie Treppen, machen Sie Liegestützen oder strampeln Sie fünf bis zehn Minuten auf dem Fahrradergometer – immer im Bewusstsein, dass Sie sich damit zusätzliche Energie und eine bessere Stimmung verschaffen wollen.

2) Kleine Zwischenmahlzeit

Falls Sie Hunger haben, essen Sie etwas Kleines wie eine Frucht, eine Karotte oder ein Vollkornbrötchen mit etwas Trockenfleisch oder Käse. Auch Milch, ein Glas Fruchtsaft, ein Joghurt und zusätzliches Wassertrinken regt die Lebensgeister wieder an.

3) Entspannungstechniken

Wenn der Stimmungsabfall vor allem mit erhöhter Anspannung verbunden ist, können Entspannungstechniken wie die *Freeze Frame Methode* (siehe Seite 200f), *Stopping* (siehe Seite 203f) oder *progressive Muskelentspannung* (siehe Seite 202) nützlich sein. Manchmal hilft es bereits, zu pausieren und am offenen Fenster ruhig und bewusst durchzuatmen.

4) Energetisierender sozialer Kontakt

Ein anregendes Telefongespräch, ein kurzes Lachen beim Lunch-holen oder ein Kompliment an einen Mitarbeiter lassen den Ener-gie- und Stimmungspegel wie bei einem Zehn-Minuten-Marsch ansteigen. Auch das gemeinsame Mittagessen mit einer netten Kollegin, die zeitlich klug angesetzte Besprechung mit dem Pro-jektpartner oder der Austausch mit einem Kunden können Inspi-ration und Energie geben und Ihre Stimmung heben.

5) Etwas Kleines erledigen

Es gibt überall kleine Dinge, die weder viel Geist noch viel Willen beanspruchen und auch erledigt werden müssen. Ob es sich darum handelt, einen Knopf anzunähen, im Schrank aufzuräu-men, die Schuhe zu reinigen, Dokumente einzuordnen, Vorräte aufzufüllen oder ein Gerät zu warten – die Wirkung ist zweifach. Zum Ersten sind diese Dinge wieder mal erledigt und sie können abgehakt werden. Zum Zweiten kann sich durch eine neue Akti-vität und das kleine Erfolgserlebnis die Stimmung wieder heben.

6) Sich ablenken

Ablenken kann man sich durch Dinge, die unsere Aufmerksam-keit beanspruchen. So kann Musik oder ein Film ablenken und

175

die Stimmung heben. Wirkungsvoll ist auch, etwas Neues zu probieren oder etwas auf eine neue Art und Weise zu verrichten: einen anderen Weg nach Hause nehmen, eine andere Kaffeebar testen, die Zähne mit der anderen Hand putzen oder sich zur Abwechslung wieder mal im Seilspringen üben.

7) Bewusstheit erhöhen

Unser Leben ist das, was unser Denken daraus macht.
MARK AUREL

Manchmal lässt sich die Stimmung auch heben, wenn man sich bewusster macht, was man eigentlich tut und was man damit will. Timothy Gallwey berichtet in diesem Zusammenhang über eine Untersuchung mit Golfspielern.[97] Diese mussten nach jedem Loch die Anzahl der Schläge, die sie gebraucht hatten, notieren und zudem auf einer Skala von 1 bis 5 ihre Freude abschätzen. Zu Beginn hing die Freude bloß von der Anzahl der Schläge ab: je weniger Schläge, umso größer die Freude. Von Loch zu Loch wurde den Spielern aber zunehmend bewusst, dass das Spiel an sich auch Freude macht. Die Freude am Spiel wurde unabhängiger von der Anzahl der Schläge und die Zeit, in der es ihnen nach einem misslungenen Schlag schlecht ging, verkürzte sich. Das Gleiche gilt für jegliches Tun. Machen Sie sich in einer Stimmungssenke bewusst, wie Ihre Stimmung ist und was Sie wollen. Bewerten Sie sie wie die Golfer, benutzen Sie die Skala (Seite 176). Mit steigender Bewusstheit wird auch bei Ihnen ein Mechanismus in Gang kommen, der Ihre Stimmung ansteigen lässt.

8) Nahziele setzen

Konkrete Absichten, klare Ziele und wohl definierte Vorhaben gehören zu den ganz großen Energiespendern, ja zu den Kraftwerken des Alltags. Setzen Sie sich ein konkretes, herausforderndes Nahziel für die kommenden fünfzehn, dreißig oder sechzig Minuten. Sie müssen klar wissen, was Sie tun werden und wie Sie es anpacken wollen und die Zeit soll knapp bemessen sein. Eine derartig greifbare Herausforderung wird Sie energetisieren und Ihre

Stimmung heben. »Fünf Minuten mit Gas« hieß unser Spiel, das uns während der Kindheit eine schier unendlich große Aufgabe in Großmutters Haus erleichterte. Wir Kinder mussten nämlich jedes Jahr den gewaltigen Berg von angelieferten Holzscheiten Korb um Korb auf den Estrich tragen. Von Zeit zu Zeit, wenn unsere Stimmung am Sinken war, munterten wir uns mit diesem Spiel wieder auf: Wir zählten mit Blick auf die Kirchturmuhr, wie viele Körbe wir während den »fünf Minuten mit Gas« füllen und so rasch als möglich hochtragen konnten.

9) Die Tun-als-ob-Methode nutzen

Mit dem Tun-als-ob gehen Sie mental noch einen Schritt weiter. Sie spielen ganz einfach und mit Leib und Seele die Rolle des Motivierten, der gut drauf und in bester Stimmung ist. Ray Charles meinte einmal zu diesem Vorgehen: *»That's when you find out whether you're a pro or not.«* [98] Es ist der Tat so, dass Profis dieses Tun-als-ob in ganz besonderem Maße beherrschen. Die Methode beruht auf fundierten sozialpsychologischen Erkenntnissen, und je besser Sie spielen und in Ihrer Rolle aufgehen, umso mehr wird aus dem Spiel Wirklichkeit. Denn dem Verhalten folgen über kurz oder lang die Gefühle. Sie werden nach einigen Minuten realisieren, dass Ihre Motivation und Ihre Stimmung bereits besser sind. Probieren Sie es unbedingt aus, werden Sie zum Schauspieler und zur Schauspielerin in eigener Sache. Es wirkt!

Setzen Sie diese genannten Methoden ganz gezielt als Mittel zum Zweck – um sich einen kleinen Energie- und Stimmungsschub zu verschaffen – ein. Es braucht Ihre feste Absicht, die Stimmung anzuheben. Nur dann entfalten die Methoden ihre erstaunliche Wirkung.

Der Mensch ist wie eine Spieldose – ein unmerklicher Ruck und es beginnt eine andere Melodie.
LUDWIG BÖRNE

Stimmungstiefs – Wie sie entstehen können

Erschöpfung macht
Feiglinge aus uns allen.
VINCE LOMBARDI

Wenn Sie sich über einen längeren Zeitraum zu wenig Pausen und Erholung gönnen, sich ausgebrannt fühlen und kaum mehr Reserven haben, kennen Sie wohl die typischen Stimmungstiefs, die am Wochenende oder im Urlaub auftreten können, aus eigener Erfahrung. Sie kommen unerwartet, scheinbar ohne Grund oder werden durch einen lapidaren Anlass ausgelöst. Unvermittelt wird die Stimmung negativ und mies.

Sie werden sehen, dass hinter diesem Kippen jeweils die Akkumulation von verschiedenen energiezehrenden Situationen und Störungen des gewohnten persönlichen Rhythmus stehen. Ich will Ihnen anhand von zwei Beispielen erläutern, wie es zu solchen Tiefs kommen kann und wo die Ursachen zu suchen sind. Mir liegt daran, dass Sie aus den Fallbeispielen lernen, die Gründe für eigene Stimmungstiefs zu erkennen und Lösungen zu finden, um sich gegen derartige Tiefs wappnen zu können. Aus diesem Grund sind die Beispiele und Analysen etwas ausführlicher beschrieben.

Erstes Fallbeispiel

Die 52-jährige Regula K. ist Partnerin in einem kleinen Personalvermittlungsunternehmen. Wegen eines Großauftrags waren seit Wochen zahllose Überstunden nötig. Das Stimmungstief überfiel Regula K. am Sonntagnachmittag. Am Morgen war sie noch in allerbester Laune und so richtig glücklich. Sie und ihr Partner hatten es nämlich wieder einmal geschafft, um sechs Uhr aufzustehen, um ihre geliebte Radtour um den Zugersee zu machen. Um zehn Uhr sind sie jeweils wieder zu Hause mit dem guten Gefühl, sich schon bewegt und die Natur genossen zu haben. Der Rest des Tages gilt dann dem Faulenzen und der Muße. An diesem Sonntag war hingegen nichts mit Muße. Da Regula K. am Samstag

178

nicht dazugekommen war, auf ihrer Terrasse zwei Töpfe neu zu bepflanzen, tat sie dies am Sonntagnachmittag. Sie realisierte, dass das ansonsten geliebte Tun zur Pflicht geriet, denn nachher musste Sie noch einen Bericht für einen Kunden zusammenstellen. Sie merkte dabei, wie sich ihre Laune zusehends verschlechterte, zumal sie noch zugestimmt hatte, einen Freund zum Abendessen einzuladen. Sie war auf sich selber sauer, dass sie sich unüberlegt einen Sonntagnachmittag voller Arbeit eingebrockt hatte. Doch der Bericht war zugesagt und die Einladung ausgesprochen. Auch ihr Mann bekam ihre grantige Laune zu spüren und selbst nach einem Nickerchen war ihre Stimmung nicht besser. Alles wurde ihr an diesem Sonntag zu viel. Auch am Montagmorgen beim Erwachen war die schlechte Laune noch da, zumal sie an diesem Morgen wegen der neuen Haushaltshilfe nicht wie gewohnt um halb acht ins Büro gehen konnte. Erst im Verlaufe des Montagnachmittags verbesserte sich ihre Stimmung allmählich.

Ein Stimmungstief hat immer eine Vorgeschichte. Bei Regula K. waren es einerseits die vielen Überstunden, die sie seit Wochen leisten musste. Dazu kam, dass Regula K. und ihr Partner bereits am Wochenende zuvor sowohl am Samstagabend als auch den ganzen Sonntag über Gäste hatten und sie dadurch weder Zeit für sich noch Zeit für sportlichen Ausgleich fanden. Auch am Freitag vor dem Stimmungstief hatten sie Gäste zum Abendessen. Regula K.'s Büroarbeit kam wegen des Kochens am Freitag zu kurz und wurde am Samstagnachmittag sowie am Sonntag nachgeholt.

Als wir die letzten acht Tage mit der normalen Routine verglichen, sind die vielen zusätzlichen Aktivitäten aufgefallen, die Regula K. noch in ihr bereits übervolles Pensum hineingestopft hat. Dass damit auch die Erholungszeit abnimmt, wird meist gar nicht beachtet. Doch es ist der springende Punkt:

Diejenigen, die sich nicht der Vergangenheit erinnern, sind verurteilt, sie erneut zu durchleben.
GEORGE SANTAYANA

179

1 *Bereits am Wochenende zuvor widmeten sich Regula K. und ihr Partner sowohl am Samstagabend als auch den ganzen Sonntag über ihren Gästen (angenehmer Austausch, aber weder Mußezeit noch Zeit für Sport).*

2 *Am Freitagabend hatten sie ebenfalls vier Gäste zum Abendessen (angenehmer, aber nicht wie gewohnt geruhsamer Abend).*

3 *Am Samstagnachmittag sowie am Sonntagnachmittag wurde Büroarbeit nachgeholt (Arbeitswoche ins Wochenende hinein verlängert, statt sich erholen zu können).*

4 *Entgegen der Regel des viel beschäftigten Paares, am Sonntagabend keine Gäste einzuladen, hatten sie dennoch einen Gast (geruhsamer Abend fehlte, auch wenn der Besuch angenehm war).*

5 *Am Montagmorgen war der gewohnte Rhythmus wegen der Einführung der neuen Kraft gestört (außergewöhnliche Situationen zehren Energie).*

Bei der Analyse erkannte Regula K., dass die Punkte 3 und 4 eindeutig zu viel waren, da schon das Wochenende zuvor nicht erholsam war, weil die nötige Mußezeit fehlte.

Zweites Fallbeispiel

Das zweite Beispiel ist dasjenige des 41-jährigen Juristen Klaus H. Er arbeitet in einer Anwaltspraxis und ist daneben noch wissenschaftlich tätig. Um in Ruhe an seiner Habilitation schreiben zu können, bleibt er immer am Donnerstag zu Hause und nutzt auch noch den Samstag dafür. Diese beiden Tage zu Hause sind im Vergleich zu den übrigen Arbeitstagen ruhig. Klaus H. kann ganz im eigenen Rhythmus arbeiten und sich sogar jeweils ein Nickerchen gönnen.

Das Stimmungstief kam für meinen Klienten überraschend an einem Samstagmorgen. Er war schon beim Aufstehen schlecht gelaunt, ärgerte sich beim Frühstück über die Kinder und hatte nachher Mühe mit seiner Arbeit. Am Nachmittag schlief er zwei volle Stunden, doch die schlechte Laune ging nicht weg. Erst vor dem

Abendessen, als er vom Joggen zurückkam, ging es ihm wieder etwas besser und die miese Stimmung hatte sich größtenteils verzogen.
Die Vorgeschichte war die folgende: Die vergangene Woche entsprach nicht dem courant normal, *denn am Mittwochabend musste Klaus H. für eine Tagung nach Davos fahren. Bereits der ganze Mittwoch war außergewöhnlich hektisch gewesen, aber Klaus H. ließ es sich nicht nehmen, sich nach Arbeitsschluss gleich auf das Motorrad zu schwingen. Er hatte die Maschine vor einem halben Jahr zum letzten Mal benützt und freute sich darauf, sie endlich wieder einmal auszufahren. Nach der Tagung, am Freitagabend, fuhr er trotz starken Regens noch nach Hause. Die lange Fahrt im Regen habe ihn ziemlich aufgedreht, meinte er. Doch er wollte unbedingt am Freitag schon zu Hause sein, um am Samstag wie gewohnt an seiner Habilitation arbeiten zu können. Sein Stimmungstief machte ihm dann einen Strich durch die Rechnung.*

Was hat in diesem Fall zur Bildung des Stimmungstiefs beigetragen?

1   *Der Mittwoch war anstrengender als üblich (Energiepegel am Feierabend tiefer als sonst; angespannt).*

2   *Statt sich auszuruhen, fuhr Klaus H. mit dem Motorrad nach Davos (keine Pause und zusätzliche Anspannung durch die ungewohnte Fahrt).*

3   *Am Donnerstag Tagungsteilnahme statt zu Hause ruhiges Arbeiten im eigenen Rhythmus (zusätzlicher Energieverbrauch).*

4   *Am Freitag Rückfahrt im Regen (anstrengend und anspannend statt erholsamer Abend).*

5   *Keine Aussicht auf Ausruhen am Samstag.*

Im Falle des Juristen war wohl die anspannende Motorradfahrt zu viel. Und zwar nicht nur, weil es ungewohnt war, sondern – und dies ist entscheidend – weil er in beiden Fällen *anstelle* eines erholsamen Abends losgefahren ist. Wenn Erholung nötig ist, liegt der Energiepegel tief und mit tiefem Energiepegel kommt in einer Belastungssituation viel schneller als sonst Anspannung auf. Die Anspannung mobilisiert zwar bis zu einem gewissen Grad zusätz-

Ein wundervolles Leben hängt nicht davon ab, wie viel wir leisten, sondern wie viel wir uns ersparen.
URSULA NUBER

181

liche Energiereserven. Wenn diese aber aufgebraucht sind, sinkt der Energiepegel umso mehr ab. Erschöpfung verbunden mit einem Stimmungstief sind die Folgen.

Lessons learned

Was können wir aus diesen beiden Beispielen lernen? Es ist sowohl Regula K. als auch Klaus H. klar geworden, dass Urlaub nötig wäre. Bei beiden sind die Reserven langsam aufgebraucht.
Regula K. hat sich vorgenommen, sich in derart intensiven Zeiten wieder strikt an die seit langem bewährte Regel – nur alle zwei Wochen Besuch zu haben – zu halten. Sie hat zudem ihre Absicht, den freien Sonntag nicht mehr zu sabotieren, für sich selbst bekräftigt.
Klaus H. will in Zukunft mehr darauf achten, die gewohnten freien Abende wirklich frei zu halten. Es ist ihm bewusst geworden, dass er dies für seine Erholung braucht und dass das Motorradfahren, obwohl geliebt und gewünscht, einen ruhigen Abend zu Hause nicht ersetzen kann.

Die Nachwehen des Stimmungstiefs

Die Jahre lehren viel, was die Tage niemals wissen.
RALPH WALO EMERSON

Ein Stimmungstief geht mit der Erschöpfung der Energiereserven einher. Wenn sich die Stimmung wieder normalisiert hat, heißt dies noch nicht, dass die Reserven wieder in genügendem Maß vorhanden sind. Es braucht dazu noch eine Erholungsphase. Kehrt man am Tag nach dem Stimmungstief zum *courant normal* zurück, ist man noch nicht völlig erholt.
Dies haben auch meine beiden Klienten erlebt: In den Tagen nach dem Stimmungstief waren beide müder und weniger produktiv als üblich und mussten etwas kürzer treten.

182

Beobachten und Reflektieren

Wenn Sie ein derartiges Stimmungstief analysieren wollen, stellen Sie sich folgende Fragen:

a   Wie sieht mein Wochenrhythmus in relativ geruhsamen Zeiten aus?
    (Wann sind die Arbeitsstunden, wann Freizeit, Hausarbeit oder Unternehmungen
    mit der Familie etc.?)

b   Wie sähe mein Wochenrhythmus aus, wenn ich mich möglichst schonen und ich auf nichts
    und niemand Rücksicht nehmen müsste?

c   An welchem Wochentag war das Tief?

d   Was habe ich am Tag des Tiefs und in den acht Tagen zuvor an zusätzlichen/
    außerordentlichen Dingen gemacht? (Ein Blick in die Agenda oder in Tagebuchnotizen hilft
    bei der Rekonstruktion)

e   Wie oft sind dadurch die übliche Freizeit/Pausen/Schlaf zu kurz gekommen?

f   Warum habe ich die notwendige Freizeit/Pausen/Schlaf nicht beachtet?

g   Wie groß sind meine momentanen Energiereserven generell? (1 = eine längere Auszeit
    täte gut; 2 = ein zweiwöchiger Urlaub wäre wünschenswert; 3 = ich brauche noch keinen
    Urlaub; 4 = ich hatte kürzlich Urlaub und meine Batterien sind voll)

h   Was sind meine Lessons learned?

i   Was sind meine konkreten Vorsätze?

Emotionale Energie [99]

Der Mensch ist ein soziales Wesen und der Kontakt mit anderen kann für ihn das größte Glück bedeuten und seine Stimmung in ungeahnte Höhen heben. Genauso können ihm die Mitmenschen die gute Stimmung auch vermiesen und ihm sogar sein letztes Quäntchen Energie entziehen – zumindest dann, wenn er zu wenig auf der Hut ist.

Menschen sind wie Musikinstrumente; ihre Resonanz hängt davon ab, wer sie berührt.
C.C. VIGIL

Bei jeder menschlichen Interaktion ist emotionale Energie im Spiel, und bisweilen entsteht sogar Resonanz. Das heißt, man versteht sich auf Anhieb, man hat gedanklich dieselbe Wellenlänge und es klingt etwas an, das sehr viel Energie gibt, die Stimmung hebt und einen inspiriert. Die Resonanz drückt sich auch in der Körpersprache und in der Physiologie aus: die Individuen wenden sich stärker zu und ihre Haltung und ihre Bewegungen gleichen sich immer mehr an. Dasselbe gilt für physiologische Funktionen wie Herzfrequenz, Ausschüttung von Hormonen oder innere Rhythmen, die mehr und mehr synchron verlaufen.

Begegnungen, ob beruflicher oder privater Natur, geben oder nehmen Energie – oft mehr, als wir uns eingestehen wollen. Für einen klugen Umgang mit der emotionalen Energie gilt es deshalb, beim Kontakt mit anderen Menschen nicht nur die vorherrschende Gesprächsstimmung, sondern auch Veränderungen der *eigenen* Stimmung ganz bewusst wahrzunehmen und dabei nicht nur positive, sondern auch unangenehme oder unerwünschte Gefühle zu erkennen.

Der Verlauf der eigenen Stimmung während eines Gesprächs

Die kommende Übung soll Ihr Gespür für kleine Stimmungsänderungen bei sich selbst erhöhen. Wir nehmen in diesem fiktiven Beispiel an, Sie treffen sich mit einem Kollegen zum Mittagessen. Ihre Stimmung liegt bei fünf Punkten, da Sie sich auf die Begegnung freuen, weil Sie den Kollegen schon lange nicht mehr gesehen haben:

1	2	3	4	5	6	7

sehr schlecht   neutral   sehr gut
  negativ   positiv

Beurteilen Sie mit Hilfe der Skala von 1 bis 7, wie Ihre Stimmung nach folgenden kleinen Episoden sein könnte:

a   *Auch der Kollege zeigt bei der Begrüßung Freude.*

b   *Kaum am Tisch, erläutert er ausführlich ein komplexes fachliches Problem.*

c   *Er geht auf Ihre Menüempfehlung ein und bestellt dasselbe Menü wie Sie.*

d   *Während des Essens unterhalten Sie sich über Ihr gemeinsames Hobby, das Joggen.*

e   *Er macht Ihnen ein Kompliment, weil Sie Ihren ersten Marathon in 3 h 59 gelaufen sind.*

f   *Dann nimmt er einen Handy-Anruf entgegen.*

g   *Nachher ist er etwas zerstreut und hört eine Weile nicht mehr richtig zu.*

h   *Sie wollen ihn dann noch um eine fachliche Meinung bitten. Aber er versteht die Fragestellung nicht richtig und muss dann zum nächsten Termin eilen.*

i   *Der Abschied ist etwas hastig und Sie merken, dass der Kollege in Gedanken bereits bei seiner Sitzung ist.*

Wahrscheinlich hat Ihre Stimmung während der langfädigen Problemerläuterung (b) nachgelassen und ist beim Gespräch übers gemeinsame Hobby (d bis e) angestiegen, um dann wieder abzusinken (f bis i). Damit uns Kontakte Energie geben statt nehmen, müssen bestimmte Bedingungen erfüllt sein.

Faktoren für energetisierende Interaktionen

Die sozialpsychologische Forschung zeigt auf, dass zwischenmenschliche Interaktionen – ob zwischen zwei Personen oder in einer Gruppe – energetisierend wirken, wenn bestimmte Bedingungen erfüllt sind.[100, 101] Folgende Faktoren spielen eine Rolle:

- *Abgrenzung nach außen*
- *dieselbe Gestimmtheit*
- *gemeinsamer Aufmerksamkeitsfokus*
- *inspirierende Interaktion*
- *Ausgewogenheit*
- *Intensität und Dauer*

Abgrenzung nach außen

Damit die Interaktion energetisierend wirkt, muss ein gewisses Wir-Gefühl aufkommen können. Wenn sich unser Gesprächspartner durch Unbekannte am Nebentisch ablenken oder durch Anrufe stören lässt, durchbricht er diese Abgrenzung. In einer Gruppe manifestiert sich das Wir-Gefühl als Solidarität.

Dieselbe Gestimmtheit

Die Hast ist der Feind aller menschlicher Bindungen.
HELEN KELLER

Wenn die Individuen gleich gestimmt sind und gleich fühlen, generiert das emotionale Energie. Dies ist zum Beispiel bei der Begeisterung in einem Projektteam, bei der Freude während eines Fußballmatches oder auch bei der Trauer an einer Beerdigung der Fall. Wenn hingegen keine oder gegensätzliche Gefühle aufkommen, sinkt der Pegel an emotionaler Energie.

Gemeinsamer Aufmerksamkeitsfokus

Dieser ist stark, wenn alle dasselbe wollen und ihre Aufmerksamkeit auf dieselbe Sache richten – und wenn jeder dies spürt. Zum Beispiel die Konzentration des Publikums während einer Lesung oder eines Tennismatches oder das gemeinsame Musizieren. Will hingegen jeder etwas anderes oder ist der Gesprächspartner angespannt oder zerstreut, sinkt die emotionale Energie.

Inspirierende Interaktion

Gespräche und Voten, die inspirieren oder Hoffnung wecken, führen zu einem großen Energieschub – genauso wie stete Skepsis und permanenter Zweifel das Gegenteil bewirken.

Ausgewogenheit

Ein Gespräch oder eine Sitzung soll nach Möglichkeit ausgewogen sein. Alle sollen sowohl zuhören als auch reden können. Wem nicht zugehört wird, fühlt sich überfahren und wird sich auch nicht durch noch so gute Ideen inspirieren und energetisieren lassen.

186

Intensität und Dauer

Der Kontakt muss so lange dauern, dass die energetisierenden Prozesse überhaupt entstehen können. Dauert er zu kurz oder zu lange, kann der Gewinn an emotionaler Energie in Verlust umschlagen.

Im Idealfall, bei Resonanz, erfüllen sich diese Bedingungen von selbst. In der Realität des Alltags muss oft noch mehr oder weniger nachgeholfen werden. Ob im Umgang mit Mitarbeitenden, ob bei einem Verkaufsgespräch, bei einem Votum an einer Sitzung oder auch beim Nachhausekommen: wenn es Ihnen in diesen Situationen gelingt, einen gemeinsamen Aufmerksamkeitsfokus und dieselbe gute Gestimmtheit zu schaffen, haben Sie schon viel gewonnen.

Für derart energetisierende Interaktionen zu sorgen, ist nicht nur emotionale Intelligenz, sondern auch Energiekompetenz vonnöten. Denn um die Gefühle des anderen wahrzunehmen, um denselben Aufmerksamkeitsfokus und dieselbe Gestimmtheit zu erlangen, müssen wir entspannt, das heißt im Zustand der Calm Energy, sein. Anspannung, auch wenn sie noch so gering ist, beeinträchtigt Wahrnehmung und Empathie und sabotiert jede Interaktion. Sich auf andere einzustellen und auf sie einzugehen, kostet uns emotionale Energie. Aus diesem Grund ist es wichtig, auch auf die eigene Stimmung zu achten, sich den Energieverbrauch bewusst zu machen und sich auf der emotionalen Ebene nicht zu verausgaben – kompetent mit den eigenen Energien umzugehen.

Es gibt Individuen, die die nötige Energie, Ruhe und Gelassenheit in besonderem Maße aufbringen und dazu noch über grosse Reserven verfügen: Sie sind *Energizer* und können auch andere mit ihrem Optimismus und ihrer Energie anstecken.

Energie in Teams und Unternehmen

Wer neu zu einem Team stößt oder eine neue Stelle antritt, kann den vorherrschenden Energiepegel in einer Organisation rasch wahrnehmen. Ob er hoch oder tief steht, zeigt sich im alltäglichen Umgang der Individuen untereinander: wie sie sich grüßen, wie die Pausen und die Sitzungen verlaufen, wie motiviert die Menschen sind und wie stark sie sich für ihre Projekte engagieren.

Ein amerikanisches Forscherteam um Rob Cross et al.[102] ist der Frage nachgegangen, was – abgesehen von der inneren Motivation des Einzelnen und der Art der Aufgaben – im Arbeitsalltag Energie generiert. Sie fanden ihre These bestätigt, dass es in jedem Team und in jedem Unternehmen Frauen und Männer gibt, die als ausgesprochene Energizer wirken, und solche, die als De-Energizer ihrem Umfeld Energie entziehen. Diese Energizer und De-Energizer wurden mit Hilfe einer so genannten sozialen Netzwerkanalyse in sieben verschiedenen Unternehmen identifiziert. Die untersuchten Netzwerke bestanden aus 44 bis 125 Personen auf verschiedenen Hierarchiestufen und alle Teilnehmenden mussten jede ihnen bekannte Person des Netzwerks auf einer Skala von 1 (stark energiezehrend) bis 5 (stark energetisierend) beurteilen. Interviews mit Teilnehmerinnen und Teilnehmern der Netzwerkstudie zeigten die Zusammenhänge zwischen emotionaler Energie und Leistung auf. Es stellte sich heraus, dass Energizer für höhere Leistung sorgen, dass sie ein Klima des Vertrauens und des Lernens schaffen und mehr Innovation ermöglichen. Warum?

Energizer sind nicht nur selbst höchst motiviert, sie motivieren auch die Menschen um sich herum[103] und diese leisten dadurch Zusätzliches aus eigenem Antrieb. Energizer motivieren auch Menschen außerhalb des Unternehmens (Kunden, andere Kontakte). Zudem werden ihre Ideen öfter umgesetzt, weil andere in viel stärkerem Maße auf Energizer als auf De-Energizer hören. Energizer werden auch öfter von anderen um Rat gefragt. In ihrem Umfeld herrscht zudem eher ein Klima des Vertrauens, des Lernens und der Loyalität als in der Umgebung eines De-Energizers.

Auch der ehemalige General-Electric-Manager Larry Bossidy betont in seinem Buch »*The Art of Execution*« die Rolle der Energizers.[104] Das Erste, auf das er bei der Auswahl eines Managers achte, sei seine Energie und sein Enthusiasmus, meint er. Zu Vorgesetzten mit weniger Energie meint er: »*You'll have to ring a bell to wake them up.*« Bossidy im Originalton:

I want people who arrive in the morning with a smile on their faces, who are upbeat, ready to take on the tasks of the day or the month or the year. They're going to create energy, and energize the people they work with – and they're going to hire people like that too.

Begeisterungsfähigkeit ist eine der Hauptursachen für den Erfolg im Leben.
DALE CARNEGIE

Energizer oder nicht? Testen Sie sich selbst

Zählen Sie sich zu den Energizern? Der folgende Selbsttest zeigt es Ihnen auf. Sie können die Fragen auch verwenden, um von Kollegen oder Familienmitgliedern Feedback einzuholen. Die Fragen stammen von Rob Cross et al.[105] und wurden für den Test leicht modifiziert.

a *Tue ich das, was ich sage? Halte ich ein, was ich verspreche?*

b *Gilt mein Ehrgeiz dem Beitrag zum Ganzen oder meinem eigenen Ego?*

c *Achte ich im Arbeitsalltag immer wieder bewusst auf die Entwicklung guter Beziehungen?*

d *Wenn ich mit jemandem nicht einverstanden bin, gilt dann meine Aufmerksamkeit der Sache oder der Person?*

e *Zeige ich meine Expertise auf angemessene Art und Weise?*

f *Neige ich dazu, eher Möglichkeiten oder eher Grenzen zu sehen?*

g *Bin ich in Sitzungen und Zweiergesprächen sowohl geistig als auch gefühlsmäßig anwesend?*

h *Bin ich im Denken flexibel oder zwinge ich andere, meinen Gedankengängen zu folgen?*

Die Auflösung dieses Tests ist einfach: Wenn Sie auf alle Fragen mit einem klaren Ja antworten können, sind Sie ein Energizer. Ist dies nicht der Fall, kennen Sie den Weg zum Ziel: sich Schritt für Schritt dem Ziel annähern, um zehn Prozent besser werden, um zwanzig Prozent besser werden und so fort.

Bei der Frage a geht es um Integrität. Zuverlässigkeit, Glaubwürdigkeit und Echtheit bilden die Grundlage der Integrität, der Übereinstimmung von Worten und Taten. Integer ist nur, wer auch den eigenen Maßtäben nicht zuwider handelt. Integrität schafft Vertrauen und Vertrauen gibt Energie.

Frage b betrifft die persönlichen Motive. Über seine tieferen Motive zu reflektieren und auch wenig Schmeichelhaftes zuzulassen kann erhellend sein. Wenn Sie sich mit Leidenschaft für eine große Sache einsetzen, können Sie auch andere inspirieren.

Das ganze Leben ist ein Prozess des Miteinander-in-Beziehung-Stehens. Erhöhe die Qualität dieses Prozesses und der Rest wird sich von selbst ergeben.
MOSHE FELDENKRAIS

Unter c, d und e ist Sozialkompetenz gefragt. Zu c: Sich für andere echt zu interessieren und Gemeinsamkeiten außerhalb der Rolle am Arbeitsplatz zu finden baut gegenseitiges Vertrauen auf. Zu d: Energizer sind fähig, sich mit einer Idee nicht einverstanden zu erklären und trotzdem die Person, die sie vorgebracht hat, nicht zu marginalisieren. Zu e: Allzu oft zerstören Vorgesetzte und Experten die Energie, weil sie zu hastig zu einer Lösung kommen oder ihr Wissen demonstrieren wollen. Bewusst an der Qualität von menschlichen Interaktionen und Beziehungen zu arbeiten, die Sache von der Person zu trennen und das eigene Wissen im passenden Augenblick und im richtigen Ton einzubringen fordert einiges an sozialen Fähigkeiten.

Von f bis h kommt auch die Energiekompetenz zum Zug. Zu f: De-Energizer verhindern von vornherein, dass neue Ideen umgesetzt werden. Sie sehen nur, was daran nicht geht. Bei f sind deshalb Gelassenheit, der Mut und die Proaktivität, die im Zustand der Calm Energy am ausgeprägtesten sind, gefragt. Zu g: Anstatt geistig anderswo zu sein und bloß so zu tun, als ob man anwesend sei – was andere oft eher merken, als man es sich selbst eingesteht –, zeigen Energizers sowohl an der Person als auch am Thema Interesse. Bei g geht es um den klugen Einsatz der mentalen und der emotionalen Energie; um Aufmerksamkeit und Engagement. Zu h: Energizers sind offen für die Ideen anderer und verstehen es, ihre Mitmenschen ins Gespräch mit einzubeziehen. Auch bei h spielt entspannte Energie die entscheidende Rolle. Denn nur bei Calm Energy ist der geistige Fokus weit genug, um offen und flexibel zu sein.

Nach diesem zweiten und anspruchsvollsten Teil haben Sie nun eine Vorstellung davon, wie Sie Ihre Energien besser nutzen können. Ihre Selbstwahrnehmung für die verschiedenen Energie- und Anspannungszustände, für Calm Energy, für den Alpha-Zustand und den jeweiligen Stimmungspegel, wird nun wohl um einiges geschärft sein. Sie machen sich immer öfter Ihren Energie- und Anspannungspegel, Ihre Stimmung und Ihr momentanes geistiges Leistungsvermögen bewusst und Sie können die Energie/Anspannungs-Matrix und Ihre jeweilige Position darin vor Ihrem geistigen Auge sehen.

Falls Sie öfter angespannt sind oder Erholung nötig haben – sich in der Korrosionszone befinden –, werden Sie zu Beginn von Teil III »Neue Energie gewinnen« frischen Rat erhalten. Entspannung ist der unabdingbare erste Schritt. Wenn Ihnen dieser Schritt gelungen ist, haben Sie beinahe die Qual der Wahl, denn es warten sehr viele und verschiedenartige Ressourcen darauf, besser genutzt zu werden. Lassen Sie sich also überraschen!

191

Teil III
NEUE ENERGIE GEWINNEN

8.
Für Entspannung und die richtige Erholung sorgen

Wie oft haben Sie sich schon gewünscht, weniger Stress zu haben? Wie häufig müssen Sie von Ihren Nächsten hören, dass Sie sich besser entspannen sollten? Und wie viele ernsthafte Versuche, sich weniger zu stressen und sich besser zu entspannen, haben Sie schon unternommen?

Tatsache ist, dass sich in einem aktiven, intensiven Leben Anspannung und Stress nicht immer vermeiden lassen. Hans Seyle, der Stressforscher der ersten Stunde, konstatierte einst, Stress sei die Würze des Lebens. Und Intensität hat tatsächlich oft etwas Berauschendes. Das heißt aber nicht, dass Intensität stets mit Anspannung einhergehen muss. Im Gegenteil.

Wenn Sie die rhythmische Arbeits- und Lebensweise verstanden haben, erleben Sie intensive Hochs ohne nennenswerten Stress. Sie können zudem mühelos von Intensität auf Entspannung schalten. Sie wissen, dass Entspannung und Erholung nicht nur im Spitzensport erfolgsentscheidend sind. Und Sie wissen auch, dass es unabdingbar ist, sich den Momenten der Entspannung genauso hinzugeben wie dem Rausch der Intensität.

Wollen Sie es mit der Entspannung noch einmal versuchen? Ich möchte es Ihnen erleichtern. Sie werden sowohl Neues über Entspannung als auch über Erholung erfahren und es lohnt sich wirklich, die Ideen auszuprobieren und dranzubleiben.

In diesem Kapitel geht es zunächst um die Frage, warum es schwierig ist, alte Gewohnheiten aufzugeben. Dann will ich Ihnen vor Augen führen, was Sie Ihrem Herz mit einem gestressten Lebensstil zumuten. Ich werde Sie anschließend mit den Methoden des *Freeze Frame*, der *progressiven Muskelentspannung*, des *Stoppings* und des *Inner Smile* vertraut machen und ich möchte Sie auch ermuntern, sich häufiger zu bewegen. Weiter geht es mit längeren Erholungsphasen und dem Urlaub. Wir gehen der Frage nach, *was* überhaupt im Urlaub ausgeglichen werden muss und *wie* es angegangen werden kann. Sie erfahren mehr über die verschiedenen Phasen des Erholungsprozesses und schließlich wollen auch noch verschiedene Urlaubsträume und -bedürfnisse erkannt und für gemeinsame Ferien unter einen Hut gebracht werden. Wenn Sie dann so richtig erholt sind, wird zum Schluss noch eine Denkpause eingeschaltet. Denn der selbst gemachte Stress will auch einmal hinterfragt sein.

Sich immer wieder entspannen

Eine Angewohnheit kann man nicht aus dem Fenster werfen. Man muss sie die Treppe hinunterboxen, Stufe um Stufe.
MARK TWAIN

»*Old habits are strong and jealous* – alte Gewohnheiten sind stark und eifersüchtig«, schrieb einst die Literatin Dorothea Brande.[106] Wer schon vergeblich versucht hat, vom stressigen Arbeits- und Lebensstil loszukommen, wird dem zustimmen. Es scheint wirklich so, als wachten die alten Gewohnheiten eifersüchtig und hinterlistig darauf, dass keine besseren Verhaltensweisen aufkommen können. Und meistens haben sie Erfolg: Nach ein paar Tagen voller guter Vorsätze flieht der gestresste Mensch oft wieder in die Arme der alten Gewohnheiten. Das Perfide daran ist, dass er meint, er habe den guten Vorsätzen eine faire Chance gegeben und sie ausprobiert. Und der Versuch habe klar gezeigt, dass die neuen Verhaltensweisen zu anstrengend sind und kaum etwas bewirken.

Welch ein Trugschluss! Denn was ein neues Verhaltensmuster bewirkt, lässt sich oft erst nach längerem Üben erkennen. Und erst dann, in der Rückschau, wird einem bewusst, was sich alles verändert hat und dass das Lebensgefühl anders und besser ist.

Sich im Alltag immer wieder zu entspannen ist wie umzuschalten von Tempo 50 auf Tempo 30. Viele Autofahrer tun sich schwer mit dem Verlangsamen auf Radfahrgeschwindigkeit. Sie erkennen nicht, dass die Langsamkeit eine ganz andere Qualität des Erlebens ermöglicht, dass sie achtsamer werden, sich an den Wolken freuen oder in der altbekannten Umgebung wieder Neues entdecken können. Dass sie für ein paar Momente einfach sind, statt zu tun. Wer diese Qualität des Erlebens kennt und sich darauf einlassen kann, hat keine Mühe, das Tempo zu senken. Er hat auch keine Schwierigkeit damit, sich immer wieder zu entspannen und den Gegenpol der Intensität – Muße, Achtsamkeit und Langsamkeit – zu genießen. Lassen Sie sich durch die Zeilen von Milan Kundera inspirieren:[107]

Weshalb ist das Vergnügen an der Langsamkeit verschwunden? Ach, wo sind sie, die Flaneure von einst? Wo sind sie, die faulen Burschen der Volkslieder, diese Vagabunden, die gemächlich von einer Mühle zur anderen zogen und unter freiem Himmel schliefen? Sind sie mit den Feldwegen, den Wiesen und den Lichtungen, mit der Natur verschwunden? Ein tschechisches Sprichwort beschreibt ihren süßen Müßiggang mit einer Metapher: sie schauen dem lieben Gott ins Fenster. Wer dem lieben Gott ins Fenster schaut, langweilt sich nicht; er ist glücklich. In unserer Welt ist der Müßiggang zur Untätigkeit geworden, und das ist etwas anderes. Der Untätige ist frustriert, er langweilt sich, ist beständig auf der Suche nach der Bewegung, die ihm fehlt.

Kunderas Text enthält die beiden Voraussetzungen, ohne die es nicht geht, wenn Sie zu einem entspannten Lebens- und Arbeitsstil finden wollen. Erstens, Müßiggang und Erholung dürfen nicht als Untätigkeit und unproduktive Zeit betrachtet werden. Sie wissen, dass insbesondere die übergeordneten und schöpferischen Denkprozesse nach Mußezeiten verlangen. Erst wenn Sie diese Einsicht haben und auch wirklich danach leben wollen, wenn für Sie die Erholung genauso wichtig wie die Arbeit wird, werden Sie ein entspannteres Leben führen können. Diese Einsicht ist das eine.

Das Zweite ist die Fähigkeit, dem lieben Gott ins Fenster zu schauen. Das heißt, sich dem Nichtstun und der Entspannung auch wirklich *hinzugeben*. Wenn Sie die goldene Zeit, das Offene, die Heiterkeit und das Gefühl des Wohlbefindens und der Sicherheit, entdecken und genießen können, haben Sie gewonnen. Keine Angst, Sie verlieren sich dabei nicht, wie vielleicht ein Teenager. Im Gegenteil: Sie werden zu sich selber finden.

Die Auswirkungen von Stress und Entspannung auf die Herzfrequenz

Neben dem subjektiven Gefühl des Wohlbefindens, der »goldenen Zeit«, gibt es auch objektive Kriterien für Entspannung, wie ein tiefer Puls oder den Anteil an Alpha-Wellen im EEG-Spektrum. Ein differenzierteres Bild für den entspannten Zustand ergibt die so genannte *Herzfrequenzvariabilitätsanalyse*:
Die durchschnittliche Herzfrequenz beträgt im Ruhezustand etwa sechzig bis neunzig Schläge pro Minute, während wir im selben Zeitraum rund achtzehn bis zwanzig Mal ein- und ausatmen. Herzschlag und Atem sind miteinander verbunden. Beim Einatmen nimmt die Herzfrequenz zu und beim Ausatmen nimmt sie wieder ab. Dies lässt sich jedoch mit den Pulsmessern, die im Sport verwendet werden, nicht feststellen. Erst die Aufzeichnung der Herztätigkeit durch sehr viel empfindlichere Geräte macht diese regelmäßige Veränderung der Herzfrequenz sichtbar.

Wenn es uns gelingt, Atem und Bewusstsein zu verbinden, sind wir mit der Lebensenergie verbunden.
SUFI-WEISHEIT

Was wir hingegen als Laie erfassen können, ist der folgende Effekt: Wenn wir schneller atmen, steigt die Herzfrequenz an, und wenn die Atmung verlangsamt wird, schlägt auch das Herz weniger schnell.
Im entspannten Zustand sind Herzschlag und Atemfrequenz im Einklang; sie sind *kohärent*. Dieser Einklang manifestiert sich als entspanntes Wohlgefühl. Bei Frustration und Stress wird der

Atem rascher und flacher und die Herzfrequenz wird unregelmäßig; der rhythmische Einklang wird gestört und verursacht einen asynchronen Zustand. Dieser drückt sich in körperlichem Unbehagen aus.

Die Herzfrequenzvariabilitätsanalyse zeigt den Unterschied zwischen den beiden Zuständen bildlich auf:

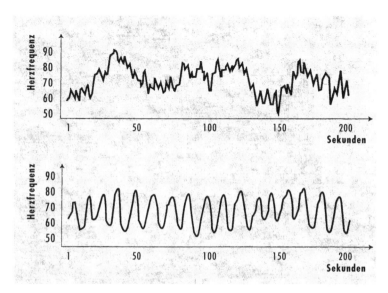

Abb. 20: Variabilität der Herzfrequenz bei Frustration und Stress (oben) und im entspannten Zustand (unten). Nach Cryer et al. [108]

Das obere Bild veranschaulicht, wie das Herz bei Stress und Frustration ins Zittern und Stottern gerät und die Frequenz unregelmäßig wird. Im unteren Bild, bei Wohlgefühl, herrscht Kohärenz: die hohe Auflösung der Herzfrequenzvariabilitätsanalyse bringt an den Tag, wie im entspannten Zustand die Herzfrequenz regelmäßig in einem 10-Sekunden-Rhythmus zu- und abnimmt. Dabei besteht eine enge Beziehung zum Ein- und Ausatmen. Die Verbindung von Herzschlag und Atmung kann bei

Stress genutzt werden, um den Puls wieder zu beruhigen und zu rhythmisieren.

Die Erkenntnisse aus der Herzfrequenzvariabilitätsanalyse bilden den Kern der *Freeze Frame Methode*, die den Stress vorwiegend auf der physischen Ebene abbaut. Ebenfalls über physische Ebene wirkt die Methode der *progressiven Muskelentspannung*. Andere Ansätze, die Sie im Folgenden kennen lernen werden, wie die Methode des *Stopping*, wirken auf der mentalen Ebene, während diejenige des *Inner Smile* über die emotionale Ebene Einfluss nimmt. Diese Methoden sind einfach, leicht erlernbar, jederzeit verfügbar und sofort effektiv. Um eine länger andauernde Wirkung zu erzielen, müssen Sie jedoch zum festen Bestandteil der täglichen Routine werden.

Es gibt noch weitere, sehr bewährte Entspannungsmethoden wie zum Beispiel autogenes Training, Tai Chi, Meditation, Yoga, Alexandertechnik, Feldenkrais, Aikido. Diese und ähnliche Methoden entwickeln zudem das Körperbewusstsein. Wenn Sie Entspannung mit dem Erlernen einer neuen Fremdsprache verbinden wollen, kann ich Ihnen die Superlearning-Methode empfehlen. Sie basiert auf Entspannung durch langsame Musik. Die Largos wirken beruhigend, weil sie die Herzfrequenz auf sechzig Schläge pro Minute – den Rhythmus der Musik – bringen. Alle diese Entspannungsmethoden erfordern längeres, aber lohnenswertes Üben und lassen sich am besten in einem Kurs erlernen.

Die Freeze Frame Methode [109]

Diese Methode beruht darauf, die anspannende Situation bewusst wahrzunehmen und sie – gleichsam in den Wahrnehmungsrahmen eingefroren – aus Distanz zu betrachten und durch Atmung zu beruhigen. Die drei Schritte des Freeze Frame sind die folgenden:

Schritt 1 – Anspannung erkennen und Wahrnehmung »einfrieren«

Wenn Sie merken, dass Sie eine Situation stresst, nehmen Sie den Stress ganz bewusst wahr. Spüren Sie das unangenehme Gefühl und halten Sie es aufrecht, wie wenn Sie einen Film anhalten und so eine Szene einfrieren würden. Distanzieren Sie sich dann von der »eingefrorenen« Wahrnehmung und stellen Sie sich das Bild mit dem irregulären Herzrhythmus vor.

Schritt 2 – Durch das Herz atmen

Wechseln Sie dann zum Bild mit der kohärenten Schwingung. Durch langsames Ein- und Ausatmen bringen Sie Ihr Herz zurück in diesen regelmäßigen Rhythmus: Holen Sie langsam während *fünf Sekunden* Luft und stellen Sie sich dabei vor, Sie würden durchs Herz einatmen. Dann halten Sie Ihre Hand auf den Solarplexus – die Stelle zwischen Bauchnabel und Brustkorb – und atmen langsam während *fünf Sekunden* aus. Stellen Sie sich dabei vor, wie der Herzrhythmus durch die langsame Atmung moduliert wird und zurück zur regelmäßigen Schwingung findet.

Schritt 3 – Ein positives Bild visualisieren

Während Sie weiter während fünf Sekunden ein- und während fünf Sekunden ausatmen, stellen Sie sich nun eine entspannte Szene vor – was immer Ihnen am besten gefällt. Verwenden Sie dasselbe Bild immer und immer wieder, bis Sie eine Konditionierung erreichen und das beruhigende Bild ganz automatisch beim bewussten, langsamen Atmen kommt.

Mit zunehmender Praxis werden diese drei Schritte automatisiert. Ohne ausdauerndes Training geht es jedoch nicht. Üben Sie den Freeze Frame zum Beispiel zunächst, wenn Sie abends nach Hause kommen. Später können Sie die Methode auch am Arbeitsplatz einsetzen.

> *Im Atemholen sind zweierlei Gnaden: die Luft einziehen, sich ihrer entladen. Jenes bedrängt, dieses erfrischt, so wunderbar ist das Leben gemischt. Du danke Gott, wenn er dich presst, und dank' ihm, wenn er dich wieder entlässt.*
> JOHANN WOLFGANG VON GOETHE

Progressive Muskelentspannung (nach Edmund Jacobsen)[110]

Bei der progressiven Muskelentspannung werden verschiedene Muskelgruppen kräftig angespannt und dann ganz langsam wieder entspannt. Sie lässt sich sowohl am Arbeitsplatz als auch zu Hause praktizieren.

So gehen Sie vor: Beginnen Sie mit der rechten Hand und ballen Sie sie, so stark es geht, während fünf bis sieben Sekunden. Dann entspannen Sie *ganz langsam*, während *zwanzig bis dreißig Sekunden*. Konzentrieren Sie sich dabei voll und ganz auf die Empfindung in Hand und Unterarm. Denken Sie an gar nichts anderes und spüren Sie, wie sich die langsame Entspannung anfühlt.

Als Nächstes nehmen Sie sich die linke Hand vor, dann die Stirn und so fort, wie in der Tabelle angegeben. Halten Sie die vorgegebenen Zeiten (*fünf bis sieben Sekunden anspannen* und *zwanzig bis dreißig Sekunden entspannen*) ein und lenken Sie Ihre Aufmerksamkeit *ganz* auf die jeweilige Muskelgruppe. Das aufmerksame Spüren ist entscheidend.

	anspannen durch:	**Muskelgruppe**
1	zuerst die rechte und dann die linke Faust machen	Hand und Unterarm
2	Stirn runzeln	Stirnpartie
3	Zähne zusammenbeißen, Mundwinkel zurückziehen	Kiefermuskulatur
4	Kinn auf Brust pressen	Nacken und Hals
5	zuerst die rechte und dann die linke Fußspitze gegen das Knie ziehen	Fuß und Unterschenkel

Abb. 21: Ablauf für progressive Muskelentspannung

Stopping (nach David Kundtz) [111]

Stopping bedeutet, innezuhalten und sich gedanklich eine kurze Auszeit zu nehmen, um zu sich selber zu kommen und sich an das zu erinnern, was einem im Leben wichtig ist.

Im Verlauf eines Tages gibt es unzählige Gelegenheiten fürs Stopping: beim Warten, bis der Kaffee aufgebrüht ist, vor der Ampel, beim Hochfahren des Computers, beim Sandwichlunch auf der Parkbank, in der Straßenbahn oder beim Rasenmähen.

Was Sie beim Stopping tun, ist einfach: Sie klinken sich mit einigen bewussten, ruhigen Atemzügen aus Ihrer Aktivität gänzlich aus und richten Ihre Aufmerksamkeit ganz bewusst nach innen.

Besinnen Sie sich dann zum Beispiel:

— auf Ihre Dankbarkeit, dass Sie gesund sind
— darauf, dass Ihnen eine bestimmte Beziehung viel bedeutet
— darauf, was Ihnen lieb und teuer ist im Leben
— auf etwas, worauf Sie sich freuen können
— darauf, dass Sie sich selber wieder einmal ein Kompliment machen oder irgendetwas tun sollen, das Ihrer Seele gut tut.

Ein derartiger Stopp kann bloß ein paar Sekunden dauern oder sich über einige Minuten oder eine Viertelstunde erstrecken. Er entspannt Körper und Geist und tut der Seele wohl. Denn wenn wir uns besinnen, tauchen wir von der Oberfläche in die Tiefe, wo wir auf die Dinge stoßen, die für unser Dasein wirklich von Bedeutung sind.

Wenn Sie zehn bis fünfzehn Stopps auf einen intensiven Tag verteilen, werden Sie einen *kumulativen Effekt* spüren: Diese Ruhepunkte unterbrechen den steten Aufbau der Anspannung und halten Sie so vergleichsweise tief.

Damit Sie an die Stoppings denken, gilt es, sie in regelmäßig wiederkehrende Situationen einzuplanen: bevor Sie etwas beginnen, bei Wartezeiten oder beim Treppensteigen. Sie können zu Beginn

Das eigentliche Ziel von Stopping ist es, uns zu vergewissern, dass, wenn wir schon gehen, wir in eine Richtung gehen, die wir auch wollen, und nicht nur einfach auf unser Lebenstempo reagieren, sondern uns Moment für Moment entscheiden, was das Beste für uns ist.
DAVID KUNDTZ

auch einen Timer benützen, der Sie immer wieder erinnert. Ein Kleber an der Agenda oder am Notizblock kann ebenfalls hilfreich sein, ebenso Ihr Journal, das mithilft, Ihre Wachsamkeit zu erhöhen und Ihre Vorsätze einzuhalten.

Inner Smile [112]

Der Mönch Thich Nhat Hanh hat einmal geschrieben: »Die beste Methode, alle Muskeln des Körpers zu entspannen, besteht darin, beim Atmen sanft zu lächeln.« Lächeln oder lachen führt zur Ausschüttung von Hormonen, die die Stimmung heben und Körper und Geist entspannen. Dies nutzt die Methode des Inner Smile. So gehen Sie vor: Lächeln Sie zunächst einfach einmal still für sich selbst, sowohl mit dem Mund als auch mit den Augen. Vielleicht stellen Sie sich dabei eine heitere Situation vor, zum Beispiel Ihr Spiel mit einem jungen Hund. Vertiefen Sie dabei auch Ihre Atmung und beachten Sie, wie sich beim Lächeln Zuversicht und Stimmung heben. Da Sie nicht ewig vor sich hin lächeln können, versuchen Sie nach einer Weile, das Lächeln zu verinnerlichen und die gute Stimmung zu halten.

Gewohnheiten sind Finger-abdrücke des Charakters.
ALFRED POLGAR

Üben Sie den Inner Smile, wo immer es geht: vor einem Telefongespräch, beim Schlangestehen, im Straßenverkehr oder im Supermarkt, beim Kochen, am Feierabend, bei der Arbeit oder vor einer Sitzung. Mit etwas Übung werden Sie die heitere Stimmung und die damit gekoppelte positive Aktivierung auch für weniger geliebte Tätigkeiten aufrechterhalten können. Es wird Sie entspannen.

Der Inner Smile lässt sich auch gut ins Stopping oder in die Freeze Frame Methode einbauen. Und wie bei diesen Methoden ist auch beim Inner Smile ein kumulativer Effekt zu beobachten. Je häufiger Sie ganz bewusst lächeln, umso besser ist seine stimmungshebende und entspannende Wirkung.

Sich mehr körperliche Bewegung verschaffen

Bewegung ist das Mittel schlechthin, wenn es darum geht, Anspannung zu verhindern oder abzubauen. Doch Bewegung kann noch viel mehr. Sie gibt zusätzliche Energie, sie sorgt für bessere Konzentration und bessere geistige Leistungsfähigkeit[113] und sie hebt die Stimmung. Wann immer wir unseren Körper gebrauchen, können wir *spüren*, wie gut uns Bewegung tut, wie sie uns belebt und wie sie auch die Stimmung beeinflusst. Machen Sie die Probe aufs Exempel: Gehen Sie das nächste Mal, wenn Ihre Stimmung diffus, unruhig oder schlecht ist, eine halbe Stunde joggen oder marschieren Sie für ein paar kräftige Runden los. Es wird Wunder wirken.

Bewegung macht uns auch gelassener in Situationen, die sonst als stressig empfunden werden. Dies zeigt zum Beispiel eine Studie des Britischen Forschers Andrew Steptoe mit 73 Probanden, die während zwölf Tagen über ihre größeren und kleineren Momente der Anspannung und des Stresses Bericht erstatten mussten.[114] Da sich die Teilnehmer nicht jeden Tag sportlich betätigten, war es möglich, ihre Reaktion auf Stressfaktoren an den Tagen mit und ohne Sport zu vergleichen. Die Resultate zeigen, dass durch die sportliche Aktivität die Gelassenheit steigt und dass auch die Belastbarkeit der Testpersonen an ihren Sporttagen höher war.

Der moderne Mensch bewegt sich zu wenig und *unterfordert* dadurch seinen Körper. Unzählige positive Reize, die durch die Bewegung im ganzen Organismus ausgelöst werden, bleiben aus. Dazu kommt die oft einseitige statische Belastung einzelner Muskelgruppen, zum Beispiel bei stundenlangem Sitzen, Tippen oder auf den Bildschirm schauen.

Der Mensch ist mit seinem aufrechten Gang, mit den starken Beinen, der kräftigen Lunge und seinem Kreislaufsystem nicht fürs Sitzen und für körperliche Inaktivität geschaffen, sondern fürs Laufen und die Fortbewegung zu Fuß. Wenn wir uns mit unseren

Ich laufe mir jeden Tag mein tägliches Wohlbefinden an und entlaufe so jeder Krankheit; ich habe mir meine besten Gedanken angelaufen und kenne keinen, der so schwer wäre, dass man ihn nicht beim Gehen loswürde. Ist man so am Gehen, so geht es schon.
SØREN KIERKEGAARD

205

Steinzeitahnen vergleichen – Sie wissen, unsere Gene sind noch dieselben wie vor 30 000 Jahren –, ist selbst ein Marathontraining nichts Besonderes. Der Evolutionsbiologe Lauren Cordain schätzt, dass wir täglich sechzehn Kilometer joggen müssten – und dies mit einem zwölf Kilogramm schweren Rucksack –, um auf etwa dieselbe physische Belastung wie unsere Vorfahren zu kommen.[115] Geschätzte 3000 Kalorien verbrauchten die Steinzeitmenschen pro Tag, um zu jagen, um Früchte und Brennmaterial zu sammeln und Beute und Sammelgut in die Höhle zu schleppen. Unser Körper ist für die Belastungen der Steinzeit programmiert und optimiert. Aus diesem Grund empfehlen Forscher täglich zusätzliche Bewegung von mindestens dreißig bis fünfundvierzig Minuten. Warum bewegt sich der moderne Mensch oft lieber im Auto oder mit dem Motorrad als aus eigener Kraft? Um nochmals Milan Kundera zu zitieren:[116]

Im Gegensatz zum Motorradfahrer ist der Läufer stets in seinem Körper anwesend, unaufhörlich gezwungen, an seine Blasen, seine Atemlosigkeit zu denken; beim Laufen spürt er sein Gewicht, sein Alter, mehr denn je ist er seiner selbst und seiner Lebenszeit bewusst. Alles wird anders, wenn der Mensch die Macht der Geschwindigkeit auf die Maschine überträgt: von dem Moment an ist sein Körper aus dem Spiel und er gibt sich einer Geschwindigkeit hin, die unkörperlich, immateriell ist, reine Geschwindigkeit, Geschwindigkeit an sich, Geschwindigkeitsekstase.

Es ist in vielerlei Hinsicht schneller und bequemer, sich der Technik zu bedienen, statt auf die eigenen Kräfte zu setzen. Um sich Bewegung zu verschaffen, zu Fuß zu gehen, statt den Lift zu nehmen, regelmäßig in der Aerobic-Stunde mitzumachen oder zu joggen, muss jedes Mal die Bequemlichkeitszone verlassen werden. Und diese Überwindung will geübt sein.

Wenn Sie sich über einen längeren Zeitraum häufig und regelmäßig bewegen, gewinnen Sie an *Überwindungserfahrung*. Mit dieser Erfahrung fällt es Ihnen vergleichsweise leicht, nach einem anstrengenden Tag noch etwas für die Fitness zu tun oder an einem regnerischen Sonntag wandern zu gehen. Sie wissen, dass Sie im Nachhinein *immer* entspannter, energievoller und besser gestimmt sein werden. Und allmählich wird die vermehrte körperliche Bewegung wieder zum natürlichen Bedürfnis werden.

Sich zu bewegen heißt bei weitem nicht nur joggen, auch wenn ich fortan immer wieder das Laufen als Beispiel erwähnen werde. Mit Bewegung sind auch spazieren, tanzen, singen, schwimmen, in Haus und Garten arbeiten und mit dem Rad einkaufen gehen gemeint. Versuchen Sie, ein Stück weit zum Bewegungsdrang und zur Bewegungslust der kleinen Kinder zurückzufinden. Erinnern Sie sich daran, wie ein kleiner Knirps, der gerade das Laufen entdeckt hat, Freude an seiner Bewegung hat. Bewegen Sie sich jeden Tag und vergessen Sie nie: Bewegung soll Freude machen! Robert E. Thayer verwendet in seinem Buch »*Calm Energy*«[117] den Begriff *enjoyable exercise*.

Bei allzu zielstrebigen Zeitgenossen schlägt das Pendel manchmal in die falsche Richtung aus: Statt mit dem Sport Ausgleich und Entspannung zu schaffen, bringen sie sich wieder unter Druck. Sie meinen, sie müssten mit fünfzig gleich schnell laufen wie Dreißigjährige, werden nervös, wenn sie mal ihren Trainingsplan nicht einhalten können, wollen zu schnell Fortschritte machen oder stressen sich, indem sie trotz hoher Arbeitsbelastung noch an Wettkämpfen teilnehmen. Kommt Ihnen das bekannt vor?

Wenn Sport primär Ausgleich zur Anspannung schaffen soll, will er mit Bedacht betrieben sein. Dies heißt nicht, dass Sie nicht mehr schnell sein dürfen. Doch meiden Sie beim Sporttreiben Stresssituationen wie ein lärmiges Umfeld oder den ständigen Wettbewerb – auch gegen sich selbst. Betrachten Sie Ihr Training eher als eine Art dynamischer Meditation, in der schnelle und langsame Intervalle ihren Platz haben. Geben Sie der entspannenden und beschaulichen Seite der Bewegung die höchste Priorität.

Mein Fitnessprogramm war nie ein Fitnessprogramm, es war eine Kampagne, eine Revolution, eine Umwandlung. Ich wollte zu mir selber finden. Und im Prozess entdeckte ich meinen Körper und die Seele, die darin wohnte.
GEORGE SHEEHAN

207

Bewegen Sie sich, weil es Sie entspannt, weil es Ihnen gut tut, weil es Ihnen Energie und gute Stimmung gibt und weil Sie dabei Ihren Körper und sich selber spüren. Denken Sie das nächste Mal ganz bewusst daran und machen Sie Ihre Bewegungsrunde zur *enjoyable exercise,* zu einem körperlichen Vergnügen!

Was Sie tun können

Wenn Sie sich mehr Bewegung verschaffen wollen, dann sollten Sie:

- *aus Prinzip Treppen steigen und Aufzüge meiden*
- *sofern möglich mit dem Rad zur Arbeit fahren*
- *jeweils zwei Haltestellen zu früh aus der Straßenbahn steigen und den Rest zu Fuß gehen*
- *den frühen Morgen, die Mittagspause oder den Feierabend für körperliche Aktivitäten nutzen*
- *sich den lang gehegten Wunsch nach einem Hund erfüllen*
- *eine neue Sportart oder einen neuen Tanz erlernen*
- *die Vorsätze für drei bis vier Sporteinheiten pro Woche erneuern*
- *sich mit anderen zusammentun und an einem fixen Wochentag etwas Sportliches unternehmen*
- *mehr Sport mit der Familie treiben*
- *Spazieren und Wandern neu entdecken*
- *für Haus- und Gartenarbeit vermehrt den Körper statt Maschinen einsetzen*
- *sich immer wieder in Erinnerung rufen, wie gut Bewegung Körper, Geist und Seele tut.*

Das Üben sollte angenehm sein. Wenn du glücklich bist, werden deine innere Stärke und deine Freiheit zunehmen, und du wirst wissen, dass du auf dem richtigen Übungsweg bist.
THICH NHAT HANH

Suchen Sie sich eine Idee und setzen Sie diese in den nächsten Tagen in die Tat um – ganz nach dem Slogan: *Just do it!*

Erholung und Urlaub: Wovon?

Eine der schönsten Arten, den Urlaub zu verbringen, ist für mich Reisen mit dem Fahrrad: auf den kleinsten Sträßchen von der Schweiz in die Toscana zu fahren, Sizilien zu umrunden oder den Süden Englands zu entdecken – was gibt es Schöneres? Doch bei unserer letzten großen Radtour vor drei Jahren war es ganz anders. Wir starteten in Bologna Richtung Adria und kaum am Meer angekommen, wollte ich nur noch eins: im Sand liegen, faulenzen, in den Cafés herumsitzen und gar nichts tun und auch nicht mehr Rad fahren, höchstens bummeln, wandern oder joggen. Mein Mann erkannte mich nicht wieder und ich selbst konnte mir das Phänomen damals auch nicht so recht erklären.

Wir haben nicht gemessen an der Zahl der Jahre gelebt, die wir auf der Erde verbringen, sondern in dem Ausmaß, in dem wir diese genossen haben.
HENRY DAVID THOREAU

Heute ist mir klar, dass ich damals wegen eines zuvor abgeschlossenen Manuskripts im Kopf derart ausgebrannt war, dass ich keine Lust mehr verspürte, Neues zu sehen und eine neue Gegend per Fahrrad zu erkunden. Ich wollte überhaupt nichts Neues entdecken, bloß meine Gedanken etwas schweifen lassen und mich von der Kopfarbeit erholen. Was ich heute über Erholung weiß, wusste ich damals noch nicht, sonst hätten wir wohl andere Ferien geplant.

Wenn Sie den Urlaub und Ihre Erholung optimal gestalten wollen, müssen Sie sich zuvor im Klaren sein, *wovon* Sie sich erholen müssen und *welche* Art von Ausgleich Sie brauchen. Es ist wichtig, sich auch vor Augen zu führen, was im Arbeitsalltag zu kurz kommt und was Sie im Urlaub kompensieren wollen.

Henning Allmer von der Sporthochschule Köln unterscheidet vier verschiedene Beanspruchungen, die jeweils unterschiedliche Erholungs- oder Ausgleichsmaßnahmen erfordern:[118]

- *Ermüdung*
- *Routine*
- *Stress*
- *Frustration*

Energiemangel		Anspannung	
Ermüdung	Routine, Monotonie	Stress	Frustration
Überforderung	Unterforderung	Überforderung	Unterforderung
Erholung durch:	Ausgleich durch:	Erholung durch:	Ausgleich durch:
regenerieren, Energie tanken	Abwechslung, etwas Anregendes machen	entspannen, regenerieren, Energie tanken	Erfolgserlebnisse und Sinn

Abb. 22: Verschiedene Arten der Beanspruchung. Adaptiert nach Allmer[119]

Für Allmer beinhaltet Beanspruchung sowohl Überforderung als auch Unterforderung. Mit Überforderung meint er ganz allgemein überdurchschnittliche, starke Beanspruchungen, die von den Reserven zehren. Unterforderung sind Situationen, die weniger Erholung, sondern vielmehr eine Herausforderung, einen Ausgleich oder eine Abwechslung zum Gewohnten erfordern. Betrachten wir die vier Beanspruchungssituationen noch etwas genauer:

Ermüdung

Nicht nur schwere körperliche Arbeit ermüdet, auch auf der mentalen und auf der emotionalen Ebene kann Erschöpfung auftreten. So brauchen Tätigkeiten, die stetes Umdenken, sich Hineindenken und Nachdenken erfordern, enorm viel *mentale Energie*, zum Beispiel managen, schöpferisches Tun, konzipieren, schreiben, Probleme lösen und sich auf Prüfungen vorbereiten.

Ähnlich wird in der Psychologie, in der Pflege, in der Dienstleistung und in anderen Berufen, die ein großes Einfühlungsvermögen verlangen, viel *emotionale Energie* verbraucht. Auch neue berufliche oder private Situationen, wie sich in etwas Neues einarbeiten oder eine neue Beziehung aufbauen, erfordern zusätzlich mentale und emotionale Energie. Bei Vielbeschäftigten geht die starke mentale und emotionale Beanspruchung oft mit einer körperlichen Unterforderung einher. Zur Erholung gehört deshalb auch Bewegung.

Nach sehr ermüdenden und auslaugenden Phasen ist es angezeigt, zur Erholung zunächst Energie zu tanken: schlafen, dem Müßiggang frönen, Massage, Sauna oder spazieren gehen. Sobald Ihnen danach ist, soll auch Ihr Körper zu seinem Recht kommen. Gehen Sie wandern, schwimmen oder Rad fahren oder wählen Sie eine andere Bewegungsart, die die mentale und emotionale Erholung unterstützt. Wenn Sie in Ihrem Beruf zudem oft mit Menschen zu tun haben, gibt vor allem eines wieder neue Energie: Zeit für sich allein, Ruhe, Gelegenheit zu sich selber zu kommen, durchzuatmen und Distanz zu gewinnen.

Routine und Monotonie

Selbst in vielseitigen und anspruchsvollen Berufen kann es zur Routine kommen. Der Geist wird nicht mehr aufs Äußerste gefordert und es kann sich sogar eine gewisse Monotonie einstellen. In der Pflege, im Unterrichtswesen, in der Administration oder im Dienstleistungssektor ist dies mitunter der Fall. Wenn Ihre Arbeit nicht mehr so herausfordernd ist, wie sie früher war, brauchen Sie als Ausgleich vor allem geistige und körperliche Anregung, Abwechslung und Herausforderungen: ein neues Land kennen lernen, ein Sprachaufenthalt, eine neue Sportart ausprobieren, das Haus umbauen oder einen Kultururalub machen.

Der Kampf ist nicht der mit dem Alter; es ist der mit der Langeweile, mit der Routine, mit der Gefahr, nicht mehr lebendig zu sein.
GEORGE SHEEHAN

Stress

Sind Sie des Öfteren gestresst, gilt es vor allem, zunächst zur Ruhe zu kommen. Dies ist nicht einfach, denn der Drang nach noch mehr Reiz ist im angespannten Zustand groß. Meiden Sie jedoch zusätzliche Reize und suchen Sie im Urlaub bewusst zuerst Ruhe und Entspannung: beim gelassenen Einkaufsbummel, beim ruhigen Joggen, beim Spazieren, beim Wandern oder durch symbolische Verarbeitung (Basteln, Malen, Modellieren oder Tagebuchschreiben). Gönnen Sie sich immer wieder mal Massagen und nutzen Sie Wellness-Angebote. Vielleicht kann auch eine körperliche Anstrengung, die sie völlig erschöpft, die Dauerspannung lösen.

Merken Sie sich: Nach einer Periode von Anspannung und Stress braucht es immer zunächst eine Entspannungsphase, bevor überhaupt an Erholung zu denken ist.

Frustration

Wenn Ihre berufliche Situation unbefriedigend ist, wenn Sie sich unterfordert fühlen, unter einem schlechten Betriebsklima leiden oder zu wenig menschliche Kontakte haben, brauchen Sie emotionalen und Sinnstiftenden Ausgleich: familiäres, freundschaftliches oder kameradschaftliches Zusammensein, gemeinsame Unternehmungen oder Mannschaftssportarten. Oder Sie brauchen Herausforderungen, die Erfolgserlebnisse vermitteln und helfen, Distanz zu gewinnen und Spannungen abzubauen. Extrem- und Risikosportarten sowie sportliche Wettkämpfe im Allgemeinen wären eine Option. Eine andere Möglichkeit bieten Freiwilligeneinsätze, bei denen Sie unter Menschen sind, sich körperlich betätigen und dabei zum Gemeinwohl beitragen.

Erholung und Urlaub: Wie?

Bei der Frage nach dem Wie gilt es, sich darüber im Klaren zu sein, dass sich je nach aktueller Lebens- und Arbeitssituation die Erholungsbedürfnisse stark verändern können. Als Vielbeschäftigte unterschätzen Sie möglicherweise die geistige und emotionale Beanspruchung durch den Beruf – selbst wenn Ihr Job noch so interessant und spannend ist: er beansprucht und ermüdet Geist und Psyche.

Bei stark Beanspruchten:
Erholung braucht verschiedene Phasen

Stark beansprucht sind Sie dann, wenn Sie auch in der Freizeit öfter an Ihre Arbeit denken, wenn Sie viele Überstunden leisten und im Urlaub meist erst nach ein paar Tagen abschalten und das Büro gänzlich hinter sich lassen können.

Wenn Sie zu dieser Gruppe gehören, wissen Sie, dass sich Gedanken und Anspannung nicht per Knopfdruck lösen lassen und dass die Erholung auch nicht gleich mit dem Abschließen der Bürotür beginnt. Sie kennen die Erfahrung, dass Sie zunächst einmal abschalten, sich distanzieren und sich entspannen müssen. Erst dann können Sie die freie Zeit genießen, sich erholen und regenerieren. Nachher gilt es dann, sich wieder auf den Alltag einstimmen. Wir unterscheiden demnach:[120]

- *Distanzierungsphase*
- *Regenerationsphase*
- *Einstimmungsphase*

Distanzierungsphase
Je größer die vorangehende Belastung war, umso mehr braucht es zunächst eine Phase des Abschaltens und Distanzierens. Das geht

am besten, wenn die Arbeit bewusst beendet und für die Wieder-aufnahme vorbereitet worden ist. Nur dann können wir geistig von der Arbeit Abstand gewinnen und die ungelösten Fragestellungen und unerledigten Aufträge hinter uns lassen. Hilfreich ist zudem auch die physische Distanzierung. Ein Ortswechsel und neue Gesichter helfen mit, von einer Belastungssituation wegzukommen. Vor allem aber ist emotionale Distanzierung nötig. Wir müssen ganz bewusst Spannungen, Ärger, Angst und Frustration angehen und abbauen.

Nehmen Sie sich also Zeit dafür. Gehen Sie den Urlaub gemütlich an. Oft ist es klug, noch einen oder zwei Tage zu Hause zu bleiben, abzuschalten, alles in Ordnung zu bringen und in Ruhe zu packen. Wenn Sie dann die Fahrt zum Ziel ganz bewusst als *slowing down* gestalten und so Entspannung in die Reise bringen, haben Sie schon viel gewonnen.

Ganz anders sieht die Situation bei unterforderten Individuen aus. Sie brauchen Abwechslung von ihrer täglichen Routine. Sie haben in der Regel am letzten Arbeitstag bereits genügend Abstand von ihrer Tätigkeit und brauchen eher die sofortige Abreise.

Regenerationsphase

Die Regenerationsphase beginnt erst, nachdem Anspannung und Stress abgebaut worden sind. Dies kann bei starker Belastung zuvor eine ganze Woche dauern. Erst dann können – und müssen – wir wieder Energie auftanken und Körper, Geist und Seele erholen.

Einstimmungsphase

Die letzte Phase der Erholung dient der Einstimmung auf den Alltag. Auch hier gilt es, auf einen guten Übergang zu achten. Wenn sehr viel Arbeit und Belastung auf Sie wartet, empfiehlt es sich zum Beispiel nicht, erst am Vorabend vom Urlaub zurückzukommen. Sich bereits am Urlaubsort wieder mit der Arbeit zu befassen ist auch nicht klug. Besser ist es, wenn Sie zum Beispiel am Samstag nach Hause kommen. So können Sie sich am Sonntag wie gewohnt auf die neue Arbeitswoche einstimmen.

Den wirklichen Bedürfnissen nachspüren

Je nach vorangehender Beanspruchung sind die Erholungsbedürfnisse, wie wir gesehen haben, verschieden. Diese und weniger die verheißungsvollen Urlaubsorte sollen als Traumziel dienen. Lassen Sie sich nicht dazu überreden, sich den Wünschen anderer zu fügen. Tun Sie auch nicht einfach das, was andere in Ihrem Umfeld tun. Gestalten Sie sich einen maßgeschneiderten Urlaub.
Eine besondere Herausforderung stellen die verschiedenen Wünsche innerhalb von Partnerschaft und Familie dar. Wie lassen sich Distanzierung, Entspannung und Erholung einerseits und Lust auf neue Kontakte und Abwechslung anderseits, wie lassen sich der Wunsch nach Ferien im eigenen Garten, im Gebirge oder im Großstadtgetümmel unter einen Hut bringen? Eine Auslegeordnung der Bedürfnisse und die Suche nach einer kreativen Lösung kann spannend sein. Vielleicht tut jeder zunächst ein paar Tage lang das, was ihm am meisten behagt, um anschließend gemeinsam etwas zu unternehmen. Oder der eine Urlaub geht mehr auf die Bedürfnisse der einen Seite und der nächste auf diejenigen der anderen ein. Wie immer auch Lösungen aussehen, für einen gelungenen gemeinsamen Urlaub sind Großzügigkeit und Respekt für die Wünsche und Besonderheiten des anderen unabdingbar. Urlaub ist auch im zum Klassiker gewordenen Buch »Phänomen Stress« von Frederic Vester ein Thema. Über den gemeinsamen Urlaub schrieb er 1976:[121]
Er soll ihr ruhig erlauben, genügend Nahrungsmittel und Kleider auf die Reise mitzunehmen, ob nötig oder nicht – es wird ihre Stressproduktion vermindern. Sie sollte ihn wiederum ruhig seine

Briefmarkensammlung in den Koffer packen lassen, auch wenn er kein einziges Mal während des Urlaubs hineinschaut. Hier könnte bereits der Beginn eines entstressenden Urlaubs ein verständnisvolles Schmunzeln sein und nicht mehr das Startsignal zum Streit über prinzipiellen Sinn oder Unsinn, über Logik oder Unlogik, der eine ständige Stressquelle werden kann und die Urlaubsreise dann eigentlich schon im vornherein unnötig werden lässt.

Beobachten und Reflektieren

Nehmen Sie sich eine ruhige Stunde und klären Sie Ihre Bedürfnisse in puncto Urlaub:

a   Hat mich die letzte Zeit viel körperliche, geistige und/oder emotionale Energie gekostet?

b   War ich in letzter Zeit öfter gestresst?

c   Gibt es zurzeit beruflich oder privat Dinge, die mich ziemlich frustrieren?

d   Will ich einfach einmal nichts tun, trödeln und herumhängen können?

e   Habe ich das Bedürfnis nach inspirierenden menschlichen Kontakten?

f   Träume ich vom Rückzug auf die stille Insel?

g   Brauche ich alles, Betrieb, Abwechslung und Ruhe?

h   Brauche ich einen Ortswechsel?

i   Will ich herumreisen oder an einem Ort verweilen?

k   Würde ich am liebsten zuerst zu Hause alles in Ordnung bringen?

l   Würde ich so oder so am liebsten zu Hause bleiben?

m   Welche Art Urlaub hätte ich momentan nötig, wenn ich auf nichts und niemanden Rücksicht nehmen müsste?

Stress hinterfragen: Was ist selbst gemacht?

Sowohl im Urlaub als auch im Alltag kommt es immer wieder zu Stress, der sich eigentlich vermeiden ließe. Sei es, wenn wir uns wegen Bagatellen aufregen oder ungeduldig werden, wenn wir uns über Dinge ärgern, die wir so oder so nicht ändern können, oder wenn wir uns durch unsere Ansprüche an uns selbst unter Druck bringen. Diese Stressfaktoren wollen wir im Folgenden etwas hinterfragen.

Wohlgemerkt: Es gibt Lebenssituationen, berufliche Positionen und Firmenkulturen, in denen selbst robuste Naturen unweigerlich in Stress geraten. Schwierige Lebensphasen, viel zu viel Arbeit, zu viel Druck von außen – um derartige Situationen geht es hier nicht. Es geht darum, was wir immer wieder selbst zum Stress im Alltag beitragen.

In den Anfängen der Stressforschung ist man davon ausgegangen, dass es vor allem einschneidende Ereignisse sind, die Stress verursachen. Heute weiß man, dass den kleinen Widrigkeiten des Alltags oft sogar die bedeutendere Rolle zukommt. Sie werden lange nicht wahrgenommen, summieren sich und können zu einem Teufelskreis führen.

Was stresst Sie? Eberhard Hofmann zitiert in seinem Buch »Weniger Stress erleben« einige typische *daily hassles,* tägliche Widrigkeiten, die zu Stress führen können:[122]

— Verlegen oder verlieren von Dingen
— zu viele Verpflichtungen
— Unsicherheit bei Entscheidungen
— Mahlzeiten planen
— Ärger mit Kunden oder Auftraggebern
— unangenehme Wortwechsel
— Arbeiten im Haushalt
— Schlange an der Kasse

Wer wagen will, sich zu kennen, muss verzichten, sich zu gefallen.
HERRMANN BAHR

— Wartezeit beim Arzt
— gesellschaftliche Zwänge
— widrige Verkehrsverhältnisse
— Vorwürfe von Partner oder Kindern.

Ob derartige Situationen zu Stressoren werden, hängt stark von unserer Einstellung ab. Wir können uns ärgern oder uns als hilfloses Opfer fühlen; wir können aber auch bewusst darauf Einfluss nehmen und versuchen, das Beste aus der Situation zu machen – es liegt an uns, ob wir uns reaktiv oder proaktiv verhalten wollen.

Haltungen, die Anspannung und Stress begünstigen

Es gibt Haltungen und Einstellungen, die Anspannung und Stress begünstigen. Dazu gehören zum Beispiel:

- *Ungeduld*
- *gewohnheitsmäßige negative Einstellung/Haltung*
- *gewohnheitsmäßiger Ärger über Dinge, die man nicht ändern kann*
- *innere Antreiber.*

Natürlich darf man hie und da ungeduldig sein oder eine negative Einstellung haben. Sich zu ärgern gehört zur Seelenhygiene und auch die inneren Antreiber sind bisweilen nötig. Doch es ist wie bei vielem: die Dosis muss stimmen. Die Verhaltensweisen dürfen nicht zur Gewohnheit werden und wollen immer wieder hinterfragt sein.

Ungeduld

Ungeduld entsteht oft in Situationen, in denen uns etwas zu langsam geht oder in denen wir uns ohnmächtig fühlen. So stressen sich Ungeduldige beim Warten auf den Lift, sie drängeln an der Kasse und auf der Straße und haben zu wenig Geduld bei der

218

Arbeit. Sie hören in Gesprächen nicht richtig zu, weil sie in Gedanken schon weiter sind. Und sie sind auch ungeduldig mit sich selbst und bringen sich oft unter Druck.

Wie halten Sie es mit der Ungeduld? Gibt es ungeduldige Gewohnheiten, die Sie angehen könnten? Gibt es Situationen, in denen Sie geduldiger und gelassener sein möchten?

Gewohnheitsmäßige negative Einstellung [123]

Die Gewohnheit, einer Aufgabe oder Angelegenheit gegenüber eine negative Einstellung zu haben, ist verbreitet. Unter Schülern oder Studierenden gilt es oft als cool, nicht gerne zu lernen, und selbst in Arbeitsteams wird die negative Einstellung bisweilen kultiviert. Bei anderen wiederum sind es nicht die Aufgaben am Arbeitsplatz, sondern die häuslichen Verrichtungen, denen mit einer negativen Einstellung begegnet wird.

Mit einer negativen Einstellung schaden wir uns selbst. Die Einstellung schlägt sich in der Stimmung nieder, sie kostet Energie und führt zu Stress und schlechteren Resultaten. Dies wiederum verstärkt die negative Einstellung und das Ganze führt zu einem Teufelskreis.

Die letzte der menschlichen Freiheiten besteht in der Wahl der Einstellung zu den Dingen.
VICTOR FRANKL

Und bei Ihnen …

a   Wie steht es mit meiner Einstellung?

b   Gibt es Pflichten und Aufgaben in meinem beruflichen und privaten Bereich, die mit einer positiveren Einstellung angehen könnte?

c   Wenn ja, welche?

Wie Sie es angehen können, werden Sie in Kapitel 9 erfahren.

Sich gewohnheitsmäßig über Dinge aufregen, die man nicht ändern kann

An sich ist nichts weder gut noch böse; das Denken macht es erst dazu.

WILLIAM SHAKESPEARE

So wie die einen ihre Ungeduld oder ihre negative Einstellung kultivieren, scheinen sich andere gerne über Dinge, die sie nicht ändern können, zu ärgern. Sie nehmen die Dinge persönlich und ärgern sich über die unhöfliche Bedienung, über den Stoßverkehr oder über die Politiker. Sie ärgern sich, weil der Partner einen anderen Schlafrhythmus hat, oder sie nerven sich über die halsstarrigen Eltern, die partout die Dinge so machen wollen, wie sie es schon immer getan haben. Sie finden immer wieder neue Gründe. Nur über eines ärgern sie sich nicht: darüber, dass sie sich ständig ärgern.

Und ...

a Worüber ärgere ich mich?

b Überdenke ich ab und zu, ob es Sinn macht, mich über dieses oder jenes zu ärgern?

c Diskutiere ich das Thema auch mit anderen?

Innere Antreiber[124]

Auch tiefe Überzeugungen und Werte, die wir uns schon in der Kindheit angeeignet haben, können uns unnötigerweise stressen oder gar blockieren. Dazu gehören Glaubenssätze wie:

— Man muss immer perfekt sein.

— Man muss immer aktiv sein.

— Man muss es immer allen Recht machen.

— Es muss immer schnell gehen.

— Pausieren ist unproduktiv.

— Man darf keine Fehler machen.

220

Ob Ungeduld, eine negative Einstellung, gewohnheitsmäßiger Ärger oder innere Antreiber: Bedenken Sie, was der Theologe Reinhold Niebuhr (1892–1971) in seinem Gebet erbittet:[125]
Herr, gib mir die Gelassenheit, Dinge hinzunehmen,
die ich nicht ändern kann;
den Mut, Dinge zu ändern, die ich ändern kann,
und die Weisheit, das eine vom anderen zu unterscheiden.

Hand aufs Herz ...

a   Krieche ich meinen Saboteuren, Antreibern und Blockierern auch ab und zu auf den Leim?

b   Gibt es welche, die ich angehen will?

c   Thematisiere ich in meiner Familie, im Arbeitsteam oder bei Freunden derartige Antreiber?

d   Habe ich schon daran gedacht, in einem zähen Fall professionellen Rat in Anspruch zu nehmen?

Zu den Dingen, die Sie beeinflussen können, gehört auch Ihre Energie. Entspannt und nach einem Urlaub so richtig erholt, sind Ihre Batterien wieder voll. Wünschen Sie sich ab und zu, über stärkere Batterien mit höherer Kapazität zu verfügen? Es gibt eine Vielzahl schlummernder Ressourcen, die Sie aktivieren können. Wo Ihre verborgenen Ressourcen sind und wie Sie sie aktivieren können, erfahren Sie im folgenden Kapitel.

9.
Ressourcen aktivieren

Ressourcen sind die Kräfte von Kopf, Herz und Hand, es sind unsere Kompetenzen, guten Gewohnheiten und klugen Haltungen, auf die wir jederzeit zurückgreifen können.

Ressourcen sind wie Muskeln. Je öfter wir unsere Ressourcen gebrauchen, umso belastbarer werden sie. Wenn wir es uns hingegen in der Bequemlichkeitszone gemütlich machen und weder Körper noch Geist, noch Gefühle herausfordern, verkümmern unsere Kräfte. Das Selbstwertgefühl sinkt und wir trauen uns immer weniger zu. Die Ressourcen schwinden und werden täglich dünner, wie ein Bein im Gips.

Die inneren Muskeln lassen sich jedoch trainieren und wie beim sportlichen Training wird die positive Wirkung bald spürbar sein. Ob Sie sich körperlich oder geistig herausfordern oder ob Sie etwas angehen, das Ihnen ein wenig Angst macht, spielt viel weniger eine Rolle, als *dass* Sie es tun. Fordern Sie sich, stellen Sie hohe Ansprüche an sich selbst und probieren Sie immer wieder, ob Sie nicht noch eine Stufe zulegen können: noch eine Extrarunde laufen, noch eine zusätzliche Lösungsvariante suchen oder nicht ruhen, bis Sie noch drei weitere Kunden gewonnen haben Und vergessen Sie dabei das Wichtigste nicht: die Spielfreude und die Lust am Experimentieren.

Ich möchte Ihnen in diesem Kapitel zuerst das vielfältige Spektrum der persönlichen Ressourcen aufzeigen. Dann gehe ich vertieft auf vier Ressourcen ein, die mir besonders wichtig erscheinen: Sie werden mehr darüber erfahren, wie Sie eine bessere Einstellung unvermeidlicher Routinearbeit gegenüber gewinnen können und was *Commitment* bedeutet. Sie werden zudem lernen, was realistische Optimisten sind und was diese besser machen. Außerdem werden Sie Möglichkeiten entdecken, um zusätzliche Lebensfreude gewinnen zu können. Mit allem, was Sie in diesem Kapitel erfahren, wird es Ihnen am Schluss leichter fallen, sich Ihre Ressourcen, Ihre eigenen Kräfte und Stärken, bewusst zu machen und einige davon weiterzuentwickeln und zu aktivieren.

Die Vielfalt der Ressourcen

Betrachte den Fluss deines Lebens und erkenne, wie viele Ströme in ihn münden, die dich nähren und unterstützen.

THICH NHAT HANH

Woher nehmen Sie die Energie, während einer unangenehmen Diskussion gelassen zu bleiben? Was gibt Ihnen die Kraft, ein Projekt, an das Sie glauben, trotz mangelnder Unterstützung weiterzuverfolgen? Was hilft Ihnen, über eine schmerzhafte Trennung hinwegzukommen? Ihre Energie und Kraft dafür stammt wahrscheinlich aus mehreren und ganz verschiedenen Quellen.
Wir unterscheiden zunächst drei große Ressourcen-Bereiche:

Zum einen sind es Ihre persönlichen Fähigkeiten und Charakterzüge im *Ich-Bereich*, Ihr *closed-loop*-System, das Ihnen Energie gibt. Ihr Selbstvertrauen, die Art und Weise, wie Sie Selbstverantwortung wahrnehmen, Ihre emotionale Intelligenz, Ihr Optimismus, Ihre fachlichen Kompetenzen, aber auch Ihre Gesundheit und Ihre körperliche und geistige Fitness sind Quellen der Kraft.

Die zweite reiche Ressource ist der *Beziehungs-Bereich*, das *open-loop*-System: Beziehungen zu Mitmenschen, aber auch die Beziehung zur Arbeit oder die Beziehung zu Dingen, die Ihnen etwas bedeuten.

Als Drittes kommt der Bereich der *Perspektiven und des Lebenssinnes* dazu: Die Dinge, die Ihrem Leben eine Richtung und einen Sinn geben, die großen Träume und Ziele, das Engagement für Familie und Gesellschaft oder Glaube und Spiritualität.

224

Genauso wie zwischen der physischen, der mentalen oder der emotionalen Ebene herrscht auch zwischen den drei Ressourcen-bereichen eine dynamische Wechselwirkung. Die Bereiche sind miteinander verwoben und die Grenzen unscharf. Das Ziel der Klassifizierung ist es, Ihnen einen Überblick über die Vielfalt der Ressourcen in diesen Bereichen zu geben. Sie finden in der unten stehenden Tabelle Beispiele für die drei Bereiche und ich werde anschließend näher darauf eingehen.

Wenn wir unser Leben nicht für etwas einsetzen, entleeren wir es.
JOSÉ ORTEGA Y GASSET

Ich-Bereich

physisch	emotional	mental
Atmung	Selbstachtung	Wille
Schlaf, Rhythmus	Selbstvertrauen	Selbstdisziplin
Gesundheit	Stimmung	Konzentration
Fitness	Lebensfreude	Realitätssinn
Ernährung	Optimismus	geistige Offenheit
Sinne	Sozialkompetenz	fachliche Kompetenzen

Beziehungs-Bereich

zu Menschen	zur Arbeit	zu Dingen
Partnerschaft	Interesse	Achtsamkeit
Familie, Freundschaft	Commitment	Ordnung, Ästhetik
Gemeinschaft	Arbeitsfreude	Vollendung

Perspektiven und Lebenssinn

Ziele	Engagement für die Gesellschaft
Herausforderungen	Reflexion, Philosophie
Träume, Hoffnung	Religion, Spiritualität

Abb. 23: Beispiele von verschiedenartigen Ressourcen

Ich-Bereich

Zur besseren Übersicht habe ich hier zwischen physischer, emotionaler und mentaler Ebene unterschieden. Die Grenzen sind in Wirklichkeit fließend und die Ebenen durchdringen sich oftmals stark.

Physische Ebene

Im Einklang mit den inneren Rhythmen zu leben und für guten Schlaf und körperliche Fitness zu sorgen ist für Vielbeschäftigte ein Muss.

Ebenso die richtige Ernährung: frisches Obst, frisches Gemüse und Vollkornprodukte sind Fertigprodukten und industriell verarbeiteten Nahrungsmitteln, Weißmehl und Süßigkeiten vorzuziehen. Maßvoll und gesund zu essen und mehr Wasser zu trinken ist eine bedeutende Quelle für mehr Energie.

Auch die Atmung spielt eine bedeutende Rolle. Sie wissen, dass Sie sich in Stresssituationen durch bewusstes Atmen rascher beruhigen und wieder entspannen können. Das Atmen kann aber auch anregen; ein paar kräftige Atemzüge am offenen Fenster können sehr belebend wirken. Denn unser Gehirn hat einen immensen Sauerstoffbedarf: obwohl es nur 2 Prozent des Körpergewichtes ausmacht, verbraucht es 25 Prozent des Sauerstoffs.

Wie die Atmung wirken auch wache, gut trainierte Sinne energetisierend. Über unsere Sinne und über unsere Atmung sind wir mit der Welt verbunden, wir sehen, hören, schmecken, riechen und spüren unser Umfeld und atmen es ein. Je besser unsere verschiedenen Sinne entwickelt sind, umso mehr nehmen wir auf und umso stärker ist die Verbundenheit mit der Umwelt. Wir werden achtsamer und fühlen uns in stärkerem Maße als Teil des Ganzen. Mit besser entwickelten Sinnen steigt auch unsere Genussfähigkeit. Dank eines gut entwickelten Geruchs- und Geschmackssinns können wir besser differenzieren. So erfreuen wir uns mehr

Atem ist eine verbindende Kraft. Sie schafft im Leiblichen Ausgleich und Gleichgewicht und hilft uns, die Eindrücke von innen und außen wandelbar zu machen. Sie verbindet die Menschen mit der Außenwelt und das Außen mit seiner Innenwelt. Atem ist Urbewegung und damit unmittelbares Leben.
ILSE MIDDENDORF

an einem guten Essen, einem stillen Augenblick oder an den spezifischen Gerüchen der Jahreszeiten. Und je besser trainiert unser Gehör ist, umso größer ist der Genuss von Musik, von Stimmen oder eines von professionellen Schauspielern gelesenen Hörbuchs.

Emotionale Ebene

Zu den ganz großen Ressourcen auf dieser Ebene gehören Selbstachtung, das heißt Respekt für sich selbst, sowie ein gut entwickeltes Selbstvertrauen. Auch die Fähigkeit, mit der Stimmung umgehen zu können, ist eine wertvolle Ressource, genauso wie die Fähigkeiten, sich freuen zu können und die Dinge aus einer optimistischen Perspektive zu sehen. Auf die Letzteren werde ich noch eingehen. Entscheidend ist auch Sozialkompetenz, die das Sich-einfühlen-Können in andere sowie die Beziehungsfähigkeit einschließt.

Mentale Ebene

Auf der mentalen Ebene findet sich der Wille und die Selbstdisziplin. Mentale Stärke heißt auch gutes Konzentrationsvermögen. Die geistige Offenheit kann ebenfalls zu den Ressourcen gezählt werden. Denn unvoreingenommen und offen für neue Ideen zu sein heißt, sich anregen und inspirieren zu lassen. Wichtig scheint mir auch, den Realitätssinn zu erwähnen. Denn nur wenn wir die Welt so sehen, wie sie ist, wenn wir zwischen Realität und Wunschdenken unterscheiden können, geben wir uns die Chance, uns weiterzuentwickeln. Eine vergleichsweise einfach zu erwerbende Ressource bilden fachliche Kompetenzen: kompetent mit der Software umgehen, kompetent Berichte und Protokolle schreiben, kompetent eine Sitzung leiten und so fort. Wie viel Frustration und Stress lassen sich vermeiden, wie viel Freude und Genugtuung lassen sich gewinnen, wenn wir uns die Mühe machen, auf verschiedenen fachlichen Teilgebieten unsere Kompetenz zu verbessern.

Beziehungsbereich

Tragfähige Beziehungen und emotionale Verbundenheit sind außerordentlich wichtige Ressourcen. Mit Beziehungen sind nicht nur Verbindungen zu den Mitmenschen gemeint, sondern auch eine gute Beziehung zu unserer Arbeit, also Interesse, Engagement und Freude am Tun. Ebenso geben Beziehungen zu unserer Umwelt Kraft: Achtsamkeit, die Verbundenheit zur Natur, eine Umgebung, in der wir uns wohl fühlen und die auch unser Auge erfreut, vernünftige Ordnung in der Wohnung und auf dem Schreibtisch sowie die vollendete Schönheit eines Kunstwerks. Energie gibt auch das Vollenden von Aufgaben: einen Bericht abschließen, eine Prüfung bestehen oder auch das Fahrrad oder die Küche wieder in Ordnung bringen.

Ersteige jeden Berg, durchwate jeden Fluss, folge jedem Regenbogen, bis du deinen Traum findest.
ELEANOR TRAYLOR

Perspektiven und Lebenssinn

Alles, was Perspektiven schafft und damit Lebenssinn vermittelt, gibt Energie und Kraft. Dazu gehören Ziele, Herausforderungen und Träume. Sie sind wirksam, weil sie uns eine Richtung und eine Leitplanke für die Zukunft geben. In Kapitel 10 werden Sie mehr darüber erfahren. Auch Engagements für Familie und Gemeinschaft, also für Aufgaben, die über das eigene Ich und die eigenen Bedürfnisse hinausgehen, vermitteln Lebenssinn. Des Weiteren können Reflexion, Philosophie, Religion und Spiritualität bedeutende Sinn- und Energiequellen sein.

Ich will im Folgenden exemplarisch auf vier verschiedene Ressourcen eingehen und Ihnen zeigen, wie sie sich besser erschließen lassen. Ich habe zuvor die Aktivierung der Ressourcen mit dem Muskeltraining verglichen. Das Training dieser inneren Muskeln kann unterschiedlich aussehen. Je nachdem, ob es darum geht,

228

sich bessere Verhaltensweisen anzugewöhnen oder zu einer neuen Einstellung oder einem neuen Verständnis zu gelangen. Unabhängig davon, was Sie trainieren wollen, gilt: Je öfter Sie diese Muskeln – das heißt, das angestrebte Denken und Verhalten – einsetzen, umso stärker werden sie. Je öfter Sie sich ganz bewusst mit einer positiven Einstellung hinter eine ungeliebte Tätigkeit machen können, umso besser gelingt es Ihnen. Und je häufiger Sie es schaffen, ein kleines Commitment wirklich einzuhalten, umso eher werden Sie den Mut zu einer größeren Verpflichtung aufbringen und sich beseelt dafür einsetzen können.

Eine neue Einstellung zu ungeliebten Tätigkeiten gewinnen

Nichts ist mühsam, was man willig tut.
THOMAS JEFFERSON

In diesem Kapitel geht es um die Arbeitsfreude. Es geht darum, dass Sie sich negativer Einstellung bestimmten Tätigkeiten gegenüber bewusst werden und sie wenn nötig regulieren.

Eigentlich dachte ich immer, ich hätte durchwegs eine positive Einstellung zur Arbeit, ob sie nun anspruchsvoll oder anspruchslos sei. Doch kürzlich habe ich mir wegen eines einstündigen Einsatzes den ganzen Nachmittag verdorben und vielleicht ist Ihnen auch schon Ähnliches passiert:

Nachdem ich einige Jahrgänge einer wissenschaftlichen Zeitschrift systematisch nach bestimmten Themen durchsucht hatte, wollte ich die wichtigsten Artikel kopiert haben. In der Regel delegiere ich derartige Aufgaben, doch es war niemand dafür da und ich brannte darauf, die Kopien am Abend durchzuarbeiten. So stellte ich mich selbst an den Kopierer – und prompt musste zuerst die Tonerkassette ausgewechselt werden. Meine Laune war ziemlich schlecht, als ich endlich mit dem Kopieren beginnen konnte. Ich empfand es als Zeitverlust und brachte die Sache so rasch als möglich hinter mich. Zu Hause stellte ich dann fest, dass bei vielen Kopien der Text am Rand abgeschnitten war und dass bei einem Artikel eine Seite fehlte. Ich ärgerte mich, dass ich mir nach dem Kopieren nicht die Mühe gemacht hatte, die kopierten Seiten zu kontrollieren. So musste ich nochmals ins Büro fahren, um die Fehler wieder gutzumachen.

Ich habe mir nach dieser Begebenheit geschworen, dass so etwas nicht mehr vorkommen soll, und achte seither auf meine Einstellung weniger geliebten Tätigkeiten gegenüber. Und ab und zu gebe ich mir nun einen kleinen Ruck; ich will auch Langweiliges bewusst mit einer positiven Einstellung angehen.

Je weniger beliebt eine Tätigkeit ist, umso eher wird sie unkonzentriert, mechanisch und lieblos verrichtet. Es scheint fast so, als beleidige Anspruchsloses wie kopieren, stets dieselben Fragen beantworten, E-Mails schreiben oder Hausarbeit verrichten den intelligenten Geist. Die negative Einstellung lässt den Energiepegel und die Stimmung sinken. Das hat zur Folge, dass der gute Wille und die Sorgfalt leiden, und dass der nötige Elan fürs Kontrollieren und Korrigieren fehlt. Die Resultate sprechen dann für sich: unbrauchbare Kopien, falsche Zahlen, Fehler selbst in anspruchslosen Mails, vernachlässigte Kunden oder unnötiger Zwist zu Hause. Und oft hat schlechte Arbeit weitere Konsequenzen. Die falschen Zahlen führen zu Fehlentscheidungen, die Fehler in den Mails erwecken einen schlechten Eindruck, vernachlässigte Kunden wenden sich einem anderen Anbieter zu und das Klima in der Partnerschaft oder Familie leidet.

Es ist eine Tatsache, dass Routinearbeit den Geist unterfordert – doch das muss nicht zwingend zu Langeweile und Frustrationen führen. Denn Routinearbeit kann auch als eine willkommene Abwechslung zu Phasen intensiver Konzentration dienen. Nicht von ungefähr hat Hermann Hesse gerne im Garten gejätet. Von Freischaffenden hört man oft, wie gut sich Verrichtungen im Haus, in der Werkstatt oder im Garten als Denkpausen eignen.

Es lohnt sich, die Hintergründe für eine negative Einstellung bestimmten Tätigkeiten gegenüber zu hinterfragen und sich die Konsequenzen bewusst zu machen. Es kostet gleich viel Zeit, ob wir eine Sache positiv oder negativ gestimmt angehen. Doch die Qualität des unmittelbaren Erlebens und die Stimmung danach, sowie das Resultat und dessen weitere Auswirkungen sind nicht dieselben.

Für eine positivere Einstellung sorgen

Angenommen, Sie kennen aus eigener Erfahrung einige ungeliebte Tätigkeiten, an die Sie in Zukunft mit einer positiveren Einstellung herangehen und dabei das Beste geben wollen. Wie lässt sich dies bewerkstelligen?

Zwei Elemente sind wichtig:

- *den Willen für die positivere Einstellung aufbringen*
- *die Herausforderung durch ein zusätzliches Ziel erhöhen.*

Positivere Einstellung

Eine positivere Einstellung gewinnen Sie, wenn Sie sich vor Augen halten, was Sie mit Ihrem Tun überhaupt wollen. Führen Sie sich auch die Konsequenzen der negativen Einstellung vor Augen. Achten Sie zudem auf Ihre Stimmung: Wie wirkt sich a) eine negative Einstellung und b) eine positive Einstellung auf Ihren Energie- und Stimmungspegel vor, während und nach der Arbeit aus?

Herausforderung erhöhen

Durch ein zusätzliches Ziel kann die Komplexität einer Aufgabe erhöht werden, sodass sie einen – zumindest für eine Weile – mehr herausfordert. Dadurch wird sie interessanter und befriedigender.

Höchste Vollendung ist es, die Grenze zwischen Arbeit und Spiel zu verwischen.
ARNOLD TOYNBEE

Zum Beispiel:

- *die Routine-E-Mails so formulieren, dass sie an Höflichkeit, sprachlicher Klarheit und Kürze nicht mehr zu überbieten und absolut fehlerfrei sind*
- *bei der Bearbeitung von Routineproblemen systematisch nach Standardisierungen und Vereinfachungen suchen*
- *sich ein knappes Zeitlimit setzen*
- *während den Routine-Sitzungen zusätzlich aus der Körpersprache oder den Stimmen auch Anspannung und Gefühle ablesen oder die Stimmen und den sprachlichen Ausdruck der Teilnehmenden genauer studieren.*

Jede Stunde, ja jede Minute, die wir mit einer negativen Einstellung angehen, ist verlorene Zeit. Wenn wir uns eine positive Haltung den bisher wenig geliebten Tätigkeiten gegenüber angewöhnen, tun wir uns selbst am meisten Gutes.

Der Philosoph Khalil Gibran drückt sehr schön aus, was es heißt, mit Liebe zu arbeiten: [126]

Und was heißt es, mit Liebe zu arbeiten?

Es heißt, das Tuch mit Fäden zu weben, die aus eurem Herzen gezogen sind, als solle euer Geliebter das Tuch tragen.

Es heißt, ein Haus mit Zuneigung bauen, als solle eure Geliebte im Haus wohnen.

Es heißt, den Samen mit Zärtlichkeit säen und die Ernte mit Freude einbringen, als solle euer Geliebter die Frucht essen.

Es heißt, allen Dingen, die ihr macht, einen Hauch eures Geistes einzuflößen.

Vieles im Leben lässt sich beeinflussen, aber nicht alles. Zum Beispiel nicht die Richtung des Windes. Man kann sie nicht ändern, man kann sie nur hinnehmen. Das ist das Entscheidende – das Ballonfahren ist eine Philosophie der Akzeptanz.
BERTRAND PICCARD

»Allen Dingen, die ihr macht, einen Hauch eures Geistes einzuflößen« – schöner kann man es wohl gar nicht mehr ausdrücken.

Kurz zusammengefasst:

Die Einstellung lässt sich bei Routine- und ungeliebten Aufgaben verbessern, wenn Sie:

- *sich einen Ruck geben und die Sache bewusst positiv gestimmt angehen*
- *sich vornehmen, ein qualitativ einwandfreies Resultat – wie bei einer Fachprüfung – zu schaffen*
- *den Willen haben, die Arbeit in guter Stimmung zu beenden.*

Beobachten und Reflektieren

Betrachten Sie eine ungeliebte Tätigkeit – ob im Büro oder zu Hause – und fragen Sie sich Folgendes:

a   Welchen Beitrag will ich mit dieser Arbeit leisten? Was will ich damit bewirken? Was für ein größeres Ziel will ich damit erreichen?

b   Welches sind die Konsequenzen, wenn ich die Aufgabe weiterhin mit einer negativen Einstellung angehe?

c   Was sind die Folgen, wenn ich die Aufgabe in Zukunft mit einer positiven Einstellung angehe?

Commitment verstehen

Ein Commitment ist eine beherzte Entscheidung. Ein Mensch, der Commitment zeigt, entscheidet sich vorbehaltlos für eine Sache, für ein Ziel, für eine Beziehung oder für seine Arbeit. Es beinhaltet den starken Willen, das gesetzte Ziel zu erreichen. Commitment ist kein halbherziges Wollen, kein »Ja, aber«, sondern ein bedingungsloses und klares »Ja!«.

Commitment ist mehr als eine bloße Entscheidung im Kopf. Im Commitment verbinden sich Wille und Gefühl. Der Box-Champion Muhammed Ali drückte dies so aus:

If my mind can conceive it
And my heart can believe it
Then I can achieve it.

Muhammed Ali hat erfahren, dass ihm nur dann Dinge gelingen, wenn er sie sich im Geist vorstellen und auch tief im Herzen daran glauben kann.

Ein Commitment ist ein tiefes Versprechen sich selbst gegenüber. Meine amerikanische Freundin Mary erzählte mir vor längerer Zeit, sie habe mit Joggen begonnen und würde nun zur Entspannung drei Mal die Woche eine halbe Stunde laufen gehen. Auf meine Frage, ob sie dieses Vorhaben denn bei ihrer großen Arbeitsbelastung durchziehen könne, meinte sie: »*I promised myself!*« Sie hat es sich selbst versprochen und hat dieses Versprechen, dieses Commitment, eingehalten. Joggen ist für sie mittlerweile zu einer lieben Gewohnheit geworden, die sie nicht mehr missen möchte.

Oft fürchten sich Menschen vor einem Commitment und Gründe dafür gibt es viele: Zum einen bedeutet eine solche Entscheidung *Verzicht* auf viele andere Möglichkeiten. Zweitens beinhaltet ein Commitment auch das *Risiko* des Scheiterns und drittens ist der Weg zum Ziel mit *Anstrengung* gepflastert. Betrachten wir diese Gründe noch etwas genauer:

Verzicht

»Ich habe die Wahl.« Sagen Sie sich diesen einfachen Satz immer wieder, morgens, mittags und abends. Zu erkennen, dass Sie die Wahl haben und die Verantwortung, die dies mit sich bringt, anzunehmen, verleiht Ihnen enorme Mengen an Energie.
DONNA LESLIE THOMSON

Commitment heißt, sich für etwas zu entscheiden und sich auf diese Sache zu begrenzen. Einer, der sich begrenzt hat, ist Gerd Binnig, der mit 39 Jahren den Physik-Nobelpreis erhalten hat. In seinem inspirierenden Buch »Aus dem Nichts« stellt er nüchtern fest:[127] »Ein Ziel ist eine Begrenzung der Möglichkeiten.« Wer sich stets noch alle anderen Möglichkeiten offen halten und nichts verpassen will, empfindet ein Commitment als Verzicht auf anderes. Menschen hingegen, die wie Binnig zu Commitments fähig sind, sehen vorwiegend das, was sie damit gewinnen. Andere Möglichkeiten interessieren sie dabei wenig.

Risiko

Mit einem Commitment geht man ein Risiko ein. Es kann sein, dass wir das Versprechen uns selbst gegenüber gar nicht einhalten können oder dass die Sache aus anderen Gründen scheitert. Solange wir bei einem Misserfolg nicht gleich uns selbst in Frage stellen, kann er für künftige Erfolge nützlich sein. Nämlich dann, wenn wir unsere Vorgehensweise hinterfragen und überlegen, was wir beim nächsten Anlauf noch besser, noch schöner oder noch klüger machen können. Bei der Hemmung, sich für etwas zu verpflichten, spielt oft auch die Befürchtung mit, man stecke dann irgendwie fest, man sei gefangen und es gebe kein Heraus mehr aus der Situation; man verliere die Freiheit. Doch wer Commitments vermeidet, gewinnt höchstens die Freiheit, sich zu verzetteln, beruflich stehen zu bleiben, keine eigene Familie zu haben, den Universitätsabschluss nicht zu schaffen, kein Haus oder nicht einmal eine Katze zu besitzen.

Risiko ist die Bugwelle des Erfolgs.
CARL AMERY

Anstrengung

Ein Commitment fordert. Wir müssen immer wieder die Bequemlichkeitszone verlassen und aktiv werden. Es gilt, Schwierigkeiten zu meistern und Krisen durchzustehen. Doch am Ende winkt der Erfolg und wir haben das erreicht, was wir uns vorgenommen haben.

Erst im Handeln und in schwierigen Situationen zeigt sich, wie stark das Commitment wirklich ist. Boris Becker hat dies erfahren, als er 1989 die US Open in Flushing Meadows gewann. Er sagte später in einem Interview:[128]

Du musst dieses Turnier lieben, wenn du hier gewinnen willst. Du musst es lieben trotz des Fluglärms über dir, du musst es lieben trotz der hysterischen Zuschauer, trotz des Betonkessels und trotz der Affenhitze. So wie Jimmy Connors es achtzehn Jahre lang geliebt hat. Wenn du es nicht lieben kannst, gehst du besser vom Platz.

Sich auf realistischen Optimismus besinnen

Zahnschmerzen sind ziemlich unangenehm. Keine Zahnschmerzen zu haben ist gewöhnlich ein neutraler Gefühlszustand. Wenn wir jedoch den Nicht-Zahnschmerz achtsam wahrnehmen, verwandelt er sich in Frieden und Freude.

THICH NHAT HANH

»Optimistische Menschen sind stets bestens gelaunt, es geht ihnen immer gut, sie sehen alles durch die rosarote Brille und neigen dazu, vor den Problemen die Augen zu verschließen, um sich die gute Stimmung nicht verderben zu lassen.« Diese oder ähnliche Erklärungen höre ich oft, wenn ich Mitmenschen frage, wie sie Optimisten definieren würden: in allem nur das Positive sehen, immer positiv denken und sich die positive Stimmung nicht nehmen lassen.

Doch einen solchen Zweckoptimismus meine ich nicht, wenn ich fortan den Begriff Optimismus verwende. Gemeint ist eine realistischere Form des Optimismus, die ich Ihnen im Folgenden näher erläutern will.

Der Psychologe Michael F. Scheier befragte Studierende nach dem widrigsten Ereignis des vergangenen Monats und wollte detailliert wissen, wie sie darauf reagierten.[129] Wie bei zahlreichen ähnlichen Untersuchungen zeigte es sich, dass sich die einen Probanden mit dem Problem auseinander setzen und etwas tun, um es zu lösen, während ihm andere ausweichen oder es nicht in seinem ganzen Umfang wahrhaben wollen. Diese Letzteren zeigen die Kriterien der Pessimisten: Statt das Problem anzugehen, tun sie, als ob sie davon nicht betroffen wären. Sie lenken sich davon ab (zum Beispiel durch längeren Schlaf, mehr Essen oder Alkohol und Drogen) oder schwelgen in Illusionen.

Im Gegensatz zu den Pessimisten sind die Optimisten wirklichkeitsnaher. Sie sehen die Realität ganz nüchtern so, wie sie ist, und nicht so, wie sie sein sollte. Optimisten machen sich weniger falsche Illusionen. So paradox es klingen mag: Optimisten können besser schwarz sehen als Pessimisten; sie können Negatives besser zulassen. Sie sehen Probleme früher, erkennen dabei auch die Chancen, die in derartigen Situationen stecken und handeln entsprechend proaktiv.

236

Optimistinnen und Optimisten gleichen Stehaufmännchen. Wenn sie in den Staub fallen, stehen sie wieder auf, klopfen sich die Kleider aus und überlegen sich, wie sie es das nächste Mal besser machen könnten.

Optimistische Menschen handeln nicht nur proaktiver, sie *bewerten* Situationen auch anders. So wurden zum Beispiel Herz-Patienten einen Tag vor und eine Woche sowie einen Monat nach dem chirurgischen Eingriff zu ihrem Befinden befragt. Die Optimisten waren vor der Operation weniger deprimiert und verspürten auch weniger Widerstand gegen den Eingriff als die Pessimisten. Eine Woche danach waren die Optimisten stärker erleichtert und glücklicher; sie äußerten sich auch zufriedener mit der Pflege und über die emotionale Unterstützung durch Freunde. Nach einem Monat schließlich schätzten die Optimisten ihre Lebensqualität signifikant besser ein als die Pessimisten. Die unterschiedliche Bewertung zeigte sich auch noch fünf Jahre später.

Neben dem unterschiedlichen Bewerten von Situationen und dem verschiedenartigen Umgang mit widrigen Ereignissen gibt es noch ein drittes Kriterium, das Optimisten von Pessimisten unterscheidet: *das Verhalten in Situationen, die sich nicht ändern lassen* – von der verpatzten Prüfung über die letzte verpasste Chance auf Beförderung bis hin zu einem gravierenden Unfall, der einen langen Krankenhausaufenthalt nötig macht. Pessimisten neigen eher zu Selbstmitleid und klagen. Sie versuchen, die Situation zu negieren und sich an der Vergangenheit festzuhalten oder sie resignieren. Den Optimisten gelingt es viel eher, die unabänderliche Situation zu akzeptieren, ohne aber sich davon unterdrücken zu lassen. Also kein fatalistisches Akzeptieren, sondern vielmehr eine proaktive Neuorientierung unter diesen veränderten Umständen. So, wie es Migros-Gründer Gottlieb Duttweiler einmal gesagt hat: »Optimismus ist nicht Sorglosigkeit, sondern tätiger Zukunftsmut.«

Du kannst nicht verhindern, dass die Vögel der Besorgnis über deinem Kopf fliegen. Aber du kannst verhindern, dass sie in deinem Kopf ein Nest bauen.
ALTE CHINESISCHE WEISHEIT

Optimismus ist geistige Hygiene.
HILDE RADUSCH

237

Lebensfreude kultivieren

Wer singen will,
findet immer ein Lied.
SPRICHWORT AUS SCHWEDEN

Lebensfreude, Glück, Lebenszufriedenheit, Lebensqualität oder »subjektives Wohlbefinden«, wie es in der Psychologie auch genannt wird – all das ist nicht bloß Glückssache oder Zufall. Wir können einiges dazu beitragen und wenn wir es tun, tritt ein, was Gottfried Keller einst schrieb: »Wo das Glück einmal einkehrt, da greift es leicht um sich.«

Die kumulative Wirkung kleiner Freuden

Die Forschung hat gezeigt, dass es weniger die großen Ereignisse sind, die das Glücklichsein bestimmen. Es sind vielmehr die kleinen Freuden des Alltags und deren Häufigkeit, die zu Glück und Lebenszufriedenheit beitragen.[130]

Interessanterweise fallen negative Erlebnisse weniger ins Gewicht und diese Erfahrung kennen Sie wohl selbst: im Rückblick verblassen Widerwärtigkeiten und negative Episoden eher als erfreuliche und positive Begebenheiten – zumindest bei optimistischen Menschen. Wenn Sie an Ihre letzte Reise zurückdenken, erinnern Sie sich wohl zuerst an die Höhepunkte und daran, was Ihnen besonders gut gefallen hat. Die Anstrengung, die kleinen Ärger und Enttäuschungen tun nicht mehr weh oder Sie schmunzeln im Nachhinein darüber.

Auf einen Nenner gebracht: Je mehr kleine und große Freuden – und damit energetisierende Momente – wir über einen längeren Zeitraum *bewusst* erleben, umso besser wird unsere Grundstimmung und umso zufriedener und glücklicher sind wir. Freudige Ereignisse kumulieren sich.

Die Wahrnehmung fürs Erfreuliche schärfen

Der springende Punkt ist der, die erfreulichen Dinge überhaupt in genügendem Maße wahrzunehmen und sie sich bewusst zu machen. Wie lässt sich das angehen?

Ein eindrückliches Beispiel habe ich vor ein paar Jahren erfahren, als ich einen Vortrag in einem Rotary-Club gehalten hatte. Der Programmverantwortliche ließ sich nach meinem Einsatz mit mir fotografieren. Nach dem Grund gefragt, erzählte er mir etwas Bemerkenswertes: Vor vielen Jahren, als seine inzwischen verstorbene Frau an Krebs erkrankte, hat er jeden Tag etwas Schönes oder Erfreuliches fotografiert, um ihr die schwere Zeit aufzuhellen. Tag für Tag hat er ein Bild gemacht und sich eine kleine Legende dazu notiert. Auch nach dem Tod seiner Frau hat er diese Gewohnheit weitergeführt. Er hatte nämlich erkannt, dass auch er dadurch die schwere Zeit besser hatte durchstehen können. Die Macht der Gewohnheit hat ihm dabei geholfen. Sie hat ihn gezwungen, trotz Trauer jeden Tag etwas Erfreuliches zu finden und im Bild festzuhalten. Später hat er seine Bilder zu Jahresbüchern binden lassen. Sie machen nicht nur ihm, sondern auch seinen erwachsenen Kindern immer wieder Freude.

Etwas Ähnliches praktiziert eine Freundin: Ihre Mutter starb überraschend und es war für sie schwierig, darüber hinwegzukommen. Sie hat dann ein Freudentagebuch begonnen und sich diszipliniert, jeden Abend einen Eintrag zu machen. Es gelingt ihr schon recht gut und sie spürt bereits einen positiven Effekt. Ihr Blick für Schönes, Lustiges und Dinge, die ihr gut tun, hat sich geschärft.

Derartige Gewohnheiten erhöhen die Aufmerksamkeit und lassen uns Erfreuliches eher entdecken. Und jedes Mal, wenn die Notizen wieder gelesen oder die Bilder betrachtet werden, wird das positive Erlebnis erneut real und die Erinnerung daran nachhaltig verstärkt.

Willst du immer weiter schweifen? Sieh, das Gute liegt so nah. Lerne nur das Glück begreifen, denn das Glück ist immer da.
JOHANN WOLFGANG VON GOETHE

Schärfen auch Sie Ihre Wahrnehmung fürs Erfreuliche. Pflegen Sie Ihre positiven Erlebnisse und Erfahrungen: erinnern Sie sich immer wieder daran, erzählen Sie sie anderen, schreiben Sie sie auf. Sie kultivieren damit Ihr Wohlbefinden und Ihre Lebensfreude.

Ich-Bereich

physisch

emotional

mental

Beziehungs-Bereich

Perspektiven und Lebenssinn

Abb. 24: Zum Kapitel »Die eigenen Ressourcen aktivieren«

240

Die eigenen Ressourcen aktivieren

Sie haben nun einiges über Ressourcen erfahren und dabei wohl unwillkürlich auch an Ihre eigenen gedacht – Zeit, Bilanz zu ziehen und Ihre Ressourcen zu aktivieren.

Welches sind Ihre wichtigsten Ressourcen? Was können Sie besonders gut? Welche Verhaltensweisen helfen Ihnen, in schwierigen Situationen über die Runden zu kommen? Wo liegen Ihre physischen, mentalen und emotionalen Stärken? Woraus gewinnen Sie Energie und Kraft?

Versuchen Sie, sich darüber Klarheit zu verschaffen, und tragen Sie diese in die Abbildung auf nebenstehender Seite ein.

Betrachten Sie nun Ihre Notizen und stellen Sie sich folgende Fragen:

a *Zu welchen der eigenen Ressourcen habe ich besonders guten Zugang?*

b *Zu welchen der auf Seite 240 aufgeführten Ressourcen habe ich besonders guten Zugang?*

c *Welche Ressourcen möchte ich aktivieren und weiterentwickeln? Warum?*

d *Wie und wann gehe ich es an?*

Energie und Lebensfreude, Wille und Mut und auch Belastbarkeit und Schaffenskraft hängen davon ab, wie stark entwickelt und vielfältig unsere Ressourcen sind, wie gut wir sie zu nutzen wissen und in welchem Maße wir sie weiterentwickeln.[131]

Experimentieren Sie, spielen Sie mit den Herausforderungen, entwickeln Sie Freude am Tun und üben Sie so lange, bis aus Ihren Vorsätzen gute Gewohnheiten geworden sind. Der Ball liegt nun bei Ihnen.

Im kommenden Kapitel werden wir uns noch zwei weiteren wichtigen Ressourcen widmen: der Selbstüberwindung und den Zielen.

Das Leben muss nicht leicht sein, wenn es inhhaltsreich ist.
LISE MEITNER

241

10.

Sich zum Handeln überwinden und den Schwung erhalten

Als ich kürzlich einem guten Bekannten gegenüber erwähnte, dass in meinem neuen Buch auch die Überwindung thematisiert werde, war er begeistert. Er arbeitet oft exzessiv und bisweilen bis zur Erschöpfung und hoffte auf Ideen, um sich noch stärker am Riemen zu reißen und noch länger durchhalten zu können. Doch es geht auch anders als mit Zähnezusammenbeißen.

Sich zu überwinden braucht zwar Energie und Willenskraft. Wenn Sie große und kleine Ziele erreichen wollen, gilt es, sich immer wieder aufzuraffen und aus der Bequemlichkeitszone herauszukommen. Doch der Weg führt nicht über Exzesse, sondern über die Kunst der gut dosierten, kleinen Schritte. Es gibt interessante handlungspsychologische Erkenntnisse, die die Überwindung Schritt für Schritt erleichtern können.

Sich zu überwinden lässt sich üben und je besser Sie es können, umso weniger Energie müssen Sie dafür aufwenden. Sie werden immer mehr in Schwung kommen, mutiger werden, Grenzen überschreiten, zu neuen Horizonten aufbrechen und größere Ziele ins Auge fassen. Ziele sind äußerst mächtige Energiequellen und ich will Sie anregen, ab und zu etwas Außergewöhnliches anzupacken, es beharrlich umzusetzen und damit auch mehr Energie für den Alltag zu gewinnen.

In diesem Kapitel möchte ich Ihnen zunächst deutlich machen, was Selbstüberwindung auf verschiedenen Ebenen bewirken kann. Dann werden Ihnen die drei Stadien des handlungspsychologischen Phasenabfolgemodells zu wichtigen Einsichten verhelfen. Ich werde im Weiteren näher auf unterschiedliche Faktoren eingehen, die es Ihnen erleichtern, sich zu überwinden und eine Handlung auszuführen. Dazu gehören zum Beispiel die Techniken des *Cognitive Override* oder der Visualisierung. Auch Interesse und Selbstdisziplin sind wichtige Faktoren, die ich näher erläutern will. Sie werden zudem lernen, wie Sie den Schwung nach der Handlung nutzen und wie Sie die Determiniertheit aufrechterhalten können. Zum Schluss geht es um den Zauber der großen Ziele. Sie werden mehr über die Rolle der Zufälle und über die Eigendynamik, die derartige Vorhaben entwickeln, erfahren und Sie werden so erahnen, welche Magie in großen Zielen stecken kann.

Die einzige Möglichkeit, nie zu scheitern, ist, nichts zu versuchen.
BERTRAND PICCARD

Was Selbstüberwindung bringt

Ob Sie sich zum Fitnesstraining aufraffen, ob Sie endlich die Person, die Sie schon lange interessiert, ansprechen oder ob Sie einen neuen Kunden akquirieren wollen: Am Anfang steht die Überwindung.

»Soll ich oder soll ich nicht?« – Sie kennen wohl die Momente des inneren Zwistes aus eigener Erfahrung. Und Sie haben bestimmt auch schon das ungute Gefühl erlebt, wenn Sie der bequemeren Option erlegen sind und die mühsamere Variante vermieden haben. Sie wissen aber auch um die große Befriedigung und den Motivationsschub, wenn Sie sich trotz allem überwunden haben. Der Lohn der Selbstüberwindung ist groß. Angenommen, Sie erledigen heute zwei Dinge, für die Sie sich einen Ruck geben müssen: ein Telefongespräch mit einem schwierigen Kunden und eine Runde Joggen am Abend. Selbst wenn Ihr Kunde während des Gesprächs Kritik übt oder wenn Sie beim Joggen in den Regen geraten, gewinnen Sie viel mehr, als Sie zu Beginn aufgewendet haben:

- Sie spüren das befriedigende Gefühl der *Selbstwirksamkeit* (siehe nächster Abschnitt).

- Sie haben mit Ihrer Handlung etwas *bewirkt*: Sie haben die Beziehung zum Kunden trotz allem gefestigt. Und Sie haben sich beim Joggen entspannt und dem Körper Gutes getan.

- Sie sind durch die Selbstüberwindung in *Schwung* gekommen und dadurch werden Ihnen auch weitere Aufgaben und Vorhaben leichter fallen (siehe auch Seite 262).

- Sie haben etwas *dazugelernt oder sich weiterentwickelt.*
  Die Kritik des Kunden ist berechtigt; Sie werden etwas ändern. Und Sie haben durchs Joggen Ihre Fitness verbessert.

- Sie haben an *Überwindungserfahrung gewonnen.* Über je mehr Erfahrung Sie verfügen, umso leichter fällt es Ihnen generell, sich zu irgendwelchen Aktivitäten aufzuraffen und sich einen Ruck zu geben. Ihre Überwindungserfahrungen bilden die Basis für gutes Selbstmanagement und wirkungsvolle persönliche Führung. Sie geben zudem das nötige Selbstvertrauen, um große Ziele, die Mut erfordern, anzugehen.

Glück ist eine Überwindungsprämie.
MANÈS SPERBER

Selbstwirksamkeit spüren

Die *Selbstwirksamkeit* ist das Vertrauen, etwas aus eigener Kraft zustande zu bringen.[132] Es ist das befriedigende Gefühl des »ich schaffe es«, »ich kann es« und des »ich habe mich selbst im Griff und kann mich auf mich selber verlassen«. Jedes Mal, wenn Sie sich überwunden und eine Handlung ausgeführt haben, verspüren Sie diese innere Kraft – sofern Sie bewusst darauf achten. Je schwerer Ihnen die Überwindung fällt, umso größer ist im Nachhinein das Gefühl der Selbstwirksamkeit und umso mehr Energie gewinnen Sie.

Selbstwirksamkeit erzeugt ein Urvertrauen, ein tiefes Wissen, den Herausforderungen des Lebens gewachsen zu sein. Selbstwirksamkeit heißt »Eigenmacht« statt Ohnmacht. Wenn Sie das spüren, geraten Sie weniger in eine destruktive Opferhaltung. Selbstwirksamkeit macht Sie selbstsicherer und erhöht das Selbstvertrauen,[133] das eine der ganz großen Ressourcen bildet.

Vom Vorsatz zur Vollendung: Die drei Phasen [134]

Lassen Sie mich noch einmal auf den inneren Zwist zurückkommen: »Soll ich nun wirklich joggen gehen oder es mir vor dem Fernseher gemütlich machen?« – Was führt zum Entschluss, die mühsamere Option zu wählen? Wann obsiegt die Bequemlichkeit? Was läuft im Kopf ab, bevor es zum Entschluss für die eine oder andere Variante kommt? Wie können die Gedanken besser auf die anstrengendere Option ausgerichtet werden? Gehen wir diesen Fragen etwas genauer nach.

Manche legen sich die Latte ihres Lebens genau so hoch, dass sie bequem unten durchspazieren können.
ERNST FERSTL

Was vor dem Entschluss im Kopf abläuft

Angenommen, wir könnten die Gedankengänge von zwei verschiedenen Individuen A und B verfolgen.[135] Sie arbeiten in der gleichen Abteilung und haben sich vorgenommen, als Vorbereitung auf den Firmensporttag am Abend joggen zu gehen. Beide stellen sich dieselbe Frage:

Beispiel A

Soll ich jetzt joggen gehen oder zu Hause bleiben? Eigentlich sollte ich joggen gehen, aber es sieht so aus, als ob es gleich regnen wird. Ach, und heute war es wieder einmal mühsam bei dieser Sitzung. Reinhard ist ein unglaublicher Demotivator. Man müsste doch erwarten können, dass der Chef einen motiviert und nicht ständig demotiviert. Also, mit so einem Chef habe ich nun wirklich einen gemütlichen Feierabend verdient. Hm, aber wenn ich heute auch nicht joggen gehe, mache ich am Firmensporttag eine schlechte Figur. Immerhin bin ich noch lange besser in Form als Meyer und der ist ja ein unglaublich brillanter Kopf. Er hält es mit Churchill: »No sports!« (schmunzelt). Recht hat er; man muss wirklich auch mal relaxen und sich etwas gönnen (holt sich ein Bier und setzt sich vor den Fernseher).

246

Beispiel B

Soll ich jetzt joggen gehen oder zu Hause bleiben? Eigentlich sollte ich joggen gehen, aber es sieht so aus, als ob es gleich regnen wird. Ach, und ich bin frustriert von dieser Sitzung. Reinhard ist ein unglaublicher Demotivator. Ich würde gerne wissen, wie er es selbst mit seiner Motivation hat. Das Einzige, was ihn motiviert, ist wohl sein Status. Derartige Sitzungen zehren an meiner Energie. Das darf ich mir nicht antun. Jetzt erst recht joggen gehen! So fühle ich mich wenigstens nachher wieder gut, ganz besonders, wenn ich mich bei diesem Wetter aufraffe. Und meine Chance, am Firmensporttag wieder den dritten Rang zu schaffen, bleibt auch intakt (beginnt, sich fürs Joggen umzuziehen).

Analysieren wir die Beispiele wie reale Begebenheiten:
Der Denkprozess von Individuum B hat zum Entschluss, joggen zu gehen, geführt. Warum? Zunächst fällt auf, dass sich B besser wahrnimmt (»derartige Sitzungen zehren an meiner Energie«). Dies aktiviert seine Selbstverantwortung (»das darf ich mir nicht antun«). Dadurch fühlt sich B herausgefordert (»Jetzt erst recht joggen gehen!«). Wichtig ist auch, wie das Resultat bewertet wird (»so fühle ich mich nachher wieder gut, statt mich zusätzlich noch über mich selbst zu ärgern«) und welcher Stellenwert den längerfristigen Zielen zukommt (»wieder den dritten Rang zu schaffen«). Individuum B ist es gelungen, bewusst oder unbewusst das Denken auf den Vorsatz zu fokussieren. B bewertet die Aspekte, die den Vorsatz bekräftigen, stärker. Sie kommen ihm auch eher in den Sinn. Sein Denken hat zu einem *inneren Konsens* geführt; die Gedanken weisen am Ende alle in dieselbe Richtung. Dies erhöhte seine Willenskraft und führte zum Entschluss, joggen zu gehen.
Bei A hat der Denkprozess nicht zum Joggen geführt. Mangelnde Selbstverantwortung (»man müsste doch erwarten können, dass einen der Chef motiviert«) und Selbstmitleid (»mit so einem Chef habe ich nun wirklich einen gemütlichen Feierabend verdient«)

Wenn man das Wagnis des Ungewissen nicht auf sich nimmt, bleibt man auf der Stelle stehen.
HUGO KÜCKELHAUS

247

Das Leben sprudelt wie ein Geysir für die, die das Gestein der Trägheit durchbohrt haben.
ALEXIS CARREL

haben den Energiepegel sinken lassen. Das anstrengende, längerfristige Ziel, am Firmensporttag eine gute Figur zu machen, wurde durch den Gedanken an den bewunderten Kollegen Meyer, der gar keinen Sport betreibt, verdrängt. Dieser stärker bewertete Gedanke stand dem Jogging-Vorsatz diametral entgegen. Der innere Konsens kam nicht zustande. Der Wille von Individuum A war zu schwach, um sich zum Joggen zu überwinden.

Der Schritt über den Rubikon

»Den Rubikon überschreiten« bedeutet, einen entscheidenden Schritt zu tun, eine Grenze zu übertreten. Der Rubikon bildete zur Römerzeit die Grenze zwischen dem Zisalpinischen Gallien und Italien. Als Julius Cäsar seines Kommandos über das Heer und die Provinzen enthoben worden war, drang er im Januar des Jahres 49 vor unserer Zeitrechnung in Italien ein. Er überschritt mit einer Legion den Rubikon und löste damit den Bürgerkrieg aus. »*Alea iacta est* – die Würfel sind gefallen« soll er beim Übergang gesagt haben. Es gab kein Zurück; entweder konnte er Pompejus schlagen oder er würde durch seinen Widersacher aufgerieben werden.
Der Handlungspsychologe Heinz Heckhausen gebraucht dieses Bild von Cäsars Grenzüberschreitung, um den entscheidenden Übergang vom »Ich möchte« zum »Ich will!« zu illustrieren.[136]

Eine Sternstunde ist jene, in welcher ein Entschluss in die Tat umgesetzt wird.
HELEN HAYES

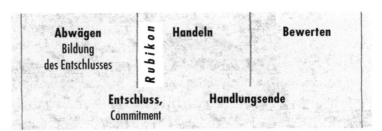

Abb. 25: *Handlungspsychologisches Phasenabfolgemodell nach Heckhausen, adaptiert nach Gollwitzer* [137]

Was ist in unserem Geistes- und Gefühlszustand vor diesem *point of no return* anders als nachher?

Vor dem Rubikon sind wir in einer *Phase des Abwägens.* Die Gedanken gehen wie beim Jogging-Beispiel der Individuen A und B in ganz unterschiedliche Richtungen. Der Geist ist noch offen für Verlockungen, für zusätzliche Ideen und Informationen und fürs Vorwärts oder Zurück. Der Entschluss zum Handeln kann sich heranbilden oder auch nicht.

Mit dem Handlungsentschluss, dem Schritt über den Rubikon, ändert sich die Disposition schlagartig. Wir kommen in die Handlungsphase. Das Denken dreht sich in dieser Phase nur noch um die *Handlungsausführung.*

Die unterschiedliche mentale Einstellung vor und nach dem Entschluss zeigt auch folgendes Experiment von Heckhausen auf:[138] 82 Studentinnen wurden zu einem Kreativitätstest eingeladen. Man informierte sie, dass ihnen zunächst zwei unterschiedliche 6er Serien von Bildern gezeigt würden und dass sie dann genügend Zeit hätten, sich die Bilder nochmals durch den Kopf gehen zu lassen. Entscheiden, über welche Serie sie anschließend eine kurze Geschichte schreiben möchten, sollten sie erst beim Umschalten der Anzeigelampe auf Grün. Neunzig Sekunden nachdem das letzte Bild gezeigt worden war (in der Abwägephase), bekamen die Probandinnen einen Fragebogen und mussten ihre Gedanken, die sie bis dahin hatten, eintragen. Auch neunzig Sekunden nach dem Aufleuchten der grünen Lampe (in der Handlungsphase) wurden sie nochmals befragt. Resultat: Die Gedanken in der Abwägephase drehten sich vor allem darum, welche Serie ansprechender, inspirierender oder einfacher sei und sich am besten für eine Geschichte eigne. Das heißt, die Motivation und die Erwartungen an das Endergebnis standen im Vordergrund. Die Gedanken nach dem Entschluss hingegen drehten sich um die Ausführung: was für eine Geschichte erzählt, wie sie strukturiert und in welchem Stil sie geschrieben werden soll.

Nach Heckhausen sind wir in der Abwägephase in einer Phase der Motivation. Durch den Entschluss, also beim Überqueren des Rubikon entsteht daraus *Wille*. Dieser ist eine wesentlich ausgeprägtere Kraft als die Motivation.[139, 140] In der Handlungsphase herrscht der Wille vor, die Gedanken sind ganz auf die Ausführung gerichtet; andere Gedanken oder weiteres Hinterfragen werden ausgeblendet. Dies schützt den gefassten Entschluss und hilft, das Handlungsziel zu erreichen. Im Zustand des Willens lässt sich ein Individuum auch nicht durch Schwierigkeit vom eingeschlagenen Weg abbringen. Ella Wheeler Wilcox hat diese Determiniertheit schon vor hundert Jahren in ihrem Gedicht »*Will*« beschwört:[141]

There is no chance, no destiny, no fate,
that can circumvent or hinder or control
the firm resolve of a determined soul.

Die besondere Bedeutung der Bewertungsphase

Nach abgeschlossener Handlung folgt noch eine dritte Phase: die *Bewertungsphase*. Sie ist für zukünftige Schritte über den Rubikon von großer Bedeutung. Je positiver eine Handlung bewertet wird und je stärker wir das gute Gefühl der Selbstwirksamkeit spüren, umso leichter fällt die Überwindung beim nächsten Mal.

Angenommen, Sie haben sich zum Joggen überwunden und kommen nun zurück. Sie sind verschwitzt und haben müde Beine, aber Ihre Stimmung ist ausgezeichnet. Sie sind stolz auf sich selbst, Sie sind beschwingt und Sie spüren die innere Befriedigung der Selbstwirksamkeit. Diese Erfahrung kann bei der nächsten Überwindungssituation abgerufen werden und zu einem *Cognitive Override*, zu einer gedanklichen Überstimmung der Gegenargumente führen.[142] Im zuvor erwähnten Beispiel hat Individuum B diese Erinnerung bewusst oder unbewusst genutzt

Laufen ist eine großartige Metapher fürs Leben, weil du herausbekommst, was du hineinsteckst.
OPRAH WINFREY

250

(»So fühle ich mich wenigstens nachher wieder gut – statt mich zusätzlich noch über mich selbst zu ärgern – ganz besonders, wenn ich mich bei diesem Wetter aufraffe«). Die gedankliche Überstimmung funktioniert umso besser, je mehr positive Argumente und Gefühle aus der Erfahrung abgerufen werden können.

Aus diesem Grund ist das *bewusste* Wahrnehmen der positiven Gefühle entscheidend. Mit Hilfe von tomografischen Verfahren kann nachgewiesen werden, dass ein spezieller Hirnbereich im Stirnlappen während des Glücksgefühls, das man nach erfolgter Handlung verspürt, aktiviert ist. Dieses Areal, das so genannte Belohnungszentrum, wird jeweils stärker durchblutet, wenn wir uns über irgendwelche Gewinne oder Belohnungen freuen. Wenn wir nun die positiven Gefühle während des Handelns oder während der Bewertungsphase ganz bewusst wahrnehmen, sie uns einprägen und uns immer wieder daran erinnern, wird jedes Mal das Belohnungszentrum von neuem aktiviert. Dies erleichtert die gedankliche Überstimmung und somit auch die weitere Überwindung.

Beobachten und Reflektieren

a Kenne ich die Abwägephase, die sowohl zum Entschluss als auch zum Vermeiden führen kann, aus eigener Erfahrung?

b Kenne ich den Zustand des Willens und der Determiniertheit nach einem Entschluss?

c Kenne ich das gute Gefühl der Selbstwirksamkeit nach abgeschlossener Handlung?

d Wenn ja, wie kann ich dieses Gefühl besser in Erinnerung halten, um es bei der nächsten Überwindung für gedankliche Überstimmung einsetzen zu können?

Unterstützende Faktoren für Überwindung und Ausführung

Sie wissen wohl mittlerweile, dass es in diesem Kapitel nicht um Kraftakte aus dem Nichts und auch nicht um falsch verstandene Heldentaten geht. Es geht auch nicht darum, sich selbst immer wieder etwas Spektakuläres zu beweisen. Es geht darum, sich immer und immer wieder zu fordern, die Energien zu mobilisieren und Schritt für Schritt die Vorsätze besser einzuhalten.

Ein Vorsatz ist wie ein Aal: Ihn fassen ist leichter als ihn halten.
SPRICHWORT AUS ÖSTERREICH

Was meine ich mit »Vorsätze besser einhalten«? Um wie viel besser soll es sein? Urteilen Sie selbst. Einen Anhaltspunkt geben die Ergebnisse des bekannten Handlungspsychologen James J. Prochaska, der unter vielem anderem auch das Einhalten von Neujahrsvorsätzen untersucht hat.[143] Die Befragten haben ihre Vorsätze folgendermaßen eingehalten:

nach 1 Woche   77 Prozent
nach 1 Monat   55 Prozent
nach 6 Monaten 40 Prozent
nach 2 Jahren   19 Prozent.

Wie steht es mit Ihren Vorsätzen? Liegen bei Ihnen einige Prozentpunkte mehr drin?

Es gibt unterschiedliche Faktoren, die den Prozess enorm unterstützen. Wenn Sie diese kennen und auch anzuwenden wissen, werden Sie sich immer leichter überwinden und auch schwierig zu erfüllende Vorsätze einhalten können.

Die folgenden Faktoren sind entscheidend:

- *Cognitive Override*
- *Visualisierung*
- *klare Zielsetzung verbunden mit kluger Vorbereitung*
- *stützende Beziehungen*
- *Interesse*
- *Commitment*
- *Selbstdisziplin*

252

Die unterschiedlichen Faktoren wirken in verschiedenen Phasen des Handlungsprozesses. Die einen helfen beim Start und geben Anschub, andere erleichtern die Ausführung und dritte wirken vom Ziel her und erzeugen gleichsam einen Sog.

So sorgen der Cognitive Override und ein starkes Commitment, die Faktoren, die bereits ausführlich beschrieben wurden, für *Anschub* und erleichtern die Überwindung. Vorbereitung und Interesse locken uns gleichsam ins Handeln hinein, *erleichtern das Vorgehen* und erhöhen die Freude am Tun. Visualisierung und eine klare Zielsetzung wirken vornehmlich vom Ende her und führen zu einem *Sog*.

Wenn Anschub und Sog und die Freude am Tun ineinanderwirken, wird Ihnen vieles gelingen.

Ich möchte nun auf die einzelnen Faktoren näher eingehen.

Visualisierung

Visualisieren heißt, sich ganz konkret und unter Einbezug aller Sinne ein zukünftiges Szenario vorzustellen. In anderen Worten, Sie sehen, hören, riechen und schmecken in Ihrem Geist die Situation. Und Sie *spüren* sie vor allem auch. Die Visualisierung hat zum Ziel, im Geist ein möglichst deutlich sicht- und spürbares Bild aufzubauen, auf das jederzeit zurückgegriffen werden kann.

Durch Visualisierung können Sie verschiedene Handlungsphasen unterstützen. So lässt sich damit zum Beispiel zu Beginn eine Handlung im Geist *vorbahnen* und Sie können sich darauf *einstimmen*. Es lassen sich zudem auch anspruchsvolle Abläufe durch *geistiges Probehandeln* risikolos einüben. Durch Visualisierung lässt sich des Weiteren im Geist ein *inspirierendes Fernziel* schaffen. Ich will Ihnen diese Prozesse näher erläutern:

Unsere Wünsche sind Vorboten desjenigen, was wir zu leisten imstande sind.
JOHANN WOLFGANG VON GOETHE

Einstimmen und Vorbahnen

Zu visualisieren heißt, innerlich zu empfinden, in Ihrem Bewusstsein Wirklichkeit werden zu lassen, was Sie in Ihrem täglichen Leben erfahren wollen. Sie können dies mit Bildern, Worten oder Gefühlen tun.
DONNA LESLIE THOMSON

Nehmen wir nochmals den bekannten Jogging-Vorsatz – es könnte sich genauso gut um tanzen, schwimmen, singen oder eine anregende andere Betätigung handeln. Also: Sie wollen nach der Arbeit wieder einmal laufen gehen. Wenn Sie sich in der Mittagspause bereits auf Ihren Vorsatz einstimmen, sehen Sie zum Beispiel vor Ihrem geistigen Auge, wie Sie heute Abend von der Arbeit nach Hause kommen. Sie spüren, dass Sie müde sind, aber trotzdem die feste Absicht haben, joggen zu gehen. Sie erinnern sich an das gute Gefühl, das Sie nach dem Einlaufen haben, und stellen sich vor, wie Sie den Waldrand entlang joggen. Sie spüren die Luft im Gesicht und hören die Vögel pfeifen. Wenn Sie beim frisch geschlagenen Holz vorbeikommen, riechen Sie das Harz und nehmen wahr, wie der Duft durch die Nase strömt. Angenehme Vorstellungen sind nun aktiviert. Fehlt Ihnen am Abend die Energie, sich zu überwinden, hilft Ihnen die derart vorgebahnte Erinnerung beim Cognitive Override.

Geistiges Probehandeln

Visualisieren ist auch ein geistiges Probehandeln, ein mentales Training. Es ist das, was der Skirennfahrer vor dem Start macht, wenn er im Geist die Strecke abfährt. Ist eine ungewohnte Handlung innerlich eingeübt, geht sie auch in der Realität leichter vonstatten. Der Ablauf ist im Geist vorstrukturiert; er ist durchs Visualisieren bereits vertraut und macht weniger Angst. Durch die Technik des Visualisierens lassen sich neue, anspruchsvolle und schwierige Situationen im Geist risikolos durchspielen und trainieren.

Inspirierendes Fernziel

Je konkreter Sie ein Fernziel vor Augen haben und auch Ihr Befinden im Zielzustand spüren können – zum Beispiel wenn Sie Ihr Firmenlogo am Gebäude sehen, Ihren ersten Auftritt als Präsidentin haben oder das Cover Ihres ersten Buches betrachten –, umso inspirierender ist seine Wirkung. Ein derartig spürbares inneres Bild wirkt bei der Umsetzung im Alltag wie ein Leitstern, der Sie auch durch stürmische Phasen führt.

Klare Zielsetzung verbunden mit kluger Vorbereitung

Die Überwindung für eine anstrengende Handlung aufzubringen, gelingt mit einer klaren Zielsetzung am besten.[144] Für größere Aufgaben sind zudem konkrete Zwischenziele in kurzen Abständen unabdingbar. Bei mühsamen Vorhaben braucht es noch mehr: Entscheidend ist, dass das jeweilige Ziel mit einem konkreten Ausführungsplan verbunden ist. Nur dann wird die Handlung tatsächlich auch ausgeführt. Diese Alltagserfahrung wird auch durch die Forschung bestätigt.

Unsere Träume können wir erst dann verwirklichen, wenn wir uns entschließen, daraus zu erwachen.
JOSEPHINE BAKER

In einer Erhebung wurden Studierende gefragt, was sie sich für die Weihnachtsferien vorgenommen haben.[145] Jeder Teilnehmer musste ein einfaches und ein mühsameres Vorhaben benennen und auch angeben, ob er bereits geplant habe, wann, wo und wie er es angehen werde. Nach den Weihnachtsferien wurde geprüft, in welchem Umfang die Vorhaben (wie Seminararbeiten schreiben, einen Familienkonflikt lösen oder Sport treiben) ausgeführt wurden. Bei den schwierigeren Projekten ergab sich folgendes Resultat: Zwei Drittel der Probanden, die auch die Ausführung geplant hatten, setzten das Vorhaben tatsächlich um. Bei den Probanden ohne Plan war nur ein Viertel erfolgreich. Ein anderes Bild zeigte sich bi den leicht auszuführenden Vorsätzen: Unabhängig davon, ob ein Plan gemacht wurde oder nicht, hatten 80 Prozent der Probanden die Vorhaben umgesetzt.

Das Resultat der Studie bestätigt: Vorhaben, die schwieriger anzugehen oder auszuführen sind, wollen vorbereitet sein. Vorbereiten heißt zum einen planen; es heißt auch, vordenken und durch

Visualisierung geistig vorbahnen sowie alles Nötige bereitstellen.
Es kann auch beinhalten, sich mit anderen zu verabreden und
stützende Beziehungen zu schaffen.

Stützende Beziehungen

Sich für etwas Anstrengendes aufzuraffen, fällt oft zu zweit oder
mit Unterstützung einer Gruppe Gleichgesinnter leichter. Selbstmotivation ist gut, aber sich zusätzlich durch andere motivieren
und inspirieren zu lassen ist noch besser.
Gespräche mit Personen, die gut zuhören, sich einfühlen und
Feedback geben können, sind von großem Nutzen. Ebenso sind
sporadische Gespräche und der Erfahrungsaustausch mit anderen
nicht zu unterschätzen. Oft hilft es auch, einen Vorsatz einzuhalten, wenn Sie ihn möglichst vielen Menschen mitteilen, darauf
eine Wette eingehen oder eine Vereinbarung treffen.
Lassen Sie diese äußerst wirksamen Hilfen nicht ungenutzt.

Interesse

Wenn uns eine Sache brennend interessiert, fällt die Überwindung
leicht. Das Objekt unseres Interesses zieht unsere Aufmerksamkeit magisch an und wir lassen uns kaum mehr davon ablenken.
Was aber, wenn Sie eine Sache nicht so sehr interessiert, wenn
Ihnen das Joggen schwer fällt, wenn der anstehende Jahresab-
schluss alles andere als magisch ist und Ihnen das Texten der
neuen Broschüre auch nicht unter den Nägeln brennt? Entwickeln Sie Ihr Interesse an der Sache – denn »kein Interesse
haben« ist keineswegs eine unabänderliche Tatsache.
Interesse entwickeln heißt, eine *Beziehung* zur Sache aufbauen. Sie
können ganz bewusst den Kontakt mit der Thematik vertiefen und

versuchen, die sympathischen Aspekte der Aufgabe herauszufinden. Je mehr Sie darüber in Erfahrung bringen und je besser Sie die Materie kennen, umso interessanter und vertrauter wird sie Ihnen. Mehr Interesse an einer Sache können Sie auch gewinnen, wenn Sie wissen, was andere daran fasziniert. Wenn mir die Treuhänderin erklärt, warum sie mit Lust an Geschäftsabschlüsse herangeht und was sie am Ende ganz besonders befriedigt, inspiriert mich dies für meine eigene Buchhaltung oder für andere Aufgaben.

Wer neugierig ist, hat mehr vom Leben.
BRANCO WEISS

Interesse fördernd ist auch fundiertes Erschließungswissen, das heißt Know-how darüber, wie eine Sache professionell angegangen werden kann, sowie Kenntnis von nützlichen Methoden und Instrumenten.

Zudem hilft es, wenn Sie sich den Sinn der Sache und den Nutzen, den Sie sich durch das Engagement längerfristig versprechen, immer wieder vor Augen führen.

Wenn es Ihnen gelingt, bewusst eine positive Beziehung zu einer Sache oder Aufgabe, die Sie Überwindung kostet, aufzubauen, wird sie diese darin immer wieder bestärken. Interesse – also eine gute Beziehung zu Aufgaben, Themen, Dingen und Menschen – bereichert und belebt; es schafft den Willen zum Handeln und gibt schließlich der Sache Sinn.

Selbstdisziplin

Wer seine Ziele erreichen will, braucht zudem Selbstdisziplin. Der Begriff kann zwiespältige Gefühle auslösen, und ich wollte von jungen Menschen wissen, was sie davon halten. In einer meiner schriftlichen Umfragen bei Studentinnen und Studenten der ETH und der Universität Zürich habe ich folgende Frage gestellt:[146] »Erfahren Sie Selbstdisziplin als etwas eher Positives oder Negatives? Warum?« Von den 184 Antwortenden äußerten sich drei Viertel positiv. 11 Prozent der Befragten erwähnten sowohl positive

*Manche betrachten Diszi-
plin als Arbeit. Für mich ist
es eine Art Ordnung, die
mir erlaubt, abzuheben.*
JULIE ANDREWS

als auch negative Aspekte und 14 Prozent verbanden Selbstdisziplin mit etwas Negativem. Bei dieser Minderheit wurden Argumente erwähnt wie Einschränkung der Freiheit, Selbstkasteiung,
starre Anpassung, verkrampft sein, sich verrennen sowie Unter-
drückung von Impulsen, Spontaneität und Kreativität. Ein Student fand Selbstdisziplin streberhaft und militärisch, während eine
Studentin die Adjektive lustfeindlich, bieder und bürgerlich ge-
brauchte.
Die große Mehrheit der Befragten sieht Selbstdisziplin als eine
sehr erstrebenswerte Fähigkeit. Ein Jura-Student brachte die Gegensätze auf den Punkt:
*Es ist komisch, dass man von einem anderen, der sagt, er sei sehr
diszipliniert, sofort annimmt, er sei ein Streber. Denkt man jedoch
an sich selber, so ist man doch oft froh, wenn man sagen kann, man
habe diszipliniert gearbeitet. Man könnte also sagen, dass es ein
wenig Mut braucht, seine Selbstdisziplin zuzugeben, weil es vor
allem bei jungen Menschen immer uncooler wird, diszipliniert
zu sein.*

Was ist Selbstdisziplin? Es ist die Fähigkeit, für ein entfernteres
Ziel Entbehrungen auf sich zu nehmen und auf unmittelbare
Belohnungen oder bequemere Optionen zu verzichten.
Es braucht Selbstdisziplin, am Feierabend Sport zu treiben, statt
es sich vor dem Fernseher gemütlich zu machen. Es braucht
Selbstdisziplin, zu arbeiten oder zu lernen, wenn andere frei
haben. Es braucht Selbstdisziplin, sich bei der Arbeit zu konzentrieren und nicht unterbrechen zu lassen. Und es braucht Selbstdisziplin, an einer langwierigen, großen Aufgabe dranzubleiben
und sie zu einem guten Ende zu führen.
Selbstdiszipliniertes Verhalten basiert vor allem auf zwei Fähigkeiten:
- *auf Belohnung warten zu können*
- *und auf Ausdauer*[147]

Auf Belohnung warten können

»Zuerst die Arbeit und dann das Vergnügen«, hieß es bei uns zu Hause oft und es ist schon so: Wenn wir im Leben etwas bewirken wollen, kommen wir nicht darum herum, spontanen Wünschen zu widerstehen und die Spannung bis zum guten Ende auszuhalten. Selbstdisziplinierte Menschen haben gelernt, ihre Impulse besser zu kontrollieren. Sie können die Spannung zwischen Tun und Resultat, das vielleicht erst in einem Jahr zum Erfolgserlebnis führt, besser aushalten als andere. Sie verzichten dabei auf spontane Bedürfnisse und Annehmlichkeiten, was weniger Disziplinierte oft kaum nachvollziehen können.

> *Disziplin heißt,*
> *sich an das zu erinnern,*
> *was man will.*
> ANONYM

Ausdauer

Ausdauer zeigt sich zum einen in der Fähigkeit, trotz Widrigkeiten durchzuhalten, weiterzumachen und auf die längerfristigen Ziele zu fokussieren. Ausdauernd zu sein und durchzuhalten ist nicht immer einfach und fordert einiges: Es braucht Geduld und die Einsicht, dass der Weg zum Ziel über unendlich viele kleine Schritte führt. Doch jeder erfolgreiche Überwindungsschritt – und sei er noch so klein – kann auch wieder Energie geben. Wenn Sie sich selbst oder andere in Situationen, die Ausdauer erfordern, beobachten und analysieren, können Sie allerlei über die Kunst der kleinen Schritte und auch über die Schwierigkeiten lernen, die unweigerlich damit verbunden sind. Sehr anschaulich sind die Karrieren von Spitzensportlerinnen und -sportlern, denn sie zeigen die Realität: jahrelang trainieren und üben, Tag für Tag und Schritt für Schritt. Keiner, aber auch wirklich keiner schafft es an die Spitze ohne Ausdauer, Konzentration, Geduld und Durchhaltevermögen.

> *Without discipline,*
> *there's no life at all.*
> KATHARINE HEPBURN

Ausdauer erfordert zweitens einen ausgeprägten Realitätssinn. Auf dem Weg zum Ziel gibt es immer Hindernisse, Krisen, Rückschläge und Phasen, in denen sich trotz großem Einsatz kein Fortschritt erkennen lässt. Die Realität zeigt dies noch und noch.

Es gibt keinen perfekten Weg zum Ziel. Dieser Tatsache sollten Sie sich stets bewusst sein. Vergessen Sie die Illusion vom problemlosen Weg zum Ziel. Wenn Sie die Realität bereits zu Beginn Ihres großen Ziels oder Traums erkennen – ob in der Karriere, in der Weiterbildung oder auf der Weltreise –, sind Sie eher darauf gefasst, wenn kleinere oder größere Schwierigkeiten auftauchen. Die Chancen stehen gut, dass Sie es dann auch eher schaffen, diese belastende Situation durchzustehen.

Das Glück lässt sich nicht zwingen. Aber es hat für hartnäckige Menschen sehr viel übrig.
PETER FRANKENFELD

Schließlich bedeutet Ausdauer auch, nach einem erfolglosen Versuch wieder von neuem zu beginnen und nicht zu ruhen, bis sich der Erfolg einstellt. Immer wieder von neuem beginnen, bis der Turmbau gelingt: Kleine Kinder machen uns mit ihren Bauklötzen vor, wie Lust und Entdeckungsfreude zu Ausdauer führen können.

Zusammengefasst heißt selbstdiszipliniertes Handeln, ausdauernd zu sein, sich immer wieder von neuem zu überwinden und über den Rubikon zu setzen und im Hinblick auf ein größeres Ziel auf die rasche Belohnung warten zu können.

Und der Lohn der Selbstdisziplin? Sie erfahren Ihre Selbstwirksamkeit und spüren Genugtuung, Zufriedenheit und oft auch ein Glücksgefühl. Sie merken, wie Sie sich auf sich selbst verlassen können, und erfahren Ihre persönliche Integrität und innere Stärke. Dies gibt Ihnen die Gewissheit, sich selbst gut managen und führen zu können.

Die entscheidenden Faktoren zusammengefasst

Lassen Sie mich die Wirkung der unterschiedlichen Faktoren, die die Überwindung und Ausführung unterstützen, nochmals zusammenfassen:

Der *Cognitive Override*, das Erinnern an frühere erfolgreiche Situationen, hilft beim inneren Dialog in der Abwägephase, die nötige Überwindung aufzubringen.

Die *Visualisierung* ist eine mentale Technik, die sowohl für ein Vorhaben Motivation erzeugt als auch die Überwindung und das Handeln vorbahnen kann. Die Vorstellungskraft unterstützt zudem das Durchhalten in Ausdauerphasen, denn sie hält uns immer wieder das Bild vom großen Ziel vor Augen und lässt uns von der anderen Seite des Meeres träumen.

Eine *klare Zielsetzung* verbunden mit *konkreter Planung und Vorbereitung* sorgt dafür, dass die Träume auch Wirklichkeit werden. Diese Maßnahmen schaffen Struktur, erzeugen Sog und erleichtern so die Überwindung.

Stützende Beziehungen begünstigen die Überwindung ebenfalls und können vor allem auch in langen Durchhaltephasen von großer Bedeutung sein.

Das *Interesse*, die Beziehung, die Sie zur Sache aufbauen, und die Liebe zur Sache erleichtern die Überwindung und schaffen Freude am Tun.

Im *Commitment* verbinden sich Wille und Gefühl. Ohne inneres Feuer wird nur wenig gelingen. Durch das Commitment steht das Vorhaben sowohl im Geist als auch im Gefühl im Mittelpunkt und hat automatisch hohe Priorität.

Die *Selbstdisziplin* schließlich hilft, auf Kurs zu bleiben, sich nicht ablenken zu lassen und das Vorhaben zu einem guten Ende zu bringen.

Beobachten und Reflektieren

a   Wie könnte ich in der kommenden Woche die Methode der Visualisierung zur Einstimmung, zum Probehandeln oder für die Zielvorstellung konkret nutzen?

b   Welche Aufgaben kann ich besser vorbereiten?

c   Nutze ich stützende Beziehungen in genügendem Maße? Oder meine ich, ich müsste stets alles alleine können?

d   Gibt es eine Thematik, zu der ich eine bessere Beziehung aufbauen will?

e   Wie steht es mit meinem Commitment für die Ziele, die ich bei der Arbeit erreichen will? Wie groß ist mein Commitment in der Partnerschaft? Wie stark ist es für Dinge, die meine persönliche Entwicklung betreffen?

f   Bin ich zufrieden mit meiner Selbstdisziplin? Könnte ich noch um 10 Prozent konsequenter werden? Wie müsste ich es anpacken?

Den Schwung erhalten

Sich zu überwinden kostet zunächst Energie, doch am Ende ist der Gewinn oft um ein Vielfaches größer als der Einsatz. Wenn Sie zum ersten Mal eine Runde joggen gehen, sind Sie wahrscheinlich nachher körperlich müder als zuvor, aber der Pegel an mentaler und emotionaler Energie ist höher. Auch die Yoga-Stunde, zu der Sie sich trotz Unlust durchgerungen haben, gibt mehr Energie als anfänglich erwartet. Dasselbe gilt auch für menschliche Kontakte und kurze Telefongespräche, zu denen Sie sich aufraffen müssen.

Die so gewonnene Energie ist jedoch ein flüchtiges Gut. Wird sie nicht bald umgesetzt, verpufft sie wieder. Sie kennen das: Sie haben sich zum Beispiel vorgenommen, ab Montag eine Stunde früher aufzustehen. Sie halten Ihren Vorsatz ein und fühlen sich den ganzen Montag über voller Schwung. Der Arbeitstag wird um eine Stunde länger, aber am Dienstagmorgen klappt es mit dem frühen Aufstehen nicht. Da Sie in der Nacht vom Dienstag wegen eines Gewitters schlecht schlafen, gelingt es Ihnen auch am Mittwochmorgen nicht, eine Stunde früher aufzustehen. So sind Motivation und Energie vom Montagmorgen verpufft und es braucht einen neuen Überwindungsschub.

Halten Sie jedoch den Vorsatz durch, kann er sich mit der Zeit zu einer guten Gewohnheit, zu einem echten Bedürfnis und gar zu einer neuen Lebenshaltung entwickeln.

Das Schwungradprinzip

Das Einhalten von Vorsätzen gehorcht dem *Schwungradprinzip*: Um das schwere Schwungrad überhaupt in Bewegung zu bringen, braucht es zu Beginn, in den ersten Tagen und Wochen, unendlich viel Kraft. Durch einen Unterbruch käme das Rad gleich wieder zum Stillstand. Ist das Schwungrad jedoch einmal in Fahrt, gewinnt es mit jedem neuen Anstoß an Geschwindigkeit. Die Überwindung fällt mit der Zeit immer leichter und Dinge wie neue Kontakte knüpfen, sich regelmäßig zu Fremdsprachenlernen hinsetzen, die Yoga-Stunde besuchen oder früher aufstehen gehen fast von selbst.

Der Schwung einer Handlung kann ganz bewusst ausgenützt werden, um weitere Handlungen zu erleichtern. Nach einem Telefongespräch, das Sie Überwindung gekostet hat, fallen auch weitere Telefonate leichter. Die Motivation nach einem Vortrag, dessen Vorbereitung mühsam war, vereinfacht baldige weitere Auftritte. Jede weitere Handlung, die Überwindung kostet, gibt zusätzlichen Antrieb und das schwere Rad gewinnt immer mehr an Schwung. In intensiven Lern-, Arbeits- und Trainingsphasen ist dieser Schwung wegen der vielen sich gegenseitig verstärkenden Anstößen in ganz besonderem Maße spürbar.

Das Leben schrumpft oder dehnt sich auch proportional zum eigenen Mut.
ANAÏS NIN

Je öfter Sie sich ganz bewusst überwinden, umso mehr gewinnen Sie an *Überwindungserfahrung.* Die Überwindung fällt Ihnen zunehmend leichter. Mit der Zeit findet ein *innerer Umschwung* statt:[148] Sie gelangen auf ein höheres Niveau des Selbstmanagements und der persönlichen Führung. Auf dieser Ebene ist die Überwindung zur Selbstverständlichkeit geworden. Sie sind nach diesem Umschwung tatkräftiger und langwierige Vorhaben entfalten einen ganz besonderen Reiz.

Mit zunehmender Überwindungserfahrung gelingt es Ihnen auch leichter, bei Bedarf Ihren Willen zu mobilisieren und sich in einen Zustand der Determiniertheit zu versetzen.

Den Zustand der Determiniertheit schaffen

Bei einer meiner Umfragen wollte ich einmal von den Studierenden wissen, wie sie sich aufs Lernen einstimmen. Einige gaben an, sich bewusst in den Zustand der Determiniertheit versetzen zu können. Ein Student schrieb zum Beispiel, wenn er merke, dass er zu wenig Biss für die schwierige Materie habe, mache er jeweils zwanzig Liegestütze und dies helfe immer. Andere bringen sich mit einem Lauf oder ein paar Runden auf dem Rad in die richtige Stimmung. Mehrmals genannt wurde auch, wie wichtig es ist, zu einer bestimmten Zeit und pünktlich zu beginnen.

Die Methode mit den Liegestützen wirkt phantastisch, um sich mental aufzuladen. Aber sie ist nicht in jeder Arbeitssituation praktikabel. Zwei Methoden, die Determiniertheit zu mobilisieren und sich genügend Biss für eine Aufgabe zu verschaffen, haben sich in meiner Praxis bewährt:

- *die Methode des pünktlichen Starts*
- *die Methode des bewussten Verzichts*

Es ist pathologisch, immer und überall der Erste sein zu wollen. Und es ist pathologisch, nie und nirgends der Erste sein zu wollen.
BERTRAND PICCARD

Methode des pünktlichen Starts

Auf die Methode des pünktlichen Starts bin ich in jungen Jahren gekommen, als ich wegen eines Lehrauftrags jeweils an zwei Abenden pro Woche die Lektionen vorbereiten musste. Müde von der Arbeit im Labor legte ich mich jeweils nach dem frühen Abendessen zu einem Nickerchen ins Bett. Dann gönnte ich mir noch etwas freie Zeit und Punkt zwanzig Uhr setzte ich mich an den Schreibtisch. Dieser pünktliche Start mobilisierte nicht nur meinen Willen; ich konnte auch die freien Minuten vor zwanzig Uhr in vollen Zügen genießen. Ich war frei von Gedanken wie »ich sollte ja die Kurse vorbereiten« oder »eigentlich müsste ich am Schreibtisch sitzen«. Die Entscheidung, pünktlich mit der Kursvorbereitung zu beginnen, war bereits gefallen und ich konnte mich stets auf mich selbst verlassen.

Sie wissen aus dem Phasenabfolgemodell, dass die Abwägephase mit dem festen Entschluss zu Ende ist. Der Entschluss entsteht durch einen inneren Konsens; die Gedanken gehen alle in dieselbe Richtung und sind auf Umsetzung und Zielerreichung fokussiert. Der Entschluss des pünktlichen Starts hat denselben Effekt; er befreit vom weiteren Abwägen und mobilisiert den Willen.

Wann immer Sie eine mühsame Aufgabe angehen müssen, können Sie das kleine Ritual des pünktlichen Starts anwenden. Pünktlich heißt, auf die Minute genau. Je konsequenter Sie die Zeit einhalten und je bewusster Ihre Absicht ist, umso stärker mobilisieren Sie Ihre Determiniertheit. Die Methode des pünktlichen Starts bewährt sich auch bei Sitzungen. Wenn Sie eine Sitzung leiten und auf die Minute beginnen, auf die Minute die angekündigte Pause machen und pünktlich schließen, werden die Teilnehmenden auch mit ihren Beiträgen diszplinierter sein.

Methode des bewussten Verzichts

Eine erfolgreiche Managerin hat mir ihren Trick verraten, wie sie während langen Verhandlungen ihre Determiniertheit aufrechterhält. Sie diszipliniert sich an solchen Tagen ganz bewusst angesichts des bei derartigen Gelegenheiten üblichen Überflusses an angebotenem Essen: in der Morgenpause verzichtet sie auf das Croissant, am Mittag isst sie außer bei Gemüse und Salat konsequent nur die Hälfte dessen, was auf dem Teller liegt, und während der Nachmittagspause entsagt sie der reichen Auswahl auf dem Buffet und bleibt beim Tee.

Wenn es einen Glauben gibt, der Berge versetzen kann, so ist es der Glaube an die eigene Kraft.
MARIE VON EBNER-ESCHENBACH

Wenn Sie an einem Tag, an dem Ihre Determiniertheit ganz besonders gefordert ist, auf irgendeine Gewohnheit ganz bewusst verzichten, werden Sie sich auch beim Überwinden für anderes besser im Griff haben. Sie können an diesem Tag zum Beispiel:

- ■ *konsequent Wasser statt Kaffee trinken*
- ■ *konsequent Wasser statt Wein trinken*
- ■ *konsequent auf sämtliche Süßigkeiten verzichten*
- ■ *konsequent beim Menü von allem außer Gemüse und Salat nur die Hälfte essen*
- ■ *konsequent keine Zigarette rauchen.*

Je besser Sie sich geistig auf den Verzicht vorbereiten und die Szene am Vorabend visualisieren, umso eher wird er Ihnen gelingen. Und je konsequenter Sie verzichten können, umso mehr Determiniertheit gewinnen Sie für andere Dinge.

Freiwillige Selbstbeschränkung ist das Ideal, ein Akt der Freiheit.
HANS JONAS

Sowohl bei der Methode des pünktlichen Starts als auch bei der Methode des bewussten Verzichts spielt die *Konsequenz* des Einhaltens eine entscheidende Rolle. Erinnern Sie sich in diesem Zusammenhang an den jungen Hund: Gehen Sie mit sich selbst um wie mit einem jungen Hund, den Sie erziehen wollen – liebevoll, aber konsequent. Sie wissen, dass es Folgen hat, wenn Sie dem Hund auch bloß ein einziges Mal beim Essen einen Bissen zustecken. Genauso hat es Folgen, wenn Sie mit sich selber zu wenig konsequent sind. Denn auch Ihr Gehirn lernt, dass man erst einmal versuchen kann, ob der Gehirnbesitzer wohl nachgibt. Wenn Sie hingegen hundertprozentig konsequent sind – ob mit sich selbst oder mit dem Hund – lernt das Gehirn nur eine einzige Variante. So, wie es dem konsequent erzogenen Hund nicht in den Sinn kommt, am Tisch zu betteln, geraten Sie mit konsequentem Üben an derartigen Verzicht-Tagen auch nicht mehr in die Situation »soll ich oder soll ich nicht?«. Denn auch Ihr Gehirn kennt nach dem klaren Entschluss nur noch die eine Variante.

Jens Corssen nennt dies *Inseln des Funktionierens*.[149] Auf diesen Inseln des Funktionierens können Sie sich auf sich selbst verlassen. Sie halten Ihre Vorsätze ein und wissen immer wieder Ihren Willen für die vielen kleinen Schritte zu einem großen Ziel zu mobilisieren. Die Inseln des Funktionierens machen Mut und geben Selbstvertrauen, was Sie gebrauchen können, wenn Sie große Ziele angehen wollen.

Die Magie der großen Ziele erleben

Mit großen Zielen meine ich größere und kleinere Vorhaben *außerhalb des gewohnten* Denkens und Verhaltens. Also zum Beispiel etwas Neues ausprobieren, eine Auszeit nehmen, eine Stelle im Ausland suchen, mit der Familie statt per Auto mit dem Fahrrad nach Italien fahren oder berufliche, schöpferische oder sportliche Träume verwirklichen.

Derartige Absichten und Ziele bringen Farbe und Lebendigkeit in die persönliche Biografie. Oft braucht es etwas Mut, es braucht Unternehmungslust und es braucht die richtige Einstellung dem Erreichen großer Ziele gegenüber: es braucht Explorergeist.

Ist Ihr Leben in einen ewig gleichen Trott geraten? Haben Sie irgendwelche heimlichen Wünsche oder Leidenschaften, die Sie ausleben möchten? Verspüren Sie ein wenig Neid, wenn Sie sehen, was andere alles machen und erreichen? Dies kann ein Hinweis auf eigene, tiefere Bedürfnisse sein. Gehen Sie diesen Wünschen

Das Leben selbst, dachte ich mir, hat nur dann seinen Glanz, wenn man es gefährlich lebt.
VIVIENNE VON WATTENWYL
(Tochter eines Großwildjägers)

und Bedürfnissen nach. Nehmen Sie sich an einem Abend Zeit und lassen Sie Ihre Phantasie schweifen. Denken Sie sich für den Urlaub, für Ihre Arbeit und für Ihre Wohn- und Lebenssituation je drei kühne Projekte aus. Ruhen Sie nicht, bis Sie pro Lebensbereich drei Ideen außerhalb der gewohnten Pfade gefunden haben, und schreiben Sie sie auf. Lassen Sie dann die Sache ruhen. Es kann sehr wohl sein, dass Sie eine der Ideen nicht mehr loslässt. Setzen Sie diese in die Tat um. Sie werden dabei faszinierende Dinge erleben.

Synchronizität und Eigendynamik

Angenommen, Sie haben sich entschlossen, etwas Großes anzupacken, zum Beispiel für eine dreimonatige Auszeit von der Firma, um eine eigene Idee zu realisieren. Sie haben sich die Sache, die mit einem Einkommensverlust verbunden ist, gründlich überlegt. Sie haben in der Familie viele Gespräche geführt und das Für und Wider gegeneinander abgewogen. Und eines Morgens beim Erwachen wussten Sie: *I'll do it!* Sie haben am selben Tag mit Ihrem Vorgesetzten gesprochen und in der Folge auch Ihre Kollegen und Bekannten informiert.

In diesen wenigen Tagen ist etwas Sonderbares passiert: Kaum war Ihr Entschluss gefasst und Ihr Commitment da, ging es wie von selbst. Es öffneten sich Türen, wo Sie es nicht erwartet hätten, Sie stießen beim Radiohören und Zeitunglesen unvermittelt auf die Thematik und ein entfernter Bekannter konnte Ihnen einen äußerst nützlichen Hinweis geben. Es gab Zufälle, die beinahe unheimlich anmuteten; es war, als ob das Universum von Ihrem großen Ziel erfahren hätte und Sie nun unterstützte. C.G. Jung nannte dieses Phänomen des glücklichen Zusammenkommens zufälliger Ereignisse *Synchronizität*, also Gleichzeitigkeit. W.H. Murray, der schottische Extrembergsteiger, spricht von Fügung.

Man muss etwas Neues machen, um etwas Neues zu sehen.
GEORG CHRISTOPH LICHTENBERG

In seinem Buch »*The Scottish Himalayan Expedition*« schreibt er darüber:[150]

Vor dem Commitment herrscht Zögern vor, es kann Rückzieher geben und es läuft ineffektiv. Bei Initiativen und schöpferischen Akten gibt es eine elementare Wahrheit und wer sie ignoriert, bringt sich um zahllose Ideen und großartige Pläne: es ist dies, dass im Augenblick des Commitments auch die Fügung einsetzt. Alle möglichen Dinge passieren, die sonst nicht passiert wären, und diese Dinge helfen einem weiter. Ein ganzer Strom entwickelt sich aus der Entscheidung; es gibt Zufälle, Unterstützung und Begegnungen, von denen man nie geglaubt hätte, dass sie eintreffen.

Wenn Ihr Commitment für das große Ziel aus tiefstem Herzen kommt und Sie dann mit Ihrem Entschluss hinausgehen, ihn anderen mitteilen, weitere Informationen suchen, erste Vorkehrungen treffen und dabei achtsam bleiben, werden Sie dieses Phänomen der Synchronizität, dieser beinahe magischen Häufung von Zufällen, auch erleben. Entscheidend ist das tiefe Commitment. Die Philosophin Ayn Rand meinte einst dazu: »Zufälle passieren nur denjenigen, die sie verdienen.«

Der Zufall ist die Sprache der Götter.
BERTRAND PICCARD

Zu diesem Phänomen kommt noch die *Eigendynamik*, die sich auf dem Weg zum großen Ziel entwickelt. Aus der Fahrradreise in die Toscana erwachsen Pläne für noch kühnere Touren, auf dem Weg zum *Proficiency*-Examen kommt die Architektin auf die Idee, sich beruflich in Übersee weiterzuentwickeln, und der Chefkoch, dem der Arzt aus gesundheitlichen Gründen Jogging nahe gelegt hat, bereitet sich zwei Jahre später auf seinen ersten Marathon vor.

Wenn Sie nach derartigen Unternehmungen Ihre Erfahrung mit derjenigen zu Beginn, als Sie sich dazu entschlossen hatten, vergleichen, wird Ihnen klar: Sie sind eine große Stufe weiter gekommen, Sie haben die Bequemlichkeitszone verlassen und sind mutiger und tatkräftiger geworden. Die Grenzen Ihres Denkens haben sich ausgeweitet. Sie werden auch in Zukunft mehr wagen, große Ziele ins Auge fassen und dabei keine Anstrengung scheuen.

Am Ende des Lebens ist man das, was man gedacht, geliebt und vollbracht hat.
JUDITH GIOVANNELLI-BLOCHER

Selbst wenn Sie das große Ziel nicht erreichen, haben Sie gewonnen. Denn Sie haben Ihre Energie für etwas eingesetzt, das eine nicht zu unterschätzende Bedeutung hat: Sie haben sich eine Perspektive gegeben, Sie haben auf Ihrem Weg unglaubliche Zufälle erlebt, Probleme überwunden und immer wieder phantastische Entdeckungen gemacht. Indem Sie sich forderten, haben Sie sich entfaltet und weiterentwickelt. Und dies alles ist es doch, was das Leben so unendlich spannend macht.

Nachwort

Auf Ihrer Entdeckungsreise durch die zehn Kapitel haben Sie erfahren, was Energiekompetenz bedeutet und was sie umfasst.

Ich bin überzeugt, dass Ihre Wahrnehmung für die verschiedenen Energiezustände und für die inneren Rhythmen geschärft worden ist und dass Sie nun öfter darauf achten. Energiekompetenz beginnt und endet mit der Selbstwahrnehmung. Ob Sie gerade dieses Buch lesen, ob Sie mitten in einer anspruchsvollen Verhandlung stecken oder ob Sie unter Zeitdruck stehen: Es gilt, immer wieder für ein paar Atemzüge innezuhalten, Distanz zu nehmen, sich geistig auszuklinken und im Augenblick zu verweilen, den eigenen Körper zu spüren, sich das Befinden, den Energiezustand und die Stimmungslage bewusst zu machen und einen Moment lang zu sein, statt zu tun.

Der Abt der buddhistischen Pagode in Frankfurt am Main, Thich Thien Son, und der ETH-Professor und Inhaber der Firma Supercomputing Systems, Anton Gunzinger, haben sich kürzlich auf ein interessantes Experiment eingelassen: Sie haben für eine Woche ihre Rollen getauscht.[151] Der Firmenchef wurde zum Abt und der Abt wurde zum Firmenchef. Abt Thich Thien Son sind – wen wundert's – die Hektik und die verkrampften Seelen aufgefallen und er meinte dazu in einem Interview:

Dies hat mich an Anfänger beim Kampfsport erinnert – sie bewegen sich viel zu viel und vergeuden Energie. Der Meister dagegen bleibt bewegungslos, bis er den entscheidenden Schlag führt. Manager brauchen heute doch vor allem eines – einen kühlen Kopf. Wir sagen, dass Ruhe zum richtigen Entscheid führt. Deshalb ist meditieren wichtig – das haben wir bei Supercomputing Systems alle zusammen auch gemacht.

Einen kühlen Kopf, mehr Ruhe und den Fokus und die Gelassenheit des Meisters – was können wir uns in diesen hektischen Zeiten denn Besseres wünschen?

Eine Teilnehmerin eines Seminars über Energiekompetenz hat mir einmal gesagt, das Schönste an dieser Weiterbildung sei es gewesen, dass sie einmal etwas für sich selbst und ihr Wohlbefinden gelernt hätte. Sonst würden stets Themen zum Nutzen der Firma im Vordergrund stehen. Nun profitierten sogar ihr Partner und ihre Familie davon. Damit hat sie eine wichtige Erfahrung angesprochen, die auch Sie machen werden. Aber das eine schließt das andere nicht aus. Der Seminarteilnehmerin war bloß nicht bewusst, dass nicht nur sie und ihr privates Umfeld etwas gewonnen haben, sondern dass auch die Unternehmen aus dem Lern- und Entwicklungsprozess ihrer Mitarbeiterinnen und Mitarbeiter Nutzen ziehen. Peter Senge, der Autor des Standardwerks *»Fifth Discipline Fieldbook«*,[152] sagt es unmissverständlich: »Die wahrhaft erfolgreichen Organisationen werden jene sein, die entdecken, wie sich Engagement und Lernfähigkeit der Menschen erschließen lassen.«

Doch zurück zu Ihnen – wie auch immer Sie auf »Energiekompetenz« aufmerksam geworden sind: Mein zentrales Anliegen ist es, Sie mit diesem Buch in Ihrem ganz persönlichen Lernprozess – im privaten wie im beruflichen – zu unterstützen. Ich möchte Sie immer wieder inspirieren und Ihnen auf Ihrer Entdeckungsreise neue Wege aufzeigen und weitere Horizonte eröffnen. *Bon voyage!*

Ich freue mich über Ihre Rückmeldung unter:
www.explorative.ch oder
steiner.muelly@bluewin.ch

Wenn wir danach streben, besser zu werden, als wir sind, wird alles um uns herum ebenfalls besser.
PAOLO COELHO

273

Danksagung

In dieses Buch sind Erkenntnisse, Ideen und Forschungsresultate aus sehr unterschiedlichen Disziplinen und Erfahrungswelten eingeflossen, und es ist mir ein Bedürfnis, zunächst den Autorinnen und Autoren der unzähligen Artikel und Bücher, die für mich wertvolle Quellen waren, zu danken. Ganz besonders dankbar bin ich Stephen R. Covey, dem Autor von »Die sieben Wege zur Effektivität«, Mihaly Csikszentmihalyi mit seinen Büchern über das Flow-Konzept und über Kreativität, den Chronobiologen Jürgen Zulley und Till Roenneberg, dem Biopsychologen Robert E. Thayer mit seinem Buch »*Calm Energy*« sowie den Wirtschaftswissenschaftlern Heike Bruch und Sumantra Ghoshal mit ihrem Werk »*A Bias for Action*«. Erwähnen möchte ich zudem drei Zeitschriften, denen ich eine Vielzahl von Ideen und neuen Erkenntnissen verdanke: *Nature, Psychologie Heute* und *Harvard Business Review*.

Die unzähligen Erfahrungen von und mit Studierenden, Seminarteilnehmern und Klienten haben mitgeholfen, die Forschungsresultate mit der Umsetzung im Alltag zu verbinden.

In den frühen Phasen des Manuskripts waren die Hinweise meiner Freunde Maja Bauer und Rownak Bose aus der Perspektive der viel beschäftigten Kopfarbeiter und Manager äußerst wertvoll. Später hat Ulrich Reiter trotz Auslandssemester auch diesmal wieder seine ausgeprägten analytischen Fähigkeiten als angehender Ingenieur eingesetzt und dem Manuskript zu mehr Klarheit verholfen. Die Rückmeldungen meiner Nichte, der Germanistik-Studentin Barbara Hauenstein, haben zu deutlich besserer Verständlichkeit geführt und ich danke Barbara zudem für die wertvolle Hilfe beim Redigieren und Korrigieren. Wie bereits beim »Explorativen Lernen« war die Zusammenarbeit mit Katrin Eckert vom Pendo Verlag äußerst erfreulich und fruchtbar. Dank ihrer Expertise hat der Text nicht nur den letzten Schliff erhalten; als erfahrene Lektorin hat sie vor allem dafür gesorgt, dass das Werk ein geschlossenes Ganzes bildet und dass die Leserinnen und Leser im Text auf die Kernthematik zurückgeführt werden. Meinem Mann Karl Mülly gilt schließlich ein ganz besonders herzliches Dankeschön. Er hat das Geschriebene jeweils als Erster zu Gesicht bekommen und ohne sein Feedback und seine treue Unterstützung in allen Belangen hätte dieses Buch gar nicht entstehen können.

Anmerkungen

Kapitel 1

1 Zulley, Jürgen. (Im Gespräch mit Jörg Paas.). Bayrischer Rundfunk, Alpha-Forum. 27. Februar 2002.
2 Östberg, O. *Zur Typologie der circadianen Phasenlage*. In: Biologische Rhythmen und Arbeit. Bausteine zur Chronobiologie und Chronohygiene der Arbeitsgestaltung. Gunther Hildebrandt, Hrsg. (Wien/New York: Springer, 1976).
3 Maurer, Urs. (1999). »*Morgentypen und Jetlag: Das Schlafverhalten in den ersten Tagen nach einem Ostflug*«. (Zürich: Lizenziatsarbeit der Philosophischen Fakultät I der Universität Zürich).
4 Kerkhof, G. A. & Verduin, C. J. *Circadian Rhythms in performance*. In: Chronobiology & Chronomedicine. G. Hildebrandt, R. Moog, F. Raschke, Hrsg. (Frankfurt am Main/Bern: Peter Lang, 1987).
5 Piechulla, Birgit & Roenneberg, Till. (1999). »Chronobiologie. Wie tickt unsere biologische Uhr?« In *Biologie Heute*, April-Ausgabe.
6 Zulley, Jürgen & Knab, Barbara. *Unsere innere Uhr. Natürliche Rhythmen nutzen und der Non-Stop-Belastung entgehen*. (Freiburg: Herder/Spektrum, 2001).
7 Ulich, Eberhard. (1961). »Periodische Einflüsse auf die Arbeit«. In *Handbuch der Psychologie* 9, S. 278–294.
8 Schräder-Naef, Regula. *Keine Zeit? Zeit-Erleben und Zeit-Planung*. (Weinheim: Beltz, 1993).
9 Finck, Hans. (1992). »Der Rhythmus der Aufmerksamkeit.« In *Psychologie Heute* 3, S. 58–63.
10 Rossi, Ernest L. & Nimmons, David. *20 Minuten Pause*. (Paderborn: Junfermann, 1997).
11 Kleitman, Nathaniel. (1982). »Basic rest-activity cycle – 22 years later«. In *Sleep* 5, S. 311–317.
12 Lavie, Peretz & Kripke, Daniel F. (1975). »Ultradian Rhythms: The 90-Minute Clock Inside Us.« In *Psychology Today*, April, S. 54–65.

Kapitel 2

13 Rossi, Ernest L. & Nimmons, David. (1/10).
14 Klein, Raymond & Armitage, Roseanne. (1979). »Rhythms in Human Performance: 1 – Hour Oscillations in Cognitive Style«. In *Science* 204, S. 1326–1328.
15 Roehrs, Timothy A. *Caffeine*. In: Encyclopedia of Sleep and Dreaming. Mary A. Carskadon, Hrsg. (New York: Macmillan Publishing Company, 1993).
16 Braun, Stephen. *Der alltägliche Kick. Von Alkohol und Koffein*. (Basel: Birkhäuser, 1998).
17 Graf, Otto. (1961). »Arbeitszeit und Arbeitspausen«. In *Handbuch der Psychologie 9*, S. 244–275.
Spath, Dieter et al. *Gesundheits- und leistungsförderliche Gestaltung geistiger Arbeit*. (Bielefeld: Erich Schmidt, 2004).
18 Piechulla, Birgit & Roenneberg, Till. (1/5).
19 Zulley, Jürgen & Knab, Barbara. (1/6).
20 Perry, Susan & Dawson, Jim. *Chronobiologie – die innere Uhr Ihres Körpers*. (Genf: Ariston, 1990).
21 Kurs TimeManagement ETH tools vom 24. Juni 2004 an der ETH Zürich; unpublizierte Resultate.
22 Comby, Bruno. *Wach durch Powerschlaf*. (München: Goldmann, 1997).
23 Zitiert aus: Rossi, Ernest L. & Nimmons, David. (1/10).

Kapitel 3

24 Endres, Klaus-Peter & Schad, Wolfgang. *Biologie des Mondes. Mondperiodik und*

Lebensrhythmen. (Stuttgart/Leipzig:
S. Hirzel, 1997).

25 Hildebrandt, Gunther. (1991). »Leben
gegen den inneren Rhythmus«. In *Psychologie
Heute 2*, S. 62–67.

26 Baeriswyl, Michel. *Chillout. Wege in eine neue
Zeitkultur.* (München: dtv, 2000).

27 Tarr Krüger, Irmtraud. (1997). »Anstrengender Sonntag«. In *Psychologie Heute 5*,
S. 60–63.

28 Steinbeck, John. *Journal of a Novel.* (New
York: Penguin books, 1990). Deutsche Ausgabe *Journal eines Romans* (Münschen: dtv,
1987) ist vergriffen.

29 Czechowski, Nicole. (1997). »Langweilt
euch am Sonntag!« (Im Gespräch mit Fran-
ziska Wanner-Müller). In *NZZ Folio*, März,
S. 70–71.

30 Lukowsky, Dorothea. *Tiefeninterviews zu
»Muße«, »Müßiggang« und »Gelassenheit« –
eine psychologische Feldstudie.* In: Nichts Besseres zu tun. Über Muße und Müßiggang.
Joseph Tewes, Hrsg. (Oelde: Tewes, 1989).

31 Kast, Verena. *Vom Interesse und dem Sinn
der Langeweile.* (Zürich/Düsseldorf: Walter,
2001).

32 Boyatzis, Richard; Mc Kee, Anne & Gole-
man, Daniel. (2002). »Reawakening Your
Passion for Work«. In *Harvard Business
Review*, April, S. 86–94.

33 Bruch, Heike & Ghoshal, Sumantra.
(2002). »Beware the Busy Manager«. In
Harvard Business Review, Februar, S. 63–69.

34 Johnson, Alexandra. *Wie aus dem Leben
Geschichten entstehen. Vom Tagebuch zum
kreativen Schreiben.* (Zürich: Pendo, 2003).

35 Die Geschichte existiert in verschiedenen
Versionen im Netz. Die Urheberschaft ließ
sich nicht ausmachen. Siehe auch: Covey,
Stephen R. et al. *Der Weg zum Wesentlichen.
Zeitmanagement der vierten Generation.*
(Frankfurt am Main: Campus, 1997).

36 Covey, Stephen R. et al. (3/35).

Kapitel 4

37 Spogat, Iris. (2000). »Keine Zeit zum Schlafen«. In *Facts* 49, S. 100–103.

38 Moorcroft, William H. *Sleep, dreaming, and
sleep disorders. An introduction.* (Lanham:
University Press of America, 1989).

39 Frei, Adrian. *Sport und Schlaf: Langzeiteffekte
sportlicher Aktivitäten auf die subjektiv ein-
geschätzte Schlafqualität.* Lizenziatsarbeit am
Psychologischen Institut der Universität
Zürich 1998.

40 Spogat, Iris. (4/37).

41 Moorcroft, William H. (4/38).

42 Jacobs, Gregg D. *Say Good Night to Insomnia.*
(New York: Owl books, 1999).

43 Jacobs, Gregg D. (4/42).

44 Roehrs Timothy A. *Alcohol.* In: Encyclopedia
of Sleep and Dreaming. Mary A. Carskadon,
Hrsg. (New York: Macmillan Publishing
Company, 1993).

45 Lavie, Peretz. *Die wundersame Welt des
Schlafes. Entdeckungen, Träume, Phänomene.*
(München: dtv, 1999).

46 Spoerl, Heinrich. *Gesammelte Werke.*
(München: Piper, 1963).

47 Harvey, Allison G. & Payne, Suzanna.
(2002). »The management of unwanted
pre-sleep thoughts in insomnia: distraction
with imagery versus general distraction«.
In *Behaviour Research and Therapy* 40,
S. 267–277.

48 Spielman Arthur J. & Glovinsky Paul B.
Sleep Hygiene. In: Encyclopedia of Sleep and
Dreaming. Mary A. Carskadon, Hrsg. (New
York: Macmillan Publishing Company,
1993).

49 Kurs TimeManagement ETH tools vom
15. Mai 2000 an der ETH Zürich; unpublizierte Resultate.

50 Born, Jan et al. (1999). »Timing the
end of nocturnal sleep«. In *Nature* 397,
S. 29–30.

51 Rakusa, Ilma. *Jalousie: Tagtraum: Bewegliche Zeit.* In: Zeiträume. Catherine Silberschmidt & Christine Tresch, Hrsg. (Zürich: Limmat Verlag 2000).

Kapitel 5

52 Noworol, Czeslaw et al. *Impact of professional burnout on creativity and innovation.* In: Professional burnout: Recent developments in theory and research. Wilmar B. Schaufeli, Christina Maslach, Tadeusz Marek, Hrsg. (Washington, D.C.: Taylor & Francis, 1993).
53 Schallberger, Urs. (2002). »Arbeitsfrust und Freizeitglück?« In *Unimagazin der Universität Zürich*, März, S. 29–31.
54 Richardson, Cheryl. *Take time for your life.* (New York: Broadway Books,1999).
55 Noworol, Czeslaw et al. (5/52).
56 Hofmann, Eberhardt. *Weniger Stress erleben.* (Neuwied: Luchterhand, 2001).
57 Thayer, Robert E. *Calm Energy. How people regulate mood with food and exercise.* (New York: Oxford University Press, 2001).
58 Thayer, Robert E. (5/57).
59 Thayer, Robert E. (5/57).
60 Bösel, Rainer. (2001). »Aufmerksamkeitswechsel und Konzentration: Von den Funktionen zum Mechanismus«. In *Zeitschrift für Psychologie* 209, S. 34–53.
61 Schober, Reinhard. *Nichts ist unmöglich mit Konzentration.* (München: Delphin, 1989). Beckmann, Jürgen et al. *Aufmerksamkeit und Energetisierung.* Jürgen Beckmann et al., Hrsg. (Göttingen: Hogrefe, 1993).
62 Csikszentmihalyi, Mihaly. *Flow. Das Geheimnis des Glücks.* (Stuttgart: Klett-Cotta, 1998). Nakamura, Jeanne & Csikszentmihalyi, Mihaly. *The Concept of Flow.* In: Handbook of Positive Psychology. C.R. Snyder & Shane J. Lopez, Hrsg. (Oxford: University Press, 2002.)

63 Heckhausen, Heinz. *Wünschen – Wählen – Wollen.* In: Jenseits des Rubikon. Heinz Heckhausen, Peter M. Gollwitzer, Franz E. Weinert, Hrsg. (Berlin: Springer, 1987). Ghoshal, Sumantra & Bruch, Heike. (2003). »Going Beyond Motivation to The Power of Volition«. In *MIT Sloan Management Review*, Frühling, S. 51–57.
64 Bateman, Thomas S. & Crant, J. Michael. (1993). »The proactive component of organizational behavior: A measure and correlates«. In *Journal of Organizational Behavior* 14, S. 103–118.
65 Bateman, Thomas S. & Crant, J. Michael. (5/64).
66 Ghoshal, Sumantra & Bruch, Heike. (2004). »Reclaim Your Job«. In *Harvard Business Review*, März, S. 41–45.
67 Sprenger, Reinhard K. *Das Prinzip Selbstverantwortung.* (Frankfurt: Campus, 2000).
68 Bruch, Heike & Ghoshal, Sumantra. (3/33).
69 Zitiert aus: Claxton, Guy. *Wise-Up. The challenge of lifelong learning.* (New York: Bloomsbury, 1999).
70 Martindale, Colin. (1975). »How excitement fogs imagination. What makes creative people different«. In *Psychology Today*, July, S. 44–50.
71 Bruch, Heike & Goshal, Sumantra. *A Bias for Action. How effective managers harness their willpower, achieve results, and stop wasting time.* (Boston: HBS Press, 2004).
72 Bruch, Heike & Goshal, Sumantra. (5/71).

Kapitel 6

73 Auf die verschiedenen Denkstile gehe ich in meinem Buch *Exploratives Lernen* vertiefter ein. (Zürich: Pendo, 2000).
74 Siehe auch: Herrmann, Ned. *Das Ganzhirnkonzept für Führungskräfte.* (Wien: Ueberreuter, 1997).

75 Ott, Ulrich. *Merkmale der 40 Hz-Aktivität im EEG während Ruhe, Kopfrechnen und Meditation.* In: Schriften zur Meditation und Meditationsforschung. Klaus Engel, Roderich Wahsner, Harald Walach, Hrsg. (Frankfurt: Peter Lang, 2000).

76 Petsche, Hellmuth & Etlinger, Susan C. *EEG and thinking.* (Wien: Verlag der Österreichischen Akademie der Wissenschaften, 1998).

77 Wise, Anna. *Power Mind-Training.* (Paderborn: Junfermann Verlag, 1998).

78 Craig, Ashley et al. »The Mind Switch: Brain signals and control of electrical devices«. In *Today's Life Science* 9, S. 12–15.

79 Kurs TimeManagement ETH tools vom 14. Mai 2001 an der ETH Zürich, unpublizierte Resultate.

80 Guntern, Gottlieb. *Intuition und Kreativität – Eine Einführung.* In: Intuition und Kreativität. Gottlieb Guntern, Hrsg. (Zürich: Scalo, 1996).

81 Guntern, Gottlieb. (6/80).

82 Wagner, Ullrich et al. (2004). »Sleep inspires insight«. In *Nature* 427, S. 352–355.

83 Damasio, Antonio R. *Descartes' Irrtum. Fühlen, Denken und das menschliche Gehirn.* (München: dtv, 1997).

84 Storch, Maja. *Das Geheimnis kluger Entscheidungen.* (Zürich: Pendo, 2003).

85 Bryner, Andy & Markova, Dawna. *Die lernende Intelligenz – Denken mit dem Körper.* (Paderborn: Junfermann 1997).

86 Nadolny, Sten. *Die Entdeckung der Langsamkeit.* (München: Piper, 1987).

Kapitel 7

87 Thayer, Robert E. (5/57).

88 Goleman, Daniel; Boyatzis, Richard & Mc Kee, Anne. (2001). »Primal Leadership. The hidden driver of great performance«.

In *Harvard Business Review*, Dezember, S. 42–51.

89 Goleman, Daniel. *Emotionale Intelligenz.* (München: Carl Hanser, 1996).

90 Thayer, Robert E. (5/57).

91 Binzegger, Lilli. (2002). »Rita Ernsts Akku«. In *NZZ Folio*, März, S. 78–79.

92 Thayer, Robert E. (5/57).

93 Ernst, Heiko. (1996). »Gute Laune, schlechte Laune«. In *Psychologie Heute* 8, S. 20–27.

94 Roehrs, Timothy A. *Smoking and Sleep.* In: Encyclopedia of Sleep and Dreaming. Mary A. Carskadon, Hrsg. (New York: Macmillan Publishing Company, 1993).

95 Roehrs Timothy A. *Alcohol.* In: Encyclopedia of Sleep and Dreaming. Mary A. Carskadon, Hrsg. (New York: Macmillan Publishing Company, 1993).

96 Thayer, Robert E. (5/57).

97 Gallwey, W. Timothy. *Erfolg durch Selbstcoaching.* (Nürnberg: Bildung und Wissen, 2002).

98 Griessman, B. Eugene. *Time tactics of very successful people.* (New York: McGraw-Hill, 1994).

99 Collins, Randall. (1993). »Emotional Energy as the Common Denominator of Rational Action«. In *Rationality and Society* 5, S. 203–230.

100 Collins, Randall. (7/99).

101 Cross, Rob; Baker, Wayne & Parker, Andrew. (2003). »What Creates Energy in Organizations?« In *MIT Sloan Management Review*, Sommer, S. 51–56.

102 Cross, Rob et al. (7/101).

103 Goleman, Daniel et al. (7/88).

104 Bossidy, Larry; Charam, Ram & Burck, Charles. *Execution: The Discipline of Getting Things Done.* (London: Random House Business, 2002).

105 Cross, Rob et al. (7/101).

Kapitel 8

106 Brande, Dorothea. *Becoming a Writer.* (New York: Tarcher/Putnam, 1981).

107 Kundera, Milan. *Die Langsamkeit.* (Frankfurt am Main: Fischer Taschenbuch, 1998).

108 Cryer, Bruce; Mc Craty, Rollin & Childre, Doc. (2003). »Pull the Plug on Stress«. In *Harvard Business Review,* Juli, S. 102–107.

109 Cryer, Bruce et al. (8/108).

110 Benson, Herbert. *Beyond the Relaxation Response.* (New York: Berkeley Books 1985).

111 Kundtz, David. *Stopping. Anhalten zum Durchhalten.* (Stuttgart: Kreuz, 1999).

112 St. James, Elaine. *Simplify your life. 100 ways to slow down and enjoy the things that really matter.* (New York: Hyperion, 2001).

113 May, Arne et al. (2004). »Neuroplasticity: Changes in grey matter induced by training«. In *Nature* 427, S. 311–312.

114 Zitiert aus: Thayer, Robert E. *Calm Energy. How people regulate mood with food and exercise.* (New York: Oxford University Press, 2001).

115 Zitiert aus: Thayer, Robert E. (5/57).

116 Kundera, Milan. (8/107).

117 Thayer, Robert E. (5/57).

118 Allmer, Henning. (1997). »Erholen Sie sich richtig?« In *Psychologie Heute 7,* S. 22–26.

119 Allmer, Henning. (8/118).

120 Allmer, Henning. (8/118).

121 Vester, Frederic. *Phänomen Stress. Wo liegt sein Ursprung, warum ist er lebenswichtig, wodurch ist er entartet?* (München: dtv, 1998).

122 Hofmann, Eberhardt. (5/56).

123 Braham, Barbara J. *Managing Stress.* (Burr Ridge, IL: IRWIN, 1994).

124 Hofmann, Eberhardt. (5/56).

125 Zitiert aus: Saum-Aldehoff, Thomas. (1993). »... Gleich morgen fang ich an! Trödeln oder die Kunst, die eigene Arbeit zu sabotieren«. In *Psychologie Heute 3,* S. 60–63.

Kapitel 9

126 Gibran, Khalil. *Der Prophet.* (Zürich: Walter Verlag, 1973).

127 Binnig, Gerd. *Aus dem Nichts.* (München: Piper, 1997).

128 Zitiert aus: Sprenger, Reinhard K. (5/67).

129 Carver, Charles S. & Scheier, Michael F. *Optimism.* In: Handbook of Positive Psychology. C. R. Snyder & Shane J. Lopez, Hrsg. (Oxford: University Press, 2002).

130 Schallberger, Urs. (5/53).

131 Maslow, Abraham H. *Motivation und Persönlichkeit.* (Reinbek: Rowohlt Taschenbuch, 1981).

Kapitel 10

132 Maddox, James E. *Self-Efficacy.* In: Handbook of Positive Psychology. C. R. Snyder & Shane J. Lopez, Hrsg. (Oxford: University Press, 2002).

133 Branden, Nathaniel. *Die 6 Säulen des Selbstwertgefühls.* (München: Piper, 2003).

134 Heckhausen, Heinz. *Perspektiven einer Psychologie des Wollens.* In: Jenseits des Rubikon. Heinz Heckhausen, Peter M. Gollwitzer, Franz E. Weinert, Hrsg. (Berlin: Springer, 1987).

135 Nach einer Idee von Binswanger: Binswanger, Harry. (1991). »Volition as Cognitive Self-Regulation«. In *Organizational Behavior and Human Decision Processes* 50, S. 154–178.

136 Heckhausen, Heinz. (10/134).

137 Gollwitzer, Peter M. *Suchen, Finden und Festigen der eigenen Identität: Unstillbare Zielintentionen.* In: Jenseits des Rubikon. Heinz Heckhausen, Peter M. Gollwitzer, Franz E. Weinert, Hrsg. (Berlin: Springer, 1987).

138 Heckhausen, Heinz & Gollwitzer, Peter M.

(1987). »Thought Contents and Cognitive Functioning in Motivational versus Volitional States of Mind«. In *Motivation and Emotion* 11, S. 101–121.

139 Kuhl, Julius. *Motivation und Handlungskontrolle: Ohne guten Willen geht es nicht.* In: Jenseits des Rubikon. Heinz Heckhausen, Peter M. Gollwitzer, Franz E. Weinert, Hrsg. (Berlin: Springer, 1987).

140 Kehr, Hugo M. *Souveränes Selbstmanagement. Ein wirksames Konzept zur Förderung von Motivation und Willensstärke.* (Weinheim/Basel: Beltz, 2002)

141 Zitiert aus: Smith, Hyrum W. *The 10 natural laws of successful time and life management.* (London: Nicholas Brealey Publishing, 1994).

142 Thayer, Robert E. (5/57).

143 Prochaska, James O.; Norcross, John C. & DiClemente, Carlo C. *Jetzt fange ich neu an.* (München: Knaur, 1997).

144 Latham, Gary P. & Locke, Edwin A. (1991). »Self-Regulation through Goal Setting«. In *Organizational Behavior and Human Decision Processes* 50, S. 212–247.

145 Gollwitzer, Peter M. (1999). »Implementation Intentions. Strong effects of simple plans.« In *American Psychologist* 54, S. 493–503.

146 Gollwitzer, Peter M. *Suchen, Finden und Festigen der eigenen Identität: Unstillbare Zielintentionen.* In: Jenseits des Rubikon. Heinz Heckhausen, Peter M. Gollwitzer, Franz E. Weinert, Hrsg. (Berlin: Springer, 1987).

146 Kurs TimeManagement ETH tools vom 22. Januar 2002 an der ETH Zürich; unpublizierte Resultate.

147 Goleman, Daniel. (7/89).

148 Analog des Umschwungs auf der Ebene einer Organisation; siehe dazu: Collins, Jim. *Der Weg zu den Besten.* (München: dtv, 2003).

149 Corssen, Jens. *Der Selbst-Entwickler.* (München: beustverlag, 2003).

150 Zitiert aus: Cameron, Julia. *The Artist's Way.* (New York: Penguin Putnam Inc, 1992).

Nachwort

151 Müller, Felix. (2004). »Was Buddha den Kapitalisten zu sagen hat«. In *Tages-Anzeiger* 2. Dezember, S. 19.

152 Senge, Peter; Kleiner, Art & Roberts, Charlotte. *The Fifth Discipline Fieldbook.* (Deutsche Ausgabe Stuttgart: Klett-Cotta, 2004).

Sachregister

Der Bestseller zum Thema Lernen

Verena Steiner

Exploratives Lernen

Der persönliche Weg zum Erfolg
Ein Arbeitsbuch für Studium, Beruf und
Weiterbildung

248 Seiten, mit 42 Grafiken.
Broschiert.
sFr 34,– / € 17,90
ISBN 3-85842-371-8

Die Schlüssel zum Erfolg des Explorativen Lernens
sind Neugierde und die Lust, sich selbst und die Prozesse
rund ums Lernen zu beobachten und damit zu experimentieren. Denn nur durch Selbstbeobachtung finden
wir unseren optimalen Lernstil. Mit Steiners Arbeitsbuch können Sie Ihr Lernen so gestalten, dass es nicht
nur mehr Erfolg, sondern auch mehr Spaß bringt.
Entdecken Sie die Lust am Lernen!

»Eine äußerst nützliche Hilfe. Süffig geschrieben.«
Neue Zürcher Zeitung

Pendo   Forchstraße 40 CH-8032 Zürich
            Telefon   0041 / 44 / 389 70-30
www.pendo.ch Fax   0041 / 44 / 389 70-35

Worauf es beim Lernen wirklich ankommt

Verena Steiner
Erfolgreich lernen heißt ...
Die besten Lernstrategien für Studium und Karriere

78 Seiten. Pappband.
sFr 19,90 / € 12,90
ISBN 3-85842-856-6

Erfolgreich lernen heißt... zeigt konkret auf, wie Wissen im heutigen Berufs- und Studienalltag effizient erworben und erweitert werden kann. Verena Steiner hat in diesem Band die wichtigsten Strategien rund ums Lernen zusammengefasst. Das Buch bildet eine unverzichtbare Informationsquelle für kluge Köpfe, die das Lernen professionell angehen und laufend optimieren wollen.

»Schade, dass ich ein Buch dieser Art nicht schon in meiner Jugend zur Verfügung hatte!«
Richard R. Ernst, Nobelpreisträger für Chemie 1991

Pendo
www.pendo.ch

Forchstraße 40 CH-8032 Zürich
Telefon   0041 / 44 / 389 70-30
Fax   0041 / 44 / 389 70-35

Copyright © Pendo Verlag GmbH & Co. KG
München und Zürich 2005
Gesetzt aus Garamond und Futura
Umschlaggestaltung: Hauptmann und Kampa Werbeagentur, Zürich
Gestaltung, Satz und Grafik: Michael Hempel, a.visus, München
Druck und Bindung: Clausen & Bosse, Leck
Printed in Germany
ISBN 3-85842-580-X